金融機関
コンプライアンス
50講

50 Q&As on Compliance for Financial Institutions

西村あさひ法律事務所
弁護士 有吉尚哉 ・ 弁護士 五十嵐チカ
編著

一般社団法人金融財政事情研究会

はしがき

金融機関の「コンプラ疲れ」が指摘されるようになって久しい。

金融とは、社会経済にとって身体をめぐる血液のようなものであり、資金が適切に供給されていくことで、企業活動や国民の生活の向上が図られる。2000年７月に金融庁が発足した当時、喫緊の課題は、不良債権問題の深刻化、金融機関の経営破綻や法令違反行為への対処等にあった。そこで、金融庁は、自らの任務を、①金融システムの安定、②利用者の保護、③市場の公正性・透明性の３点と整理していた。

これらの３つの任務の重要性は言うまでもないが、金融機関のコンプライアンス対応は、次第に形式的な法令違反のチェック、表面的な再発防止策の策定等といった形式的な対応が積み重なりがちという傾向がみられるようになる。また、「検査マニュアル」に象徴される金融庁の「重箱の隅をつつくような検査」が、こうした傾向を助長してきた側面があるとの指摘もなされてきた。

そこで、金融庁は、自ら「金融処分庁」から「金融育成庁」への抜本的な転換を掲げ、2018年６月には「金融検査・監督の考え方と進め方（検査・監督基本方針）」を公表して、検査・監督の手法を抜本的に改め、それ以降、順次、金融機関等との「対話の材料」として、個々のテーマ・分野ごとの具体的な考え方と進め方（ディスカッション・ペーパー）を公表している。そして、コンプライアンス・リスク管理を「経営の根幹をなすもの」と位置づけ、法令等遵守体制や顧客保護等管理態勢に関する詳細なチェックリストを含む「検査マニュアル」は、2019年12月18日付けで廃止された。

現在、金融機関は、経営陣主導のもと、検査・監督基本方針やテーマ・分野ごとのディスカッション・ペーパーも参照しつつ、金融庁との対話を通じ、各社それぞれのリスクベース・アプローチによりコンプライアンス対応の具体策を講じる必要に迫られている。たとえば、各金融機関が共通して充足すべき最低基準の充足状況の検証（最低基準検証）においてすら、従来型の形式チェックに偏ることなく、各金融機関における重点課題に力点を置き、全体をみた実質重視の最低基準検証が行われるため、従来型のコンプライアンス対応の発想のままでは適切な対応はむずかしい。

本書は、このようにコンプライアンス対応の新たな局面を迎えた状況のもと、金融機関の実務対応における道標を示すべく、西村あさひ法律事務所のファイナンスチームに所属する弁護士が中心となり、銀行等の預金取扱金融機関を中心とした金融機関の皆様にとって日々直面する可能性のある様々なトピックを全50項目にまとめ、Q&A 方式で実務上のポイントを解説したハンドブックである。最新の法改正や議論、たとえば新型コロナウイルス感染症の影響をふまえた対応も織り込んでいる。

金融機関のフロントの事業部門（第１線）、法務部やコンプライアンス部といった管理部門（第２線）、内部監査部門（第３線）のいずれの部門に所属する皆様にとっても、参考になるものとしていつでも手元に置いていただけるようなハンドブックを目指して執筆を進めた。また、経営陣の皆様においても、「経営の根幹をなすもの」と位置づけられて重要度の増しているコンプライアンスの最新事情について、手短かに概観できる一冊となるよう心がけた。本書が、金融機関の皆様が手軽にいつでも参照できるコンプライアンス・ハンドブックとなれば幸いである。

本書の刊行にあたっては、株式会社きんざいの池田知弘氏に多大なご尽力をいただいた。ややもすると執筆の進捗が滞る筆者らに対して、同氏から的確な叱咤激励があったことにより、本書の発刊に至ったものである。あらためて心からの感謝の意を表したい。

2021年１月

執筆者を代表して

有吉　尚哉

五十嵐チカ

【編著者紹介】

有吉　尚哉（ありよし・なおや）

東京大学法学部卒業
西村あさひ法律事務所パートナー弁護士
第一東京弁護士会所属

［主な職歴等］
2009年　金融法委員会委員（現任）
2010～2011年　金融庁総務企画局企業開示課専門官
2013年　京都大学法科大学院非常勤講師（現任）
2013年　日本証券業協会「JSDA キャピタルマーケットフォーラム」専門委員（現任）
2018年　武蔵野大学大学院法学研究科特任教授（現任）
2020年　日本証券業協会「事故確認委員会」委員（現任）
2020年　金融審議会「市場制度ワーキング・グループ」メンバー（現任）

［主な著書・論文等］
『リース法務ハンドブック』（共編著、金融財政事情研究会、2020年）、『個人情報保護法制大全』（共著、商事法務、2020年）、『債権法実務相談』（監修・共著、商事法務、2020年）、『金融資本市場と公共政策――進化するテクノロジーとガバナンス』（共著、金融財政事情研究会、2020年）、「自己信託と債権譲渡の競合に関する一考察」『民法と金融法の新時代』（慶應義塾大学出版会、2020年）、『金融資本市場のフロンティア』（共著、中央経済社、2019年）、『ファイナンス法大全（上・下）〔全訂版〕』（共著、商事法務、2017年）

［本書担当］
Q１～Q３、Q37、Q42

五十嵐　チカ（いがらし・ちか）

慶應義塾大学法学部／ボストン大学ロースクール（LL.M.）各卒業
西村あさひ法律事務所パートナー弁護士
第二東京弁護士会所属／ニューヨーク州弁護士／公認AMLスペシャリスト（CAMS）
［主な職歴等］
2006年　国際連合本部（在ニューヨーク）
2015年　東京地方裁判所鑑定委員（現任）
2016～2020年　東京ガス株式会社社外取締役
［主な著書・論文等］
『銀行等金融機関のコンプライアンス』（共著、経済法令研究会、2020年）、「データ利活用の促進に向けた銀行法・保険業法等の業務範囲規制の改正」（西村あさひ法律事務所ニューズレター、2020年）、「FATFの第4次対日相互審査を踏まえた実務対応」（共著、金融法務事情、2019年）、「コーポレートガバナンス・コード改訂と対話ガイドラインの策定」（共著、西村あさひ法律事務所ニューズレター、2018年）、「商事信託におけるFATFの影響」（信託フォーラム、2018年）、『ファイナンス法大全（上・下）〔全訂版〕』（共著、商事法務、2017年）、『アジアにおけるシンジケート・ローンの契約実務と担保法制』（共著、金融財政事情研究会、2016年）
［本書担当］
Q20、Q24、Q28～Q34、Q43

【執筆者紹介】

本柳　祐介（もとやなぎ・ゆうすけ）

早稲田大学法学部／コロンビア大学ロースクール（LL.M.）各卒業
西村あさひ法律事務所パートナー弁護士
第一東京弁護士会所属
［主な職歴等］
2010～2011年　Davis Polk & Wardwell LLP（ニューヨークおよび東京）
2011～2012年　ドイツ証券株式会社
［主な著書・論文等］
『STOの法務と実務Q&A』（商事法務、2020年）、『ファンド契約の実務Q&A〔第2版〕』（商事法務、2018年）、『ファンドビジネスの法務〔第3版〕』（共著、金融財政事情研究会、2017年）、『投資信託の法制と実務対応』（共著、商事法務、2015年）
［本書担当］
Q25～Q27、Q46

煎田　勇二（せんだ・ゆうじ）

慶應義塾大学総合政策学部／ケンブリッジ大学ビジネススクール（MBA）各卒業
西村あさひ法律事務所パートナー弁護士
第二東京弁護士会所属／シンガポール法弁護士（FPC）
［主な職歴等］
2007～2008年　外国法共同事業法律事務所リンクレーターズ
2011～2012年　株式会社三菱UFJ銀行（シンガポール支店）出向
［主な著書・論文等］
『日本企業のためのシンガポール進出戦略ガイドQ&A』（共著、中央経済社、2014年）、『アジアにおけるシンジケート・ローンの契約実務と担保法制』（共著、金融財政事情研究会、2016年）、『ファイナンス法大全（上）〔全訂版〕』（共著、商事法務、2017年）
［本書担当］
Q47・Q48

髙添　達也（たかぞえ・たつや）

一橋大学法学部／バージニア大学ロースクール（LL.M.）各卒業
西村あさひ法律事務所パートナー弁護士
第一東京弁護士会所属／ニューヨーク州弁護士
［主な職歴等］
2014～2015年　MUFG Union Bank, N.A.（ニューヨーク）
［主な著書・論文等］
「投資ファンド分野に関する近時のアップデート　⑴外為法改正、⑵有限責任事業組合を無限責任組合員とする投資事業有限責任組合」（法と経済のジャーナルAsahi Judiciary、ウェブサイト、2020年）、『ファイナンス法大全（上）〔全訂版〕』（共著、商事法務、2017年）
［本書担当］
Q49・Q50

谷澤　進（たにざわ・すすむ）

東京大学法学部／ヴァンダービルト大学ロースクール（LL.M.）各卒業
西村あさひ法律事務所パートナー弁護士
第一東京弁護士会所属／ニューヨーク州弁護士
［主な職歴等］
2012～2013年　金融機関（ニューヨーク）出向
［主な著書・論文等］
『社債ハンドブック』（共著、商事法務、2018年）、『新株予約権ハンドブック〔第4版〕』（共著、商事法務、2018年）、『ファイナンス法大全（上・下）〔全訂版〕』（共著、商事法務、2017年）、「金融機関とFinTech関連企業の連携における規制上の留意点」（共著、銀行法務21 No.821、2017年）、『REITのすべて〔第2版〕』（共著、民事法研究会、2016年）、『FinTechビジネスと法 25講』（共編著、商事法務、2016年）、「ソーシャルレンディング――匿名化・預り金・仮想通貨等をめぐる問題」（共著、ビジネス法務2016年12月号）
［本書担当］
Q８～Q13

芝　章浩（しば・あきひろ）

東京大学法学部／コーネル大学ロースクール（LL.M.）各卒業
西村あさひ法律事務所パートナー弁護士
第一東京弁護士会所属／ニューヨーク州弁護士
［主な職歴等］
2011～2014年　金融庁総務企画局企業開示課専門官（併任：同局市場課、同局企画課調査室、同課信用制度参事官室）
2017～2018年　株式会社三菱 UFJ 銀行（シンガポール支店）
［主な著書・論文等］
「パンデミックと貸出金融機関」（共著、ジュリスト1551号、2020年）、『金融資本市場と公共政策――進化するテクノロジーとガバナンス』（共著、金融財政事情研究会、2020年）、「トークン・ビジネス法務入門：第１回～第６回」（ビジネス法務19巻12号・20巻１・３～６号、2019～2020年）、『ファイナンス法大全（下）〔全訂版〕』（共著、商事法務、2017年）、『アジアにおけるシンジケート・ローンの契約実務と担保法制』（共著、金融財政事情研究会、2016年）、『資産・債権の流動化・証券化〔第３版〕』（共著、金融財政事情研究会、2016年）、『FinTech ビジネスと法 25講――黎明期の今とこれから』（共著、商事法務、2016年）、『金融商品取引法コンメンタール２――業規制』（共著、商事法務、2014年）、ほか多数
［本書担当］
Ｑ４～７、Ｑ44・Ｑ45

善家　啓文（ぜんけ・ひろふみ）

京都大学法学部／ロンドン・スクール・オブ・エコノミクス（LL.M.）各卒業
第一東京弁護士会所属／弁護士
［主な職歴等］
2014～2016年　金融庁総務企画局企業開示課専門官
［本書担当］
Ｑ35・Ｑ36、Ｑ38・Ｑ39

関根　毅大（せきね・たけひろ）

東京大学法学部／ペンシルベニア大学ロースクール（LL.M.）各卒業
西村あさひ法律事務所カウンセル弁護士
第二東京弁護士会所属
［主な職歴等］
2016～2017年　株式会社三菱 UFJ 銀行（ロンドン支店）
［主な著書・論文等］
「Japan Chapter」『Banking Regulation 2020』（Global Legal Group、2020）
［本書担当］
Q21～Q23、Q40・Q41

矢田　真貴子（やだ・まきこ）

学習院大学法科大学院修了
西村あさひ法律事務所アソシエイト弁護士
第二東京弁護士会所属
［主な職歴等］
2003～2004年　大和証券株式会社
2012～2013年　株式会社三菱東京 UFJ 銀行コンプライアンス統括部法務室
2014～2015年　アイシン精機株式会社法務部
［主な著書・論文等］
「スッキリわかる金商法の基礎　第3回　大量保有報告制度・公開買付制度」（ビジネス法務2019年5月号）、『社債ハンドブック』（共著、商事法務、2018年）、『REIT のすべて〔第2版〕』（共著、民事法研究会、2016年）、『投資事業有限責任組合の契約実務』（共著、商事法務、2011年）
［本書担当］
Q12・Q13

山本　俊之（やまもと・としゆき）

慶應義塾大学環境情報学部／慶應義塾大学法科大学院各卒業
西村あさひ法律事務所カウンセル弁護士
第二東京弁護士会所属
日本証券アナリスト協会認定アナリスト、国際公認投資アナリスト
［主な職歴等］
2000～2005年　株式会社格付投資情報センター
2007～2008年　メリルリンチ日本証券株式会社
［主な著書・論文等］
「金融AIを巡る法規制は発展途上　多角的視点が鍵を握る」（共著、日経FinTech 2020年11月号）、『AIの法律』（共著、商事法務、2020年）、『個人情報保護法制大全』（共著、商事法務、2020年）、『最新　契約書モデル文例集』（共著、新日本法規出版、2019年）、「AIを利用した公募投信の現状」（共著、月刊金融ジャーナル 2019年2月号）、『ファイナンス法大全（上・下）〔全訂版〕』（共著、商事法務、2017年）、『FinTechビジネスと法 25講――黎明期の今とこれから』（共著、商事法務、2016年）
［本書担当］
Q16～Q19

三本　俊介（みつもと・しゅんすけ）

立教大学法学部／東京大学法科大学院／フォーダム大学ロースクール（LL.M.）各卒業
アクシア・ジャパン株式会社シニア・リーガル・アンド・コンプライアンス・オフィサー
第二東京弁護士会所属／ニューヨーク州弁護士
［主な職歴等］
2011～2020年　西村あさひ法律事務所
2015～2017年　社会福祉法人あかぼり福祉会監事
2018～2019年　K&L Gates LLP 法律事務所（ニューヨーク）勤務
［主な著書・論文等］
「ESG投資と受託者責任…重視すべき「善管注意義務」の視点」（共著、幻冬舎GOLD ONLINE、ウェブサイト、2019年）、「急増するESG投資…新たな企業分析手法に見るビジネスチャンス」（共著、幻冬舎GOLD ONLINE、ウェブサイト、2019年）、『ファイナンス法大全（上・下）〔全訂版〕』（共著、商事法務、2017年）
［本書担当］
Q14・Q15

■法令・判例・文献等の表記について

1．法令等の表記

⑴　本文中の法令等の表記

本文中の法令等は、原則として略称を用いず、次のように表記した。

例：民法606条２項

⑵　（　）内の法令等の表記

法令名等は下記のとおり略称を用い、記載のないものは正式名称を用いた。

a　法 令 等

- 外国為替及び外国貿易法　→　外為法
- 金融機関等による顧客等の本人確認等及び預金口座等の不正な利用の防止に関する法律　→　金融機関等本人確認法
- 金融サービスの提供に関する法律（旧「金融商品の販売に関する法律」）　→　金販法
- 金融商品取引法　→　金商法
- 金融商品取引業等に関する内閣府令　→　金商業等府令
- 公衆等脅迫目的の犯罪行為のための資金等の提供等の処罰に関する法律　→　テロ資金提供処罰法
- 国際的な協力の下に規制薬物に係る不正行為を助長する行為等の防止を図るための麻薬及び向精神薬取締法等の特例等に関する法律　→　麻薬特例法
- 個人情報の保護に関する法律　→　個人情報保護法
- 組織的な犯罪の処罰及び犯罪収益の規制等に関する法律　→　組織犯罪処罰法
- 内国税の適正な課税の確保を図るための国外送金等に係る調書の提出等に関する法律　→　国外送金調書法
- 犯罪による収益の移転防止に関する法律　→　犯収法
- 犯罪による収益の移転防止に関する法律施行令　→　犯収法施行令
- 犯罪による収益の移転防止に関する法律施行規則　→　犯収法施行規則

b　監督指針・ガイドライン等

- 主要行等向けの総合的な監督指針　→　主要行等監督指針
- 中小・地域金融機関向けの総合的な監督指針　→　中小監督指針
- 金融商品取引業者等向けの総合的な監督指針　→　金商業者等監督指針

・保険会社向けの総合的な監督指針　→　保険監督指針
・貸金業者向けの総合的な監督指針　→　貸金業者監督指針
・主要行等指針、中小監督指針、金商業者等監督指針および保険監督指針を包括　→　監督指針
・協会員の投資勧誘、顧客管理等に関する規則　→　日証協規則
・協会員の投資勧誘、顧客管理等に関する規則第5条の3の考え方　→　日証協ガイドライン
・金融機関のITガバナンスに関する対話のための論点・プラクティスの整理　→　ITガバナンスDP
・金融庁「金融モニタリングにおけるデジタライゼーションの取組状況について」　→　金融庁取組状況レポート
・コーポレートガバナンス・コード　→　CGC
・公益財団法人金融情報システムセンター（FISC）「金融機関等コンピュータシステムの安全対策基準・解説書」　→　FISCの安全対策基準
・金融検査・監督の考え方と進め方（検査・監督基本方針）　→　検査・監督基本方針
・金融システムの安定を目標とする検査・監督の考え方と進め方　→　健全性政策基本方針
・金融分野における個人情報保護に関するガイドライン　→　金融分野GL
・金融分野における個人情報保護に関するガイドラインの安全管理措置等についての実務指針　→　実務指針
・検査マニュアル廃止後の融資に関する検査・監督の考え方と進め方　→　融資DP
・個人情報の保護に関する法律についてのガイドライン（通則編）　→　通則GL
・コンプライアンス・リスク管理に関する検査・監督の考え方と進め方　→　コンプライアンス・リスク管理基本方針
・事業継続ガイドライン－あらゆる危機的事象を乗り越えるための戦略と対応－　→　事業継続ガイドライン
・マネー・ローンダリング及びテロ資金供与対策　→　AML/CFTまたはマネ・テロ対策
・マネー・ローンダリング及びテロ資金供与対策に関するガイドライン　→　マネ・テロGL

2．判決（決定）の表記

判決・決定は、次のように表記した。

例：最高裁判所平成17年7月14日第一小法廷判決

→　最判平17.7.14民集59巻6号1323頁

大阪地方裁判所平成12年9月20日判決

→　大阪地判平12.9.20判時1721号3頁

3．判例集・法律雑誌の表記

判例集・法律雑誌は、次のように略記した。

- ・民集　　最高裁判所民事判例集
- ・刑集　　最高裁判所刑事判例集
- ・金法　　金融法務事情
- ・判時　　判例時報

4．自主団体の名称等

英国金融サービス機構（Financial Services Authority）→　英国FSA

全国銀行協会　→　全銀協

日本証券業協会（Japan Securities Dealers Association: JSDA）→　日証協

一般社団法人 第二種金融商品取引業協会　→　二種業協会

5．その他

パブリックコメントに対する金融庁の考え方　→　パブコメ回答

目　次

第1部　検査・監督基本方針のポイント

第2部　テーマごとのコンプライアンス対応

第1章　顧客情報管理

第2章　利益相反管理

第3章　マネー・ローンダリングおよびテロ資金供与対策

第4章　反社会的勢力対応、制裁対応

第5章　販売・勧誘における顧客対応

第6章　コンダクト・リスク管理

第7章　海外における事業展開

第８章　海外の司法・行政対応

第1部

検査・監督基本方針のポイント

Q1 検査・監督の基本的な考え方

金融庁による検査・監督の基本的な考え方を教えてください。

A 検査・監督は、それ自体を目的とするのではなく、金融行政の究極的な目標である「企業・経済の持続的成長と安定的な資産形成等による国民の厚生の増大」と整合するものであることが必要であり、「形式・過去・部分」から「実質・未来・全体」へ視野を広げていくべきという考え方が示されています。このような考え方のもと、検査マニュアルを廃止するなど、詳細なルールによる固定的な行政から、当局と金融機関が双方向の対話を通じて互いにレベルの向上を目指す行政へと転換する方針がとられています。

1 従来の検査・監督の考え方

以前の金融庁の行政運営においては、金融規制法の解釈・運用の詳細を定める検査マニュアルや監督指針に基づいて、個別の検査・監督が行われていました。このような行政運営は、①行政の透明性・公平性・対外的な説明責任の確保、②金融機関と当局との間の議論の共通の前提の確保、③金融機関の自己管理の高度化、④検査・監督の品質管理、⑤行政としての知見・経験の蓄積・継続性の確保といった点に寄与してきたと評価されています（金融モニタリング有識者会議報告書13頁）。

もっとも、金融行政にとっての環境や優先課題が変わるなかで、従前の手法では金融行政の目標は十分に達成できず、さらには様々な副作用が生じるおそれも認識されるようになりました（金融モニタリング有識者会議報告書３頁）。検査・監督基本方針（Q２・Q３もご参照ください）３頁では、従来の検査・監督のやり方についての問題意識として、

・重箱の隅をつつきがちで、重点課題に注力できないのではないか。
・バブルの後始末はできたが、新しい課題にあらかじめ対処できないのではないか。
・金融機関による多様で主体的な創意工夫を妨げてきたのではないか。
という点があげられています。

かねてより金融庁は、金融機関に対する検査・監督やモニタリングの考え方や手法について、その時々の状況に応じてより良いものとするための見直しに取り組んできています。その一環として、上記のような問題意識のもと、新しいモニタリングの基本的な考え方や手法等について整理を行うため、2016年８月22日に金融モニタリング有識者会議が設置されました。そして、金融モニタリング有識者会議は、2017年３月17日に「金融モニタリング有識者会議報告書―検査・監督改革の方向と課題―」を取りまとめて公表しました。この報告書は、本書の執筆時点の検査・監督の考え方のベースと評価することができるものであり、検査・監督基本方針にその内容が反映されています。

2　金融行政の目標

金融モニタリング有識者会議報告書３、４頁は、金融行政の究極的な目標を、「企業・経済の持続的成長と安定的な資産形成等による国民の厚生の増大」ととらえ、金融庁の伝統的な任務である「金融システムの安定」「利用者の保護」および「市場の公正性・透明性の確保」の３つは目標のための手段にすぎないとしています。そして、金融行政の目標については、「金融システムの安定と金融仲介機能の発揮の両立、利用者保護と利用者利便の両立、市場の公正性・透明性と活力の両立を実現し、それを通じて企業・経済の持続的成長と安定的な資産形成等による国民の厚生の増大に寄与すること」と位置づけることが適切とします。この点は、検査・監督基本方針においても、金融行政の目標として明記されています（図表１参照）。

その上で、金融モニタリング有識者会議報告書４頁では、金融行政の役割

図表1　金融行政の目標

（安定重視から安定と成長の両立へ）

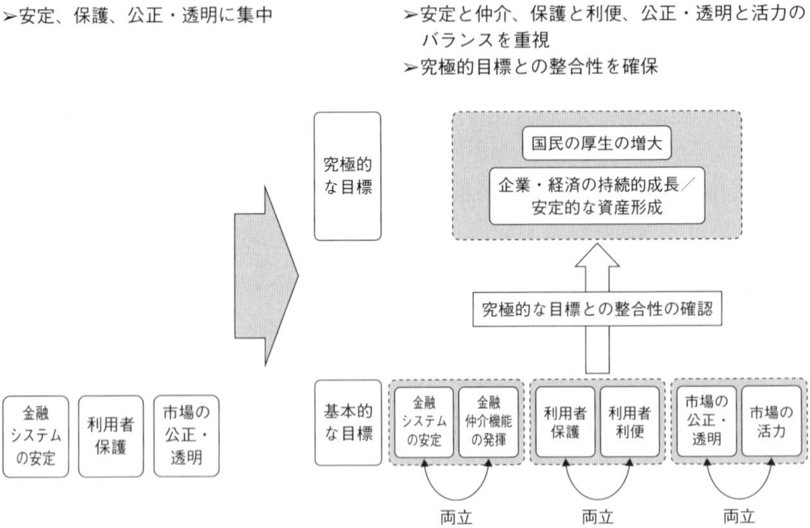

（出所）　検査・監督基本方針５頁

が「市場の失敗」に対応することにあるとしつつ、市場の失敗に効果的に対応できる手法であっても、これを機械的に反復・継続したり、行き過ぎがあったりする場合には、様々な副作用・弊害が生じ、「当局の失敗」が拡大する可能性があることを指摘し、「市場の失敗」と「当局の失敗」の総計をできるだけ小さくするため、既存の手法の副作用・弊害を軽減する努力を続ける必要があると述べられています。

このように、金融機関の検査・監督は、それ自体を目的とすべきものではなく、金融行政の究極的な目標と整合的なものでなければなりません。

3　「形式・過去・部分」から「実質・未来・全体」へ

金融モニタリング有識者会議報告書７、８頁では、以前の検査・監督手法が図表２のような「形式・過去・部分」への集中という副作用を発生させる

図表2　「形式・過去・部分」への集中

「形式への集中」	借り手の事業内容ではなく担保・保証の有無を必要以上に重視する、顧客ニーズに即したサービス提供よりルール遵守の証拠づくりに注力する、等
「過去への集中」	将来の経営の持続可能性よりも過去の経営の結果である足元のバランスシートを重視する、顧客ニーズの変化への対応よりも過去のコンプライアンス違反に着目する、等
「部分への集中」	金融機関の経営全体のなかで真に重要なリスクを議論するのではなく個別の資産査定に集中する、個別の法令違反行為だけを咎めて問題発生の根本原因の究明や必要な対策の議論を軽視する、等

（出所）　金融モニタリング有識者会議報告書８頁より筆者作成

図表3　「形式・過去・部分」から「実質・未来・全体」へ

	視野の拡大	
形式 －　担保・保障の有無やルール遵守の証拠作りを必要以上に重視	→	実質 －　最低基準（ミニマム・スタンダード）が形式的に守られているかではなく、実質的に良質な金融サービスの提供やリスク管理等ができているか（ベスト・プラクティス）へ
過去 －　足元のバランスシートや過去のコンプライアンス違反を重視	→	未来 －　過去の一時点の健全性の確認ではなく、将来に向けた健全性が確保されているか
部分 －　個別の資産査定に集中、問題発生の根本原因の究明や必要な対策の議論を軽視	→	全体 －　特定の個別問題への対応に集中するのではなく、真に重要な問題への対応ができているか

（出所）　検査・監督基本方針８頁

おそれがあることを指摘しています。

　その上で、「形式・過去・部分」なしには「実質・未来・全体」は把握できませんが、「実質・未来・全体」の視点なしに「形式・過去・部分」だけをみる場合には副作用を発生させるとともに、本来の金融行政の目標に資することもできないため、「実質・未来・全体」に検査・監督の視野を広げていくべきであると述べられています。すなわち、①形式的に最低基準の規制を遵守するだけでなく、実質的に良質な金融サービスの提供やリスク管理等を行うこと（形式から実質へ）、②過去の一時点の健全性やコンプライアンスの確認よりも、将来に向けたビジネスモデルの持続可能性を重視すること（過去から未来へ）、③特定の個別問題への対応に集中するのではなく、真に重要な問題に対応すること（部分から全体へ）という３つの視点をもつことが求められます。この点に関して、検査・監督基本方針では、図表３のように整理しています。

4　検査マニュアルの廃止と対話の拡大

前述のとおり、以前は金融庁は金融機関の業態ごとに検査マニュアルを策定し、検査官が金融機関を検査する際に用いる手引書として利用されていました。しかしながら、「形式・過去・部分」から「実質・未来・全体」へという考え方のもと、検査マニュアルは2019年12月18日に廃止されました。

検査マニュアルに基づく検査・監督は、上記１で述べたようなメリットがあり、金融危機の時代には、最低限の自己査定、償却・引当、リスク管理態勢、法令遵守・顧客保護態勢を確立する上で有用であったと評価されています。もっとも、以下のような懸念点があり、廃止されるに至りました（検査・監督基本方針30、31頁）[1]。

・チェックリストの確認が検査の焦点になり、検査官による形式的・些末な指摘が助長され、実質や全体像が見失われる。

・金融機関がチェックリストの形式的遵守を図り、自己管理の形式化・リス

1　検査マニュアルの廃止は、金融機関が現状の実務を出発点により良い実務に向けた創意工夫を進めやすくするためのものであり、検査マニュアルによる検査対応のもとで定着した金融機関の実務を否定するものではないことが明示されています（検査・監督基本方針33頁）。

ク管理のコンプラ化につながる。
・最低基準さえ充足していればよいという企業文化を生む。
・検査マニュアルに基づく過去の検査指摘が、環境や課題が変化したにもかかわらず、暗黙のルールのようになってしまう。
・検査マニュアル対応を念頭に策定された金融機関の詳細な内部規程が固定化し、行内において自己変革を避ける口実として用いられたり、創意工夫の障害となったりする。

その上で、「実質・未来・全体」に重点を置いた検査・監督を実現していくために、金融行政の目的にさかのぼった判断ができるよう、考え方・進め方・プリンシプルを示すことが必要であるとされており、金融機関の検査・監督に共通する考え方と進め方を示す検査・監督基本方針に加えて、より良い実務に向けた当局と関係者との対話の材料とするため、分野別の「考え方と進め方」が策定されることになっています。詳細なルールを示した固定的な「バイブル」に依拠した行政から、当局と金融機関が双方向の対話を通じて互いにレベルの向上を目指す行政へと転換する方針がとられています（検査・監督基本方針35頁）。

Q2 検査・監督基本方針の全体像とポイント

「金融検査・監督の考え方と進め方（検査・監督基本方針）」の全体像とポイントを教えてください。

A 検査・監督基本方針には、金融行政の基本的な考え方と検査・監督の進め方、そして、当局の態勢整備のあり方が方針としてまとめられています。このうち、検査・監督の進め方としては、「最低基準検証」「動的な監督」およびベスト・プラクティスのための「見える化と探究型対話」の３つの手法がまとめられていることがポイントになります。

1　検査・監督基本方針の全体像

「金融検査・監督の考え方と進め方（検査・監督基本方針）」は、検査・監督全般に共通する考え方と進め方を記載したものとして、パブリックコメントの手続を経た上で、2018年６月29日に金融庁が公表したものです[2]。全体としては、図表４のとおりⅠ.～Ⅳ.の構成となっています。

１頁には図表５のとおり、「Ⅱ．金融行政の基本的な考え方」「Ⅲ．検査・監督の進め方」「Ⅳ．当局の態勢整備」の各項目に関する主なポイントがまとめられています。

金融機関にとっては、これらの内容のうち特に「Ⅲ．検査・監督の進め方」で示されている検査・監督の手法やその背景にある考え方が、コンプライアンス対応の実務の参考になるものとしてポイントになると考えられます。

2　基本的な考え方

検査・監督基本方針のⅡでは、金融行政の基本的な考え方がまとめられています。まず、Ｑ１で解説したとおり、「企業・経済の持続的成長と安定的な資産形成等による国民の厚生の増大」を金融行政の究極的な目的ととらえた上で、これを達成するために、①金融システムの安定と金融仲介機能の発揮の両立、②利用者保護と利用者利便の両立、③市場の公正性・透明性と市場の活力の両立の３点を金融行政の基本的な目標と位置づけることが明記されています。

2　本書では2018年６月版の検査・監督基本方針を前提とします。

図表４　検査・監督基本方針の構成

Ⅰ．本方針の趣旨 Ⅱ．金融行政の基本的な考え方 　１．金融行政の目標 　２．「市場の失敗」と金融行政の役割 　３．「当局の失敗」への対応 　４．「形式・過去・部分」から「実質・未来・全体」へ Ⅲ．検査・監督の進め方 　１．「実質・未来・全体」を実現するための３つの手法 　２．優先順位の機動的な見直し 　３．最低基準の遵守状況を確認する「最低基準検証」 　４．持続的な最低基準充足を確保するための「動的な監督」 　５．ベスト・プラクティスのための「見える化と探究型対話」 　６．「最低基準検証」、「動的な監督」、「見える化と探究型対話」を通じた進め方 Ⅳ．当局の態勢整備 　１．金融庁のガバナンス 　２．検査・監督の品質管理 　３．検査・監督に関する方針の示し方 　４．組織、人材、情報インフラ等

その上で、金融行政が様々な「市場の失敗」に対応し、市場メカニズムや金融機関自身のガバナンス機能が発揮されるようにする一方で、過剰規制・過剰介入などによる「当局の失敗」を小さくして、全体として市場の機能が最大限発揮される環境が確保されるよう目指していくことが述べられています。

そして、「当局の失敗」のリスクを小さくし、「市場の失敗」に効果的に対応するためには、Ｑ１で詳しく述べたとおり、金融行政が「形式・過去・部分」への集中を排し、「実質・未来・全体」に視野を広げなければならないとされています。なお、当局の側は、検査・監督の進め方、金融庁のガバナンス、品質管理、諸規程、組織、人材、情報インフラ等について、具体的な改革を相互に整合性をもったかたちで計画的・組織的に進めていくこととさ

図表5　検査・監督基本方針の主なポイント

金融行政の基本的な考え方

- 金融行政の目標の明確化
  - ✓　金融システムの安定／金融仲介機能の発揮、利用者保護／利用者利便、市場の公正性・透明性／市場の活力のそれぞれを両立させ、
  - ✓　これを通じ、企業・経済の持続的成長と安定的な資産形成等による国民の厚生の増大を目指す。
- 「市場の失敗」を補い、市場メカニズムの発揮を通じて究極的な目標を実現。
- 「形式・過去・部分」から「実質・未来・全体」に視野を広げる。
- ルール・ベースの行政からルールとプリンシプルのバランス重視へ。

検査・監督の進め方

- 実質・未来・全体の視点からの検査・監督に注力。
  - ✓　「最低基準検証」を形式チェックから実効性の評価に改める。
  - ✓　フォワードルッキングな分析に基づく「動的な監督」に取り組む。
  - ✓　ベスト・プラクティスの追求のための「見える化と探究型対話」を工夫していく。
- チェックリストに基づく網羅的な検証から優先課題の重点的なモニタリングへ。
- 定期検査中心のモニタリングからオン・オフ一体の継続的なモニタリングへ。
- 各金融機関の実情についての深い知見、課題毎の高い専門性を蓄積し、金融機関内外の幅広い関係者との対話を行う。

当局の態勢整備

- 外部からの提言・批判が反映されるガバナンス・品質管理。
- 分野別の「考え方と進め方」などを用いた対話を進めていく。
- 平成30年度終了後（平成31年4月1日以降）を目途に検査マニュアルを廃止（金融機関の現状の実務の否定ではなく、より多様な創意工夫を可能とするために行う）。
- 新しい検査・監督のあり方に沿って、内部組織・人材育成・情報インフラを見直す。

（出所）　検査・監督基本方針1頁

れており、検査・監督基本方針のⅣ.では、このような観点から、当局の態勢整備のあり方がまとめられています。

3　「実質・未来・全体」を実現するための3つの手法

(1)　3つの手法の関係

検査・監督基本方針のⅢ.では、当局が実現しようとする検査・監督の具体的な進め方が述べられています。そのなかでは、「実質・未来・全体」の視点に重点を置いた検査・監督を実現するための手法として、「最低基準検証」「動的な監督」およびベスト・プラクティスのための「見える化と探究型対話」の3つの手法がまとめられています。

もっとも、これらの３つの手法は何が課題でそれをどう解決するかといった実質的な議論を行っていく上での当局の対応のパターンや視点を概念的に整理したものであり、金融機関と当局との間のやりとりの一つひとつが３つの手法のいずれに該当するかといった形式的な分類を行うためのものではありません。また、３つの手法は連続的につながっているものであり、境界領域においては必ずしも明確に区分できるものでもありません。さらに、当局は、これらの３つの手法を、全てのテーマ、全ての金融機関に対し一律に適用するのではなく、金融機関の実態に応じて適切な対応をとるとされています。

当局は、これらの３つの手法やその分類自体を目的ととらえるべきではなく、金融機関との個々のやりとりをどの手法に位置づけるか分類しようとしたり、形式的に全ての手法を適用しようとしたりすることなく、検査・監督を執り行うことが期待されます。また、金融機関にとっては、「最低基準検証」「動的な監督」および「見える化と探究型対話」という３つの手法は、当局の考え方を理解し、当局との議論を円滑にするための有用な概念であると考えられます。

⑵　最低基準検証

「最低基準検証」とは、最低基準の充足状況の確認、すなわち、各金融機関が共通して遵守すべき最低基準の充足状況を検証し、最低基準に抵触している金融機関に対して改善を求める手法をいいます。この場合の最低基準は、金融機関の最低限の財務の健全性の確保、利用者保護、市場の公正性・透明性の確保を目標として設定されるものです。

以前は最低基準検証が金融行政における検査・監督の優先的課題でしたが、チェックリストによる形式的な最低基準検証が繰り返されると、「形式・過去・部分」への集中を生じかねないと考えられます。そのため、最低基準検証を「形式・過去・部分」の視点に偏ったものから「実質・未来・全体」の視点を重視したものへと進化させる必要があると整理されました。このような観点から、検査・監督基本方針では、図表６のような点を最低基準

図表6　最低基準検証の方針

・チェックリストの個別項目を満たしているか否かではなく、ガバナンス、企業文化、内部管理態勢が全体として必要な実効性を有しているか否かを評価することを検証の目的とする。
・個別の内部規程の策定・実施状況の確認等で、金融機関自身に委ねるべきものは委ねる。
・一旦受けた指摘に対する対応が固定化することのないよう、金融機関が過去の報告で示した改善の方法について修正を行うための手順を整備し、状況に応じた変更を容易にする。Q＆Aや法令適用事前確認手続（ノーアクション・レター制度）を利用しやすいものとしていく。
・個別の非違事項が見出された場合にも、一律に同程度の改善策を求めるのではなく、ガバナンスや企業文化を含めた根本原因に遡って分析し、その重要性を判断して、重要性に応じた対応を行う。根本原因の分析にあたっては、事実に基づき金融機関との間で十分議論を行い、安易に個別事案とガバナンス・企業文化を結びつけるのではなく、真に解くべき課題の構造をよく見極める。
・個々の問題事象の検証と同種の問題の再発防止のみに集中するのではなく、問題事象の根本原因の追求を通じて、同原因の問題が形を変えて発生することを防ぐことが重要であり、将来に向けた実効性ある改善策を議論し、改善状況を継続的にフォローアップする。
・個別の規定の適用にあたっても、趣旨・目的に遡って法令の全体構造を把握した上で、保護すべき重要な利益を特定し、対応を判断する。

（出所）　基本方針14頁

検証の方針とするとされています。

⑶　動的な監督

「動的な監督」とは、将来の環境と金融機関の動的な展開を見通し、金融機関が将来最低基準に抵触する蓋然性を評価して、金融機関と問題意識の共有を行い、改善に向けた対応を求めていく手法をいいます。金融機関が実際に最低基準に抵触する段階になってからでは、既に利用者保護や市場の公正を損ない、または健全性回復のためにとりうる手段が限られることとなり、社会全体にとってのコストが膨大になってしまいます。そのため、まだ最低基準に抵触していない金融機関であっても、将来的に最低基準に抵触する蓋然性が高い場合には、早い段階から予防的に問題点を指摘し、改善対応を求めていく必要があるという考え方によるものです。このような監督を行うために、当局としては、広く深く早く情報を把握・分析するとともに、個別の事情に応じた解決を模索するため各金融機関との双方向の建設的な対話を行うよう進め方を工夫するとされています。

将来的に最低基準に抵触する蓋然性が高い場合の例として、①最低基準で十分にとらえられていないリスクを過大に抱えている場合、②収益やビジネスモデルの持続可能性が損なわれている場合、③ガバナンスや企業文化に起因して、問題のある経営陣の行動・姿勢を防止・是正できない等の課題を抱えている場合があげられています。また、足元で利用者保護や不公正取引に関する問題事象が生じていなくても、金融機関のビジネスモデル・経営戦略、社会経済環境、規制動向、社会的な期待目線の高まり等から、将来において問題事象が発生する蓋然性が高まっている場合も考えられると述べられています。

そして、当局は、分析の結果、将来的に最低基準に抵触する蓋然性が高いと考えられる場合には、金融機関との間の認識の共有に努め、最低基準に抵触する蓋然性を低くするための対応を求めていくとされています。その場合の対応は柔軟かつ実効性ある対応とすることが必要であるとされており、最低基準抵触の蓋然性の度合い、当該最低基準の重要性、蓋然性の背後にある課題等に応じた内容のものとしていく必要があると述べられています。

⑷ 見える化と探究型対話

「見える化と探究型対話」とは、それぞれの金融機関が経営環境の変化を先取りした業務運営や競争相手よりも優れた業務運営（ベスト・プラクティス）の実現に向けて競い合い、主体的に創意工夫を発揮することができるよう、開示の充実や探究的な対話等を進める手法をいいます。

このうち、「見える化」は、市場の失敗を補い、金融機関が創意工夫を競い合う環境を実現する上で、中心的な役割を果たすものと位置づけられてい

図表７　「動的な監督」の位置づけ

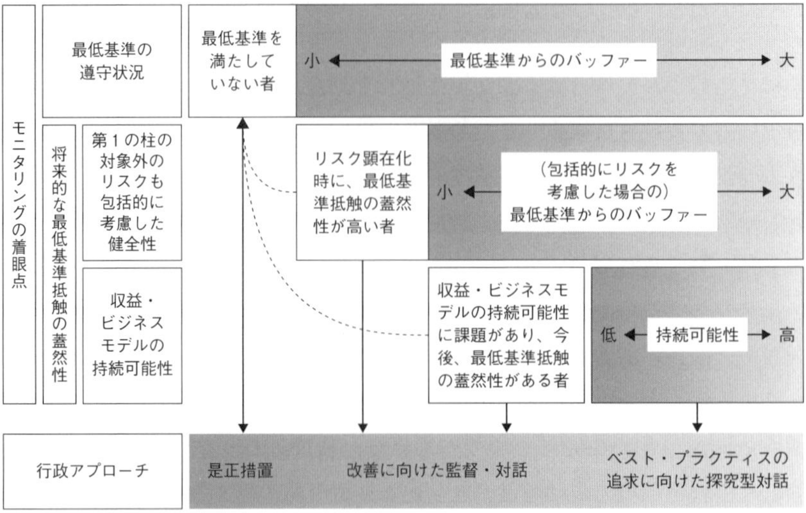

（出所）　検査・監督基本方針20頁

ます。そして、民間の第三者的な主体による評価指標の開発・公表や金融機関による自主的な開示の充実が有効であり、さらに、当局が収集した情報を開示することでこれを補うことが有効であるとされています。

また、当局は、金融機関の横並び意識や内向きの意識を解きほぐしていくため、各金融機関との間で、特定の答えを前提としない、多様な創意工夫を志向した「探究型対話」を行っていくとされています。この際、当局の正しいと考える特定のベスト・プラクティスを金融機関に押し付けるかたちとなり、金融機関の自己責任原則にのっとった経営がゆがむようなことにならないようにすることが当局側の注意事項として明記されています。そして、当局は、このような対話を行う前提として、日頃のモニタリングを通じた特性把握をもとに、個々の金融機関の置かれた経営環境や経営課題について深い理解をもった上で、的確な問いかけを投げかけるように努めていくとされています。

⑸　3つの手法を通じた進め方

以上の「最低基準検証」「動的な監督」、そしてベスト・プラクティスのための「見える化と探究型対話」を通じて、「実質・未来・全体」の視点からの検査・監督とするため、その進め方を以下のような点について見直すこととされています。

・正確な実態把握

・優先課題の重点的なモニタリング

・オンサイト・オフサイト一体の継続的なモニタリング

・態勢と実態の一体的な把握

Q3　検査・監督に関する取組資料

金融庁の検査・監督に関する具体的な取組みとしてどのような資料が公表されていますか。

A 金融庁の検査・監督に関する考え方を示す資料として、金融モニタリング有識者会議報告書や検査・監督基本方針のほか、本書の執筆時点では、健全性政策、コンプライアンス・リスク管理、融資に関する検査・監督実務、ITガバナンスの4つの分野についてディスカッション・ペーパーが策定され、公表されています。また、パブリックコメントの結果などこれらの資料の策定過程で検査・監督に関する考え方が示された資料についても実務の参考になるものと考えられます。今後もより良い実務を目指す観点から新たなディスカッション・ペーパーが策定・公表されるものと予想されます。

1　検査・監督の考え方に関する公表資料

Ｑ１で解説したとおり、以前は、金融庁は金融機関の業態ごとに金融規制法の解釈・運用の詳細を定める検査マニュアルを策定していましたが、検査マニュアルは2019年12月18日をもって廃止されました。その上で、検査・監督に関する考え方・進め方・プリンシプルを示すため、検査・監督基本方針が公表されています。加えて、より良い実務に向けた当局と関係者との対話の材料とするため、分野別に「考え方と進め方」（ディスカッション・ペーパー）が策定され、公表されることになっています。また、Ｑ１で述べたとおり、本書の執筆時点の検査・監督の考え方のベースとなっているのは、2017年３月17日に公表された「金融モニタリング有識者会議報告書―検査・監督改革の方向と課題―」であり、この報告書も検査・監督に関する一般的な考え方を理解するための参考になるものです[3]。

なお、本設問で紹介する公表資料については、いずれも金融庁のホームページに掲載されています。本書の執筆時点においては「金融検査・監督の考え方と進め方」というページに検査・監督の見直しに関するこれまでの金融庁の主な取組みがまとめられています。

2　検査・監督基本方針と関連資料

検査・監督基本方針は2018年６月29日に金融庁が公表したものですが[4]、策定の過程において、2017年12月15日にその案文を公表し、2018年２月14日までパブリックコメントの手続を行うとともに、案文について全国各地で金融機関や監査法人等を対象にのべ60回に及ぶ対話会が開催されています。

このうち、パブリックコメントの結果については、個別の意見に対する金融庁の回答を列挙した「個別意見回答版」と個別の意見を項目別に集約して金融庁の回答をまとめた「項目別回答版」の２つの形式で金融庁の考え方が

3　この報告書については英訳が公表されています。
4　検査・監督基本方針についても英訳が公表されています。

示されています。検査・監督基本方針についての一般的な考え方を確認したい場合には要点がまとめられた後者の「項目別回答版」を参照し、個別具体的な場面で直接的に参考となる考え方が示されていないか調査したい場合には前者の「個別意見回答版」を参照するのが便利であると考えられます。

また、上記のとおりパブリックコメント期間中に金融庁と金融機関や監査法人等との対話会が開催されておりますが、この場で示された検査・監督の見直しに関する意見とともに、これまでに各金融機関が創意工夫をもって行っている自己査定・償却・引当の取組事例や検討内容が公表資料として紹介されています。検査・監督基本方針のもとでの金融機関の実務においても、これらの取組事例は参考になるものと考えられます。

金融機関は、業態ごとの監督指針・事務ガイドラインや検査・監督基本方針に加えて、上記のパブリックコメントの結果などの資料も参考にすることによって、金融庁による検査・監督の考え方を理解して日常の実務を執り行うことが求められます。

3　分野別の考え方・進め方

(1)　総　　論

検査・監督基本方針では、詳細なルールを示した固定的な「バイブル」に依拠した行政から、当局と金融機関が双方向の対話を通じて互いにレベルの向上を目指す行政へと転換するという考え方のもと、より良い実務に向けた当局と関係者との対話の材料とするため、分野別の「考え方と進め方」（ディスカッション・ペーパー）を策定することが方針として述べられています。

本書の執筆時点では、図表８のとおり４つの分野でディスカッション・ペーパーが公表されています。

いずれのディスカッション・ペーパーもパブリックコメントの手続を経た上で最終版が策定されたものです。今後もより良い実務を目指す観点から新たなディスカッション・ペーパーが策定・公表されるものと予想されますので、金融機関には金融庁による政策立案の状況にも十分に目を配ることが求

図表8　4つの分野のディスカッション・ペーパー

分野	ディスカッション・ペーパー
健全性政策	金融システムの安定を目標とする検査・監督の考え方と進め方（健全性政策基本方針）
コンプライアンス・リスク管理	コンプライアンス・リスク管理に関する検査・監督の考え方と進め方（コンプライアンス・リスク管理基本方針）
融資に関する検査・監督実務	検査マニュアル廃止後の融資に関する検査・監督の考え方と進め方
IT ガバナンス	金融機関のIT ガバナンスに関する対話のための論点・プラクティスの整理

められます。

⑵　健全性政策

金融機関の健全性に関しては、2018年6月29日に「金融システムの安定を目標とする検査・監督の考え方と進め方（健全性政策基本方針）」の案文が公表され、2018年7月30日までパブリックコメントの手続が行われた後、2019年3月29日にパブリックコメントの結果とあわせてディスカッション・ペーパーとして「金融システムの安定を目標とする検査・監督の考え方と進め方（健全性政策基本方針）」が公表されています。

「金融システムの安定を目標とする検査・監督の考え方と進め方（健全性政策基本方針）」の内容についてはQ5をご参照ください。

⑶　コンプライアンス・リスク管理

コンプライアンス・リスクの管理に関しては、2018年7月13日に「コンプライアンス・リスク管理に関する検査・監督の考え方と進め方（コンプライアンス・リスク管理基本方針）」の案文が公表され、2018年8月13日までパブリックコメントの手続が行われた後、2018年10月15日にパブリックコメントの結果とあわせてディスカッション・ペーパーとして「コンプライアンス・リスク管理に関する検査・監督の考え方と進め方（コンプライアンス・リスク管理基本方針）」が公表されています。また、2019年6月28日には、金融庁が複数の金融機関の経営陣等との対話の機会を通じて、コンプライアンス・リスク管理に関する実態把握を行い、これらの過程やモニタリングで得られた事例、そこから抽出される傾向や課題等について取りまとめた「コンプライアンス・リスク管理に関する傾向と課題」が公表されています。この「コンプライアンス・リスク管理に関する傾向と課題」については、2020年７月10日に内容を更新したものが公表されています。

「コンプライアンス・リスク管理に関する検査・監督の考え方と進め方（コンプライアンス・リスク管理基本方針）」の内容についてはＱ４をご参照ください。

⑷　融資に関する検査・監督実務

融資に関する検査・監督については、検査・監督基本方針が公表された2018年６月29日に、金融機関の融資に関する検査・監督実務について議論、整理するための「融資に関する検査・監督実務についての研究会」が設置され、2018年10月29日まで４回の会議が開催されました。各会議の資料・議事録は金融庁のホームページで公表されています。

そして、「融資に関する検査・監督の実務についての研究会」の検討内容をふまえ、2019年９月10日に「検査マニュアル廃止後の融資に関する検査・監督の考え方と進め方」の案文が公表され、2019年10月11日までパブリックコメントの手続が行われた後、2019年12月18日にパブリックコメントの結果とあわせてディスカッション・ペーパーとして「検査マニュアル廃止後の融資に関する検査・監督の考え方と進め方」が公表されています。

「検査マニュアル廃止後の融資に関する検査・監督の考え方と進め方」の内容についてはＱ７をご参照ください。

⑸　IT ガバナンス

金融機関の IT ガバナンスに関しては、2019年３月14日に「金融機関の IT ガバナンスに関する対話のための論点・プラクティスの整理」の案文が公表され、2019年４月15日までパブリックコメントの手続が行われた後、2019年６月21日にパブリックコメントの結果とあわせてディスカッション・ペーパーとして「金融機関のITガバナンスに関する対話のための論点・プラクティスの整理」が公表されています。このディスカッション・ペーパーは、本体のほか、事例集（別冊1：「金融機関のITガバナンスに関する実態把握結果（事例集)）と、従来の「システム統合チェックリスト」にかわる考え方・着眼点（別冊2：「システム統合リスク管理態勢に関する考え方・着眼点（詳細編)）から構成されています。

「金融機関のITガバナンスに関する対話のための論点・プラクティスの整理」の内容についてはQ6をご参照ください。

Q4 コンプライアンス・リスク管理に関する検査・監督の考え方

コンプライアンス・リスク管理に関する検査・監督の考え方についてディスカッション・ペーパー等で示されている内容を教えてください。

A 金融庁の「コンプライアンス・リスク管理に関する検査・監督の考え方と進め方（コンプライアンス・リスク管理基本方針)」において、コンプライアンス・リスク管理に関する金融機関の改善の方向性として様々な着眼点が示されており、とりわけ、コンプライアンス・リスク管理態勢における経営陣の主導的な役割と経営陣を牽制するガバナンス態勢が重視されるとともに、リスクベース・アプローチと幅広いリスクを前広に察知することが求められています。

1 関連するディスカッション・ペーパー等

検査・監督基本方針では、より良い実務に向けた当局と関係者との対話の材料とするため、分野別の「考え方と進め方」（ディスカッション・ペーパー）

図表9　コンプライアンス・リスク管理に関する検査・監督の考え方と進め方（コンプライアンス・リスク管理基本方針）のポイント

○従来の検査・監督のあり方を見直し、「金融処分庁」から「金融育成庁」へ転換
⇒「検査・監督基本方針」の公表（６月29日）
➢コンプライアンス・リスク管理の分野についても、以下のように、金融機関におけるリスク管理態勢の改善を促すべく、金融庁の対応を見直す必要
➢上記基本方針の分野別方針として7月13日より意見募集に付していた「コンプライアンス・リスク管理基本方針」を最終化し、意見募集の結果と併せて公表（10月15日）

金融機関の対応		金融庁の今後の対応
従来の問題点	改善の方向性 （経営の問題であるとの認識の醸成）	
・形式的な法令違反のチェックに終始、表面的な再発防止策の策定等、ルールベースでの対応の積み重なり（「コンプラ疲れ」） ・発生した個別問題に対する事後的な対応 ・経営の問題と切り離された、管理部門中心の局所的・部分的な対応 ↑ 金融庁の重箱の隅をつつくような検査が上記を助長	・経営陣において、ビジネスモデル・経営戦略・企業文化とコンプライアンスを表裏一体であるとの認識の下、経営目線での内部管理態勢を主導 ・「世間の常識」とずれないために、外部有識者等の視点を活用するガバナンス態勢を構築 ・潜在的な問題を前広に察知し、その顕在化を未然に防止 ・金融機関の規模・特性に応じたリスクベースでのメリハリのある管理態勢を構築	・ルールベースではなく、経営の問題としての取組みを評価することを目的とした金融機関の経営陣との対話 ・重要な問題に焦点を当てた、リスクベースのモニタリング ・金融機関の規模・特性に応じ、負担に配慮

（出所）　金融庁公表資料

を策定することが方針として述べられています（Q３参照）。

コンプライアンス・リスク管理に関する検査・監督の考え方については、2018年７月13日に「コンプライアンス・リスク管理に関する検査・監督の考え方と進め方（コンプライアンス・リスク管理基本方針）」の案文が公表され、2018年８月13日までパブリックコメントの手続が行われた後、2018年10月15日にパブリックコメントの結果とあわせてディスカッション・ペーパーとして「コンプライアンス・リスク管理に関する検査・監督の考え方と進め方（コンプライアンス・リスク管理基本方針）」が公表されています[5]。コンプラ

イアンス・リスク管理基本方針においては、利用者保護と市場の公正・透明に関する分野、そのなかでも特に、法令等遵守態勢や顧客保護等管理態勢として扱われてきた分野が扱われています。

また、金融庁は、2019年6月28日に後述の「コンプライアンス・リスク管理に関する傾向と課題」を公表し、2020年7月10日にこれを一部更新しています。

2　コンプライアンス・リスク管理の高度化の必要性

コンプライアンス・リスク管理基本方針では、コンプライアンス・リスク管理の高度化が必要となる背景として、金融機関における従来の取組みにおける、①ルールベースでの対応の積み重なり（いわゆる「コンプラ疲れ」）、②発生した個別問題に対する事後的な対応への偏重、および③ビジネスモデル・経営戦略とは別の問題としてのコンプライアンスの位置づけとコンプライアンス部門・リスク管理部門等の管理部門中心のサイロ的・部分的な対応、という3つの傾向を指摘しています。その上で、金融庁としても、法令違反の有無を形式的に確認したり、個別事案の部分的な事項の事後検証に焦点を当てたりする従来の検査姿勢が、上記の傾向を助長してきたものと指摘しています。

さらに、近時のイノベーションやグローバル化といった金融機関の経営環境の急速な変化と金融機関の活動の国際化に伴いリスク管理のあり方を見直す必要性が高まっていること、既存の法令には直ちに抵触しないものの金融機関の経営に重大な影響をもたらし、またその信頼を大きく毀損するような

---

5 「コンプライアンス」または「コンプライアンス・リスク」の意味については、検査・監督基本方針もコンプライアンス・リスク管理基本方針も明確に定義していません。もっとも、コンプライアンス・リスク管理基本方針では、後記3において述べるとおり、単なる法令違反リスクにとどまらず、金融機関の事業が社会・経済全体に悪影響を及ぼすこととならないか、利用者保護等に反しないか、といったより本質的な観点からの幅広いリスクの捕捉および把握による将来の問題の未然防止の重要性が求められており、したがって、コンプライアンスとは、単なる法令遵守にとどまらない上記のような観点を含むものとして理解する必要があります。

事例が発生していることについても指摘しています。

こうした点を背景に、コンプライアンス・リスク管理方針では、金融機関側と当局側のそれぞれについて、以下に述べるような方向性および対応を示しています。

3　金融機関における管理態勢の改善の方向性

コンプライアンス・リスク管理方針では、金融機関がコンプライアンス・リスク管理を向上させていくために重要な着眼点として、以下のものを掲げています。

まず、経営・ガバナンスに関する着眼点の１つ目として、コンプライアンス・リスク管理が経営の根幹をなすものであることに関する着眼点があげられており、ここでは、①コンプライアンス・リスク管理が経営の根幹をなすという認識に基づく経営陣の姿勢・主導的役割、②組織としてコンプライアンス・リスク管理を行うための内部統制の仕組み、③経営陣によるあるべき価値観・理念や企業文化を明確化・醸成、④社外取締役や監査役等が経営陣を牽制するガバナンス態勢を求めています。さらに、経営・ガバナンスに関する着眼点の２つ目としてリスク管理の枠組みに関する着眼点が示されており、ここでは、①事業部門による自律的管理、②コンプライアンス部門・リスク管理部門等の管理部門による牽制、③内部監査部門による検証（事務不備の検証や規程等への検証にとどまらない経営陣に対して牽制機能を発揮できる実効的な監査）、④グループ会社管理および海外拠点管理が掲げられています。このほか、コンプライアンス・リスク管理に係る人材の確保の重要性や情報通信技術の活用も着眼点としてあげられています。

次に、リスクベースの発想への視野拡大に関する着眼点として、リスクの特定・評価をした上で、それに見合った低減措置や制御を講ずるリスクベース・アプローチの必要性が説かれるほか、単なる法令違反リスクにとどまらず、金融機関の事業が社会・経済全体に悪影響を及ぼすこととならないか、利用者保護等に反しないか、といったより本質的な観点からの幅広いリスクの捕捉および把握による将来の問題の未然防止の重要性が説かれています。ここではコンダクト・リスクにも言及されていますが、コンダクト・リスクについてはQ44・Q45をご参照ください。

4　当局による検査・監督における今後の対応

当局の検査・監督については、以下のような今後の対応方針が示されています。

まず、検査・監督の基本的な進め方としては、リスクベースでのモニタリングを実効的に行う観点から、①コンプライアンス・リスクに関する多様で幅広い情報収集（幅広い役職員との面談や外部情報の収集）、②収集した情報に基づくリスク分析を基礎とするモニタリング課題の設定、③モニタリング方針の策定と実施（対象とする金融機関はリスクが高いと考えられる金融機関や今後リスクが高まる可能性がある金融機関を中心に選定）、④当局の問題意識の発信、および⑤モニタリングに関する態勢整備があげられています。

そして、検査・監督にあたっての留意点としては、①金融機関自身の判断を尊重する必要があること、②経営陣等との対話・議論の基本的な目的は不祥事等の未然防止にあること、③法令等に基づき適正手続を遵守して行うべきこと、④金融機関の負担に配慮すべきことがあげられています。

5　「コンプライアンス・リスク管理に関する傾向と課題」

金融庁は、コンプライアンス・リスク管理基本方針後の実態把握を通じて得られた事例を基礎に、「コンプライアンス・リスク管理に関する傾向と課題」を公表しており（2019年６月28日公表、2020年７月10日一部更新）、今後も更新・公表を行うものとしています。

ここでは、まず、コンプライアンス・リスク管理基本方針に示された着眼点に沿って、①金融機関におけるコンプライアンス・リスク管理の傾向と課題、②コンプライアンス・リスク管理基本方針で示された問題意識をふまえた取組事例、③問題事象につながった事例が整理されています。

また、金融庁による実態把握から抽出される傾向として、多くの金融機関が試行錯誤の過程にあり、コンプライアンス・リスク管理のための検討および取組みを一定程度進めている様子が窺われることが指摘されています。他方で、経営陣を含む役職員が法令等の既存のルールを遵守していれば足りるという発想にとどまっている事例等も指摘されており、法令等の既存のルールを遵守すれば足りるという発想から抜け出し、企業価値の向上につながるコンプライアンス・リスク管理に向けた真摯な努力を進める必要があると指摘されています。

Q5　健全性政策に関する検査・監督の考え方

健全性政策に関する検査・監督の考え方についてディスカッション・ペーパー等で示されている内容を教えてください。

A　「金融システムの安定を目標とする検査・監督の考え方と進め方（健全性政策基本方針）」において、ミクロ健全性（個別金融機関の健全性）とマクロ健全性（金融システム全体の安定）の双方の視点が述べられるとともに、前者の評価の視点として、「過去・形式・部分」に着目した「後始末型」の視点から「未来・実質・全体」に視野を広げる「予防型」の視点への移行が述べられています。

1　関連するディスカッション・ペーパー等

検査・監督基本方針では、より良い実務に向けた当局と関係者との対話の材料とするため、分野別の「考え方と進め方」（ディスカッション・ペーパー）を策定することが方針として述べられています（Q３参照）。

金融システムの安定（健全性政策）に関しては、2018年６月29日に「金融システムの安定を目標とする検査・監督の考え方と進め方（健全性政策基本方針）」の案文が公表され、2018年７月30日までパブリックコメントの手続が行われた後、2019年３月29日にパブリックコメントの結果とあわせてディスカッション・ペーパーとして「金融システムの安定を目標とする検査・監督の考え方と進め方（健全性政策基本方針）」が公表されています。このディスカッション・ペーパーでは、検査・監督基本方針をふまえた金融システムの安定を目標とする検査・監督のあり方を示すとともに、金融システムの安定を確保するための様々な取組みについてその目的にさかのぼって整理し、また、内外の金融危機の経験のうち、今後の検査・監督にとって重要と考えられるものを整理し、金融機関をはじめとする関係者との双方向の対話の材料とすることが意図されています。

なお、健全性政策の諸要素と主な現行規制、それから健全性政策基本方針

図表10　主な現行規制と健全性政策の諸要素

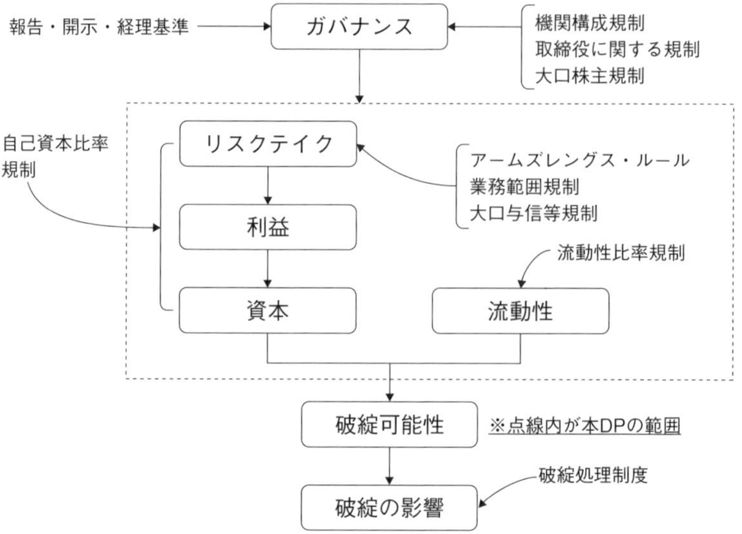

（出所）　健全性政策基本方針９頁

の範囲については図表10に示されています。

2 総　　論

健全性政策基本方針では、これからの健全性政策は、以下の３つの点に重点を置く旨が述べられています。

① 資産の質や自己資本比率といった特定の要素を形式的な基準に照らしてチェックするだけではなく、個々の金融機関の全体としての健全性や金融システム全体のリスクについても包括的かつ実質的に判断する点

② 危機に事後的に対処するだけでなく、危機を予防するために課題を先取りして対応することを目指す点

③ 金融機関のリスクテイクを抑制することだけに偏った対応をとるのではなく、金融機関が創意工夫を発揮できる環境を整え、適正なリスクテイクを通じた健全性の確保を実現することを目指す点

その上で、検査・監督にあたっては、金融機関が、当局に促された一律の対応ではなく、自らの創意工夫を発揮して、自らの判断で適切に健全性と金融仲介機能発揮の両立の道筋を見出すことができるよう、多様なビジネスモデルを念頭に置いた探究型の対話を進めていく旨が述べられています。

また、健全性政策の全体像として、ミクロ健全性（個別金融機関の健全性）の視点とマクロ健全性（金融システム全体の安定）の視点の双方から、リスク（個別金融機関の破綻リスクとシステミック・リスクの顕在化につながる脆弱性）の特定・評価およびリスクへの対応を行う旨が述べられています。

3 個別金融機関の健全性の確保（ミクロ健全性の視点）

⑴ ミクロ健全性の評価の視点の見直し

健全性政策基本方針では、伝統的なミクロ健全性の評価の視点について、その内容を「過去・形式・部分」から「未来・実質・全体」の視点からのアプローチに変革することが述べられています。たとえば、借り手の実質的な返済能力をふまえた資産の質、規制外のリスクを含めた資本の十分性、将来

にわたる持続的な収益性、ストレスに備えた流動性の確保、環境変化に機動的に対応できるリスク管理などを重視していく必要があるとされ、さらに、こうした諸要素を個別に評価するだけでなく、これらが全体として将来も持続可能なビジネスモデルを構築できているかについて評価する必要があるとされています。

その上で、ミクロ健全性の視点として、以下のものが示されています。

① 資産の質（融資に関しては、「検査マニュアル廃止後の融資に関する検査・監督の考え方と進め方」による。Ｑ７参照。）

② 資本とリスクテイク（自己資本比率規制の遵守と規制で捕捉されない各種リスクを勘案すること）

③ 収益（バランスシートのリスクが顕在化した場合にも耐えられる収益の確保

図表11　健全性基本方針において示された金融機関の健全性の評価の視点

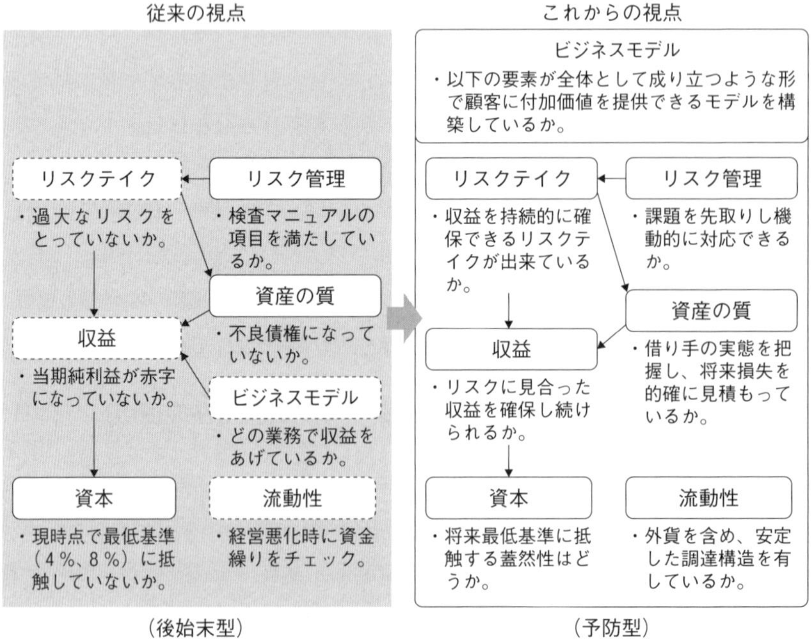

（出所）　健全性政策基本方針冒頭箇所

と経費をカバーし続けられる収益の確保）

④　流動性（国際統一基準行に適用のある流動性カバレッジ比率（LCR）規制と導入予定の安定調達比率（NTFR）規制、規制だけに頼らない資金調達構造、流動資産の十分性等の評価）

⑤　リスク管理（経営を取り巻く環境をふまえた経営にとっての様々なリスクの特定・強化と必要な対応）

⑥　ビジネスモデルの持続可能性（全体としてビジネスモデルが成り立っているかの評価）

⑵　健全性に関する検査・監督の進め方

また、以上のような視点の見直しのほか、検査・監督の進め方についても、以下の点を充実させていく旨が述べられています。

①　個別金融機関のリスク特性と経営状況の実態把握（金融システムに与える影響の大きい金融機関については、より深い分析、密度の高い対話）

②　最低基準抵触の蓋然性に応じた働きかけ（当局の対応のあり方については早期警戒制度の見直しを含めさらに検討も）

③　健全性と金融仲介機能の発揮の両立（両分野を結合した視点での金融機関との対話）

④　健全性の確保に関するベスト・プラクティスの追求に向けた探究型対話（当局の収集した知見の共有を含む）

⑤　オン・オフ一体の継続的なモニタリング（必要に応じてモニタリング方針や健全性規制のあり方の見直しも）

4　金融システム全体の脆弱性への対応（マクロ健全性の視点）

健全性政策基本方針では、金融システム全体の脆弱性の評価の視点として、資産価格のファンダメンタルズからの乖離、レバレッジの拡大、満期・流動性変換の拡大、金融機関の相互連関性、金融取引の複雑性をあげています。

その上で、これらのうち特に資産価格のファンダメンタルズからの乖離やレバレッジの拡大といった脆弱性への対応として、自己資本比率規制におけるカウンターシクリカル・バッファー[6]の枠組みを指摘しつつ、これだけではきめ細かな対応ができず迅速な対応もできないとして、システミック・リスクを評価・分析し、その結果をふまえた最適な監督対応を模索する必要があるとしています。

他方、金融機関の相互連関性や金融取引の複雑性については、システム上重要な金融機関に対する自己資本比率規制における追加的な資本賦課(G-SIBバッファー、D-SIBバッファー)、事前の破綻処理計画の策定および総損失吸収能力(TLAC)の保有義務づけ、さらに、一定のデリバティブ取引についての中央清算の義務づけと中央清算されない店頭デリバティブ取引についての当初証拠金・変動証拠金規制といった規制上の対応を指摘しつつ、金融システム全体の脆弱性が特定された場合には必要に応じて、資本、流動性、リスク管理用の監督上の対応をとる旨が述べられています。

Q6 ITシステムに関する検査・監督の考え方

金融機関のITシステムに関する検査・監督の考え方についてディスカッション・ペーパー等で示されている内容を教えてください。

A 「金融機関のITガバナンスに関する対話のための論点・プラクティスの整理」において、システムを安全・安定的に運営する「ITマネジメント(IT管理)」だけでなく、ITと経営戦略・事業戦略を連携させ、企業価値の創出を実現する「ITガバナンス」が構築されて

6　金融市場における信用の供与が過剰な場合に、将来の景気の変動によって生じるおそれのある損失に対する備えとして一定の自己資本の積増しを求めるものです。

いるかが着目されています。

1　関連するディスカッション・ペーパー等

検査・監督基本方針では、より良い実務に向けた当局と関係者との対話の材料とするため、分野別の「考え方と進め方」（ディスカッション・ペーパー）を策定することが方針として述べられています（Q 3参照）。

金融機関のITガバナンスに関しては、2019年3月14日に「金融機関のITガバナンスに関する対話のための論点・プラクティスの整理」等の案文が公表され、2019年4月15日までパブリックコメントの手続が行われた後、2019年6月21日にパブリックコメントの結果とあわせてディスカッション・ペーパーとして「金融機関のITガバナンスに関する対話のための論点・プラクティスの整理」（以下「ITガバナンスDP」といいます）が、別冊1「金融機関のITガバナンスに関する実態把握結果（事例集）および別冊2「システム統合リスク管理態勢に関する考え方・着眼点（詳細編）」とともに公表されています。

これまで金融機関のITシステムの検査・監督においては、金融システムの安定と利用者保護の観点から、システムリスク管理態勢およびシステム統合リスク管理態勢を中心に扱われてきました。これに対し、ITガバナンスDPでは、金融機関による金融仲介機能の発揮や健全性の確保を促していく上で、経営管理の状況等についても実効性のあるモニタリングを行うことが必要であるとの観点から、その一環としてのITガバナンスについての考え方と進め方を示すとともに、従来のシステムリスク管理態勢およびシステム統合リスク管理態勢についての考え方についても整理しています。

2　ITガバナンス

(1)　ITガバナンスの高度化の必要性

ITガバナンスDPでは、ITガバナンスの高度化の必要性に関して、まず、

図表12　ITガバナンスDP等の概要

○従来の検査・監督のあり方を見直し、「検査・監督基本方針」を公表（平成30年6月29日）。同基本方針の分野別「考え方と進め方」として、意見募集の結果も踏まえて、最終版を公表するもの（令和元年6月21日）

➢ITシステムの分野については、下記のように、近年の金融を巡る環境変化も勘案し、ITと経営戦略を連携させ企業価値の創出を実現させるための仕組みである「ITガバナンス」の発揮について金融機関と対話していくため、金融庁の対応を見直し

➢従来のシステムリスク管理態勢のモニタリングについては、検査マニュアル廃止後、システムリスク管理では一般にある基準等を活用、システム統合リスク管理ではチェックリストに代わる考え方・着眼点を存続

～金融機関のITガバナンスに関するモニタリングの必要性～

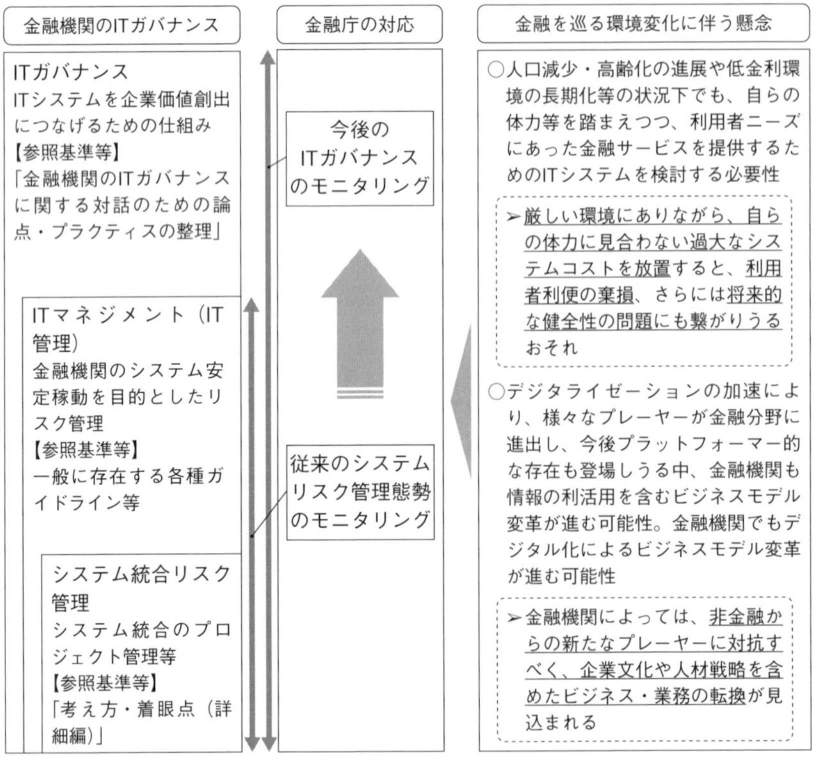

金融機関のITガバナンス
金融庁の対応
金融を巡る環境変化に伴う懸念
ITガバナンス
ITシステムを企業価値創出につなげるための仕組み
【参照基準等】
「金融機関のITガバナンスに関する対話のための論点・プラクティスの整理」
ITマネジメント（IT管理）
金融機関のシステム安定稼動を目的としたリスク管理
【参照基準等】
一般に存在する各種ガイドライン等
システム統合リスク管理
システム統合のプロジェクト管理等
【参照基準等】
「考え方・着眼点（詳細編）」
今後のITガバナンスのモニタリング
従来のシステムリスク管理態勢のモニタリング
○人口減少・高齢化の進展や低金利環境の長期化等の状況下でも、自らの体力等を踏まえつつ、利用者ニーズにあった金融サービスを提供するためのITシステムを検討する必要性
➢厳しい環境にありながら、自らの体力に見合わない過大なシステムコストを放置すると、利用者利便の棄損、さらには将来的な健全性の問題にも繋がりうるおそれ
○デジタライゼーションの加速により、様々なプレーヤーが金融分野に進出し、今後プラットフォーマー的な存在も登場しうる中、金融機関も情報の利活用を含むビジネスモデル変革が進む可能性。金融機関でもデジタル化によるビジネスモデル変革が進む可能性
➢金融機関によっては、非金融からの新たなプレーヤーに対抗すべく、企業文化や人材戦略を含めたビジネス・業務の転換が見込まれる

（出所）　金融庁公表資料

①従来の取組みの問題点として、リスク管理上、ITマネジメント（IT管理）に焦点が当てられ、金融機関によっては個別問題への対応にとどまる傾向にあり、また、金融庁としても個別事案の部分的な事項の事後検証に焦点を当てた検査姿勢がそのような対応を助長してきたことをあげ、次に、②人口減少・高齢化の進展、低金利環境の長期化等の厳しい環境とイノベーションを活用した金融商品・サービス提供に向けた動きがあること、そして、③経営者がリーダーシップを発揮し、ITと経営戦略を連携させ、企業価値の創出を実現するための仕組みである「ITガバナンス」が適切に機能することが極めて重要となっていることを指摘しています。

(2) ITガバナンスに関する考え方

ITガバナンスDPでは、その前提となる「ITガバナンス」の概念について、図表13のとおり整理しています。そのなかでは、従来のシステムリスク管理で対象としていたシステムの安定稼働に向けたITマネジメントにとどまらず、金融機関が持続可能なビジネスモデルを確保する上で必要となるITと経営戦略の連携を中心にすることや、昨今のデジタル化の進展に応じたビジネス・業務の変革の動きである「デジタルトランスフォーメーション」について、取捨選択の上、必要に応じて、経営戦略に取り込むことなどが期待されています。

その上で、ITガバナンスDPでは、ITガバナンスに関する深度ある対話に向けた基本的な考え方や着眼点を図表14のとおり整理しています。また、本文書の別冊1「金融機関のITガバナンスに関する実態把握結果（事例集）」では、これらの考え方や着眼点に沿って、参考となる先行事例および課題事例が列挙されています。

さらに、ITガバナンスDPでは、今後は、次の領域に焦点を当てたITガバナンスについても、より良いITガバナンスに向けた金融機関との対話のあり方を検討していくものとしています。

・地域銀行における共同センターと自行のIT戦略・ITガバナンスのあり方
・メガバンクや大手生損保等のグローバルにビジネスを行う金融機関におけ

図表13　IT ガバナンスの概念イメージ

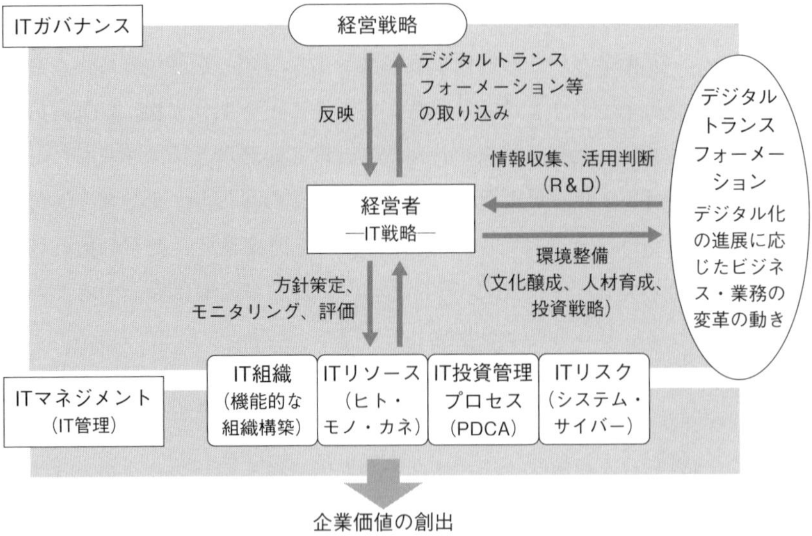

（出所）　IT ガバナンス DP 5 頁

るグローバル IT ガバナンス

・上記のほか、デジタライゼーション等による金融業の変化にあわせたモニタリングのあり方

また、本文書は、当局のモニタリングについては、次のような進め方で金融機関との対話を行うことを基本的に想定するものとしています。

・多様で幅広い情報収集（具体的には、①情報の利活用やデジタルトランスフォーメーションに向けた金融・非金融における取組み、②国内外の IT 等に関する動向、③ FinTech 企業や金融業態における IT システムに関する取組みの状況、④各金融業態において経営戦略の議論のつながりうる事業環境等に関する情報、⑤海外当局等における議論の動向、⑥経済・社会環境全般の変化等）

・IT ガバナンスに関するベスト・プラクティスの追求に向けた課題に応じた対話（当局の収集した知見の共有を含む）

・金融機関自身の判断の尊重と金融機関に過度な負担が生じないことへの配

図表14　ITガバナンスに関する考え方や着眼点

◆企業価値を創出するITガバナンス

システムを安全・安定的に運営する「ITマネジメント（IT管理）」だけでなく、ITと経営戦略・事業戦略を連携させ、企業価値の創出を実現する「ITガバナンス」が構築されているか。

①経営陣によるリーダーシップ

ITガバナンス構築にあたり、経営陣がリーダシップを発揮し、主体的に取り組んでいるか。

②経営戦略と連携した「IT戦略」

IT戦略が、経営戦略・事業戦略と連携されているか。また、デジタルトランスフォーメーションをどのように捉えているか。

③IT戦略を実現する「IT組織」

システム部門や外部委託先に任せきりにせず、IT戦略やデジタルトランスフォーメーションを担う機能が適切に配置されているか。また、例えばIT部門と営業部門など、役割と責任が明確にされているか。

④最適化された「ITリソース（資源管理）」

ITリソース（ヒト、モノ、カネ）がIT戦略に基づき配分され、最適化が図られているか。

⑤企業価値の創出に繋がる「IT投資管理プロセス」

企業価値の創出に繋がる戦略的なIT投資が行われているか。また、IT投資に対する効果評価を含むPDCAがまわっているか。

⑥適切に管理された「ITリスク」

ITリスクについて、新技術未導入の機会損失も含めて、検討されているか。

ビジネスモデルを変革するデジタルトランスフォーメーション

・デジタルトランスフォーメーションへの取組みについて、社内の各業務のあり方の観点から検証しているか。
・トライ＆エラーの文化の醸成や、多様な人材戦略、R&D等をどのように考えているか。
・新しいサービスの創出などのイノベーションのほか、コスト削減・生産性向上などの業務改革に取り組んでいるか。

実効的な「ITマネジメント（IT管理）」

ITガバナンスを支えるために必要なITマネジメントが構築されているか。

従来からのモニタリング領域

（出所）　ITガバナンスDP５頁

慮、デジタライゼーションを活用した取組みについての金融法令の解釈の明確化等の支援

・対話の結果として得られた問題意識・課題等の相手方金融機関へのフィードバックに加え、対外発信・公表および関係部局・省庁との情報共有・意見交換

・モニタリングに関する当局側の態勢整備（人材育成・採用、知識・経験の保持・活用のための組織態勢・文化の醸成）

3　従来のシステムリスク管理

(1)　IT マネジメント（IT 管理）分野

検査マニュアルが廃止されるまでは、検査マニュアルの「オペレーショナル・リスク管理態勢の確認検査用チェックリスト」の別紙において、システムリスク管理態勢に関するチェック項目が示されていました。そして、検査官がさらに深く業務の具体的検証をする場合には、公益財団法人金融情報システムセンター（FISC）「金融機関等コンピュータシステムの安全対策基準・解説書」（以下「安全対策基準」といいます）等に基づき確認するとされ（FISC の安全対策基準の位置づけに関しては、Q19の 2(3)もご参照ください）、金融機関がシステムリスク管理に取り組むにあたっても、当該チェックリストや、FISC の安全対策基準および関連する各種ガイドライン等が参考となっていました。

検査マニュアルの廃止後も、金融機関の実務において安全対策基準等が参考となることに変わりはなく、IT ガバナンス DP では、引き続き、FISC の安全対策基準および「金融機関等のシステム監査基準」、情報システムコントロール協会（ISACA）「Control OBjectives for Information and related Technology（COBIT）」、経済産業省「システム管理基準」および「システム監査基準」などの各種ガイドライン等が活用され、より良い実務に向けた創意・工夫が積み重ねられることが期待されると述べられています。

(2)　システム統合・更改リスク管理分野

従前、システム統合に係るリスクの管理態勢については、金融庁が2002年12月に公表した「システム統合リスク管理態勢の確認検査用チェックリスト」が、検査・監督において利用され、金融機関においても活用されてきました。

IT ガバナンス DP では、検査マニュアルの廃止をふまえ、同チェックリストのうち、重要な着眼点を残しつつ、システム統合リスク管理態勢に係る基本的な考え方・着眼点の詳細を、別冊2「システム統合リスク管理態勢に関する考え方・着眼点（詳細編）」において記述することとしています。

(3) 検査・監督の基本的な進め方

ITガバナンスDPではさらに、従来のシステムリスク管理に関する当局の検査・監督の進め方として、チェックリストによらない金融機関ごとの実態把握を行うともに、モニタリングについてはリスクの高い（あるいは今後高まる可能性がある）金融機関・領域を中心とするリスクベースでのアプローチによる旨を述べています。

4　サイバーセキュリティ

サイバーセキュリティに関する検査・監督の考え方等ついては、ITガバナンスDPでは取り扱われておらず、（検査・監督基本方針をふまえたディス

図表15　検査マニュアル廃止後のITシステム全般の整理

領域	概要	これまでのルール等	今後の対応
ITガバナンス	ITシステムを企業価値創出につなげるための仕組み	特になし	一般に存在する各種ガイドライン等を参考にしつつ、本文書にもとづく対話
ITマネジメント（IT管理）	金融機関のシステム安定稼働を目的としたリスク管理	検査マニュアル及び検査マニュアル中で引用しているFISC安全対策基準・解説書	一般に存在する各種ガイドライン等
システム統合	システムリスク管理の一部で、合併等に伴うシステム統合のプロジェクト管理等	システム統合リスク管理態勢の確認検査用チェックリスト	本文書に考え方・着眼点の概要を記載の上、詳細編を別添

（出所）ITガバナンスDP 12頁

図表16　金融分野におけるサイバーセキュリティ強化に向けた取組方針（2018年10月）の概要

背　景

○2015年７月、「金融分野のサイバーセキュリティ強化に向けた取組方針」を策定・公表し、同方針に沿った取組みを推進

○デジタライゼーションの加速的な進展、国際的な議論の進展、2020年東京オリンピック・パラリンピック競技大会の開催など、近年、金融機関を取り巻く状況が大きく変化。加えて、政府全体の基本戦略である「サイバーセキュリティ戦略」の改訂（2018年７月）等を踏まえ、同方針をアップデート

本取組方針の目的

○新たな課題に対応するとともに、これまでの取組みの進捗・評価を踏まえ、官民が緊密に連携を図り、金融分野のサイバーセキュリティ対策の更なる強化を図る

目的達成のための主な施策

新たな課題への対応

1．デジタライゼーションの加速的な進展を踏まえた対応

✓デジタライゼーションの進展が金融業に与える影響、サイバーセキュリティに係るリスクやその対応策等について把握・分析に取り組む

✓変化への対応を金融機関に促すとともに、こうした変化に対応した当局のモニタリングのあり方等について検討

2．国際的な議論への貢献・対応

✓サイバー攻撃に国際的に協調して対応するため、G７財務大臣・中央銀行総裁会議をはじめとするサイバーセキュリティに関する国際協調の議論に対して、各国当局と連携しつつ貢献・対応していく

3．2020年東京オリパラ大会等への対応

✓金融分野の連携態勢を整備するため、関係省庁、関係団体との連携を一層緊密にし、危機管理態勢を構築

✓サイバー攻撃の増加、各分野を跨がるような攻撃や大規模インシデントの発生などに備え、広く情報収集・分析に取り組む

これまでの進捗・評価を踏まえた施策の推進

1．金融機関のサイバーセキュリティ管理態勢の強化

ア．平時のサイバー対策

大手	✓海外の動向を念頭に対話を通じてより一層の高度化を促す
中小	①　業界団体を通じた底上げ（業界の共通課題等について幅広く問題提起を行い必要な対応を促す） ②　実態把握（基礎的な態勢整備と脆弱性診断等の実効性確認） ③　立入検査（自主的改善が見込まれない等リスクが高い場合）

イ．インシデント対応

大手	✓国際的な合同演習への参加、実践的な侵入テスト（TLPT）の実施
中小	✓金融庁演習（内容は継続的に見直し）、NISC等の演習への参加

2．情報共有の枠組みの実効性向上

✓「共助」の取組みの第一歩となるよう、金融ISAC・FISC等とも連携し地域内の情報共有を推進

3．金融分野の人材育成の強化

✓財務（支）局とも連携し経営層向け地域セミナーを全国的に開催

✓「サイバーセキュリティ戦略」で掲げられた、「戦略マネジメント層」の育成・定着に向けて、海外や他分野の優良事例等を収集し還元

（出所）　金融庁公表資料

カッション・ペーパーという位置づけではないものの、）2018年10月19日に公表された「金融分野におけるサイバーセキュリティ強化に向けた取組方針」のアップデート版を参照する必要があります。Q43もご参照ください。

Q 7 融資に関する検査・監督の考え方

金融機関の融資に関する検査・監督の考え方についてディスカッション・ペーパー等で示されている内容を教えてください。

A 「検査マニュアル廃止後の融資に関する検査・監督の考え方と進め方」において、健全性政策との表裏一体の関係、金融機関の個性・特性に即した検査・監督、これを基礎とする将来を見据えた信用リスクの特定・評価の重要性といった基本的な考え方に基づく検査・監督の進め方のイメージが示されるとともに、信用リスク情報の引当への反映についての考え方などが示されています。

1 関連するディスカッション・ペーパー等

検査・監督基本方針では、より良い実務に向けた当局と関係者との対話の材料とするため、分野別の「考え方と進め方」（ディスカッション・ペーパー）を策定することが方針として述べられています（Q 3参照）。

融資に関する検査・監督については、検査・監督基本方針が公表された2018年 6 月29日に、金融機関の融資に関する検査・監督実務について議論、整理するための「融資に関する検査・監督実務についての研究会」が設置され、2018年10月29日まで 4 回の会議が開催されました。各会議の資料・議事録は金融庁のホームページで公表されています。

そして、「融資に関する検査・監督の実務についての研究会」の検討内容をふまえ、2019年９月10日に「検査マニュアル廃止後の融資に関する検査・監督の考え方と進め方」の案文が公表され、2019年10月11日までパブリックコメントの手続が行われた後、2019年12月18日にパブリックコメントの結果とあわせてディスカッション・ペーパーとして「検査マニュアル廃止後の融資に関する検査・監督の考え方と進め方」（以下「融資DP」といいます）が公表されています。なお、検査マニュアルは同日に廃止されています。

2　融資に関する検査・監督の課題と考え方・進め方

⑴　従来の課題

融資DPにおいては、以前の（バブル崩壊後の不良債権問題を背景に策定された）検査マニュアル別表を前提とする検査・監督においては、各金融機関の経営戦略や融資方針が十分に考慮されず、画一的に内部管理態勢（リスク管理、引当等）の検証が行われ、その結果、たとえば、①担保・保証への過度な依存、貸出先の事業の理解・目利き力の低下といった融資行動への影響が生じ、②過去の貸倒実績のみに依拠して引当を見積もる実務が定着した結果、金融機関が認識している将来の貸倒リスクを引当に適切に反映させることがむずかしくなったことが指摘されています。

その上で、金融機関の経営環境の変化に伴い様々な顧客ニーズへの対応や将来性を重視した融資判断といったビジネスモデルの多様性の発揮が求められる時代であること、信用リスクの要因の多様化をふまえ将来の損失や危機に適切に備える必要があること、そして、金融機関が自主的な創意工夫を行いやすくなるようビジネスモデルの多様性にあわせて検査・監督手法を継続的に見直していく必要があることが指摘されています。

⑵　基本的な考え方

上記をふまえ、融資DPでは、融資に関する検査・監督の基本的な考え方として、以下の点が示されています。

①　健全性政策と金融仲介機能の発揮に向けた取組みは表裏をなし、両者を

一体として議論すべきこと

② 各金融機関の経営理念・戦略が多様であることから、これらに基づく金融機関の内部管理態勢にも多様性があることを理解し、金融機関の個性・特性に着目し、これに即した検査・監督を行っていくこと

③ 融資ポートフォリオの信用リスクに関しては、金融機関の個性・特性を基礎として、過去実績や個社の定量・定性情報に限られない幅広い情報から、将来を見据えて適切に特定・評価し、また、(償却・引当の水準の適切性の議論だけでなく)会計上の引当や自己資本比率規制で捕捉できない信用リスクをも勘案した実質的な自己資本の十分性の議論を行うこと

(3) 検査・監督のイメージ

これをふまえ、融資 DP では、融資に関する検査・監督のイメージが示されています(図表17参照)。

3 信用リスク情報の引当への反映

(1) 基本的な考え方

融資 DP においては、金融機関による融資ポートフォリオの信用リスクを引当に反映する取組みについて検査・監督を行う際の基本的な視点として、以下の2点を示しています。

① 金融機関が自らの経営理念を出発点として、これと整合的なかたちで経営戦略や各方針を策定し、それに即したかたちでの将来を見通した信用リスクの特定・評価や、自己査定・償却・引当への反映を行いやすくすること。

② 融資について、担保・保証からの回収可能性だけでなく、将来のキャッシュフローに基づく返済可能性にも着目して金融仲介機能を発揮しようとする金融機関の取組みを妨げないこと。

その上で、融資 DP では、検査マニュアル別表に基づいて定着している実務を否定せず、従来の債務者区分を出発点に、現行の会計基準に沿って、金融機関が自らの融資方針や債務者の実態等をふまえ、認識している信用リス

図表17　融資に関する検査・監督のイメージ

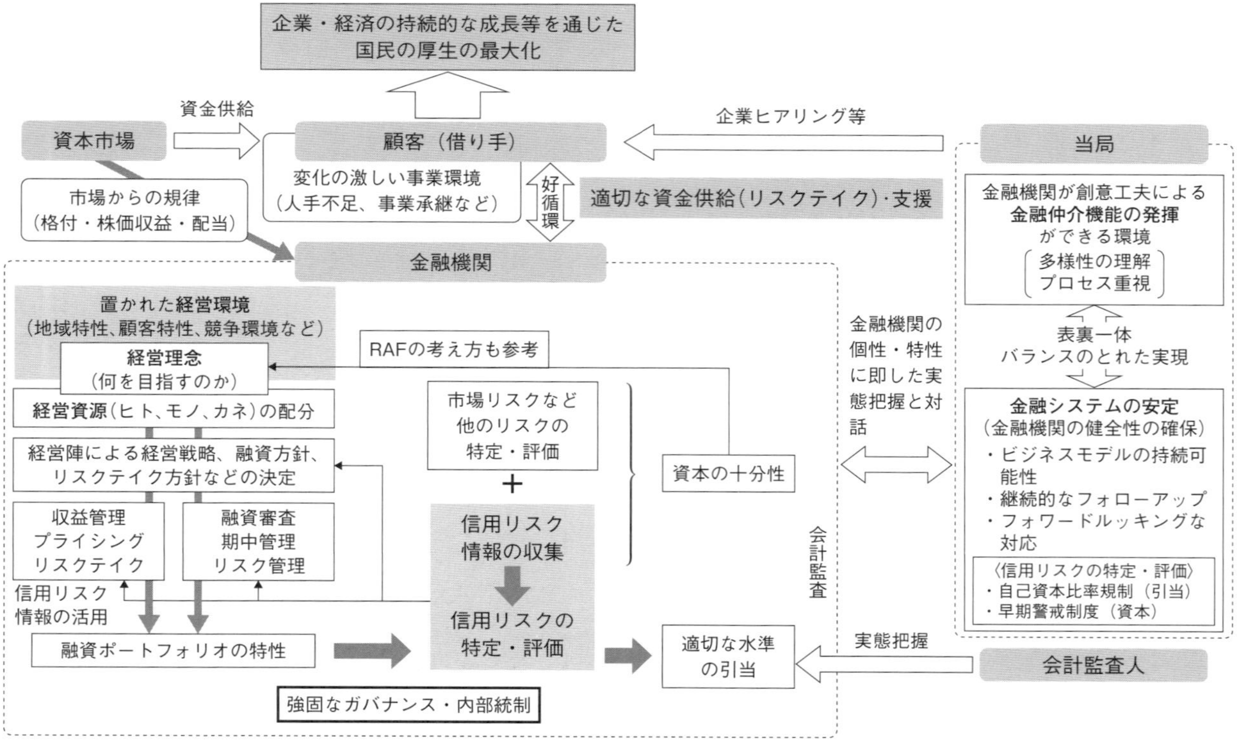

（出所）　融資 DP 13頁

クをより的確に引当に反映するための見積りの道筋を示すこととしています。

(2) 一般貸倒引当金

まず、債務者区分のなかでも正常先および要注意先（要管理先を含む）を対象とする一般貸倒引当金については、基本的には統計的に信用リスクを分析することが想定されています。

当局は、金融機関の経営陣の判断が、経営理念・戦略などと整合的であり、（過去実績に加えて、）将来見通しに係る経営陣の判断のプロセスが適切かつ合理的になされているかどうかを、①信用リスクに関する情報、②見積りプロセスの公正性（ガバナンス等）、③内外の検証可能性、④財務諸表の利用者にとっての比較可能性、といった視点から評価するものとしています。

また、他の債権と異なる特異なリスク特性を有する債権群を別グループとした上で、集合的に引当に反映することも考えられるとしており、個社に帰属しない足元や将来の情報（①内部環境の変化、②外部環境の変化、③貸出先の信用状態に大きな影響を与えうる出来事）の引当への反映の例を示しています。

他方で、要管理先のうちの大口与信先等、集合的評価ではとらえられない当該与信先の固有の事情が金融機関の経営に大きな影響を与えうるような場合には、個別に引当を見積もる各種手法を採用することも考えられるとしています。

(3) 個別貸倒引当金

他方、破綻懸念先、実質破綻先および破綻先を対象とする個別貸倒引当金については、個別の債権の返済可能性を的確に把握した上で、個別に回収不能見込額を見積もり、適時に償却・引当を計上することが求められています。

そのため、当局は、個別貸倒引当金の対象となる債権を的確に把握し、回収不能見込額について適時に償却・引当を計上する態勢を整備しているかどうかを検証するものとしています。また、破綻懸念先かどうかの判定においては、貸出先の過去の経営成績や経営改善計画だけでなく、事業の成長性・将来性や金融機関による再生支援等も勘案した、実質的な返済可能性（将来のキャッシュフロー）の程度を重視して、貸倒れに至る可能性が高いかどうかを評価すべきとしています。そして、当局が事業継続可能な破綻懸念先に対する貸出を検証する際には、当該金融機関が再生支援等の取組みを進めやすくなるような対応が必要であるとし、当該金融機関の経営理念や融資方針との整合性の観点から個々の融資審査に問題がないか、最終的な資金の回収可能性はどうかを検討するものとしています。

個別貸倒引当金の見積方法としては、①予算損失率法、② DCF 法、③キャッシュフロー控除法、④債権額から市場における売却可能見込額を減じる方法などが実務上ある程度定着していることを指摘した上で、個別貸出のリスク特性や各金融機関の方針等にあった方法を採用すべきものとしています。たとえば、倒産時に金融機関の健全性や収益に及ぼす影響が大きいと認められる大口与信先に対する引当を見積もる際には、個別に将来のキャッシュフローを見積もる方法が信用リスクの実態を引当に反映しやすい旨が指摘されています。

4　融資に関する検査・監督に関する当局の評価能力の向上と経営陣・会計監査人の判断・意見の尊重

融資 DP においては、当局によるモニタリングの質や深度、適切な監督対応がなされるよう、金融機関が品質管理の仕組みを組織として整備することがいっそう重要になることを指摘しています。

また、検査・監督にあたっては、経営陣の判断に至るプロセスを検証することを前提に、原則として金融機関の経営陣の判断を尊重し、自主的な取組みを妨げないようにすることとされています。

さらに、信用リスクの財務会計上の償却・引当への反映も、第一次的には経営陣の判断によって行われるべきであるものの、それが会計上適切になされているか否かに関する監査は会計監査人の職責であることをふまえ、当局は、これらの経営陣の判断や専門的意見が信用リスクの特定・評価のプロセスを適切に経たものである限り、これらの判断や意見を尊重するものとしています。

Q8　金融機関のガバナンス

金融機関におけるガバナンスは一般事業会社とどのように異なりますか。

A 銀行などの金融機関も、株式会社として一般事業会社と同様に株主の利益を最大化するための会社法に基づくガバナンスの仕組みがとられていますが、それに加えて、銀行法や監督指針に基づく金融機関としての公共的役割や社会的責任を反映し、高度なガバナンスの仕組みが求められます。

1　一般事業会社のコーポレートガバナンス

株式会社の場合を例にとると、会社法は、株主および債権者の権利義務、ならびに取締役会や監査役等の機関設計や各機関の責任等に係る規定、およびそれらを前提として取締役の善管注意義務の一環としてのいわゆる内部統制システム構築義務を定めています[7]。株式会社は、その対外的経済活動において利益を得て、得た利益を構成員たる株主に分配することを目的とする法人であるため、株主の利益最大化が、会社を取り巻く関係者の利害調整の原則となっています[8]。そして、受益者たる株主の代理人である会社経

7　内部統制システムの構築についてはQ9参照。
8　江頭憲治郎『株式会社法〔第7版〕』（有斐閣、2017年）22頁。

営者の業務執行が、株主の利益を最大化するものとなることを担保する仕組みとして上記のガバナンスに関する規定が設計されています。

コーポレートガバナンス・コードの制定等、コーポレートガバナンスの向上を目的とする近時の議論においても、従来よりも株主の利益にフォーカスした経営を行うこと、またその障害となっているとみられる伝統的なガバナンスの仕組みを改善してグローバルスタンダードに近づけることに力点が置かれています[9]。

2　金融機関のコーポレートガバナンス

銀行などの金融機関[10]のコーポレートガバナンスに認められる特質として、特に以下の点があげられます[11]。

⑴　金融監督法の内容の反映

銀行も株式会社形態で営利企業として運営されている点で一般事業会社と異なるところはありませんが、規制法である銀行法により会社法の規定の特則が設けられています。たとえば、機関設計において監査役会、監査等委員会または指名委員会等の設置等の重厚なものが求められ（銀行法４条の２）、常務に従事する取締役等には兼職制限（同法７条）があり、役員の適格性において銀行の経営管理に関する知識・経験や十分な社会的信用が求められています（同法７条の２第１項）。

これらの規定は、銀行の業務の公共性（銀行法１条）の表れであると解されます[12]。すなわち、銀行は預金および貸付等を通じて金融仲介に大きな役割を果たしていると同時に、預金口座を利用した資金移動という経済活動の重要なインフラである決済システムの構成要素として相互に機能しており、

9　コーポレートガバナンス・コードについてはＱ10参照。

10　以下では金融機関の代表として、特に断りのない限り銀行を念頭に置いて解説をしています。

11　グループガバナンスの観点についてはＱ11参照。

12　銀行の公共性の内容については、小山嘉昭『銀行法精義』（金融財政事情研究会、2018年）52頁以下参照。

オペレーション上の事故や破綻等による機能不全が起こると経済活動全体が停止する等の負の影響を及ぼす可能性（システミック・リスク）が存在します。そのため、一般事業会社と同様に株式会社形態で営利企業として運営され、株主利益の最大化という競争原理に基づく効率的な経営を規律づけながらも、一定の業務運営の適正や財務の健全性を維持して、預金者を保護し、システミック・リスク実現を回避するための規制が必要であると考えられます。したがって、銀行の経営においては、一般事業会社であれば株主の利益を追求するために許容されることが、公共的利益の観点から許容されない場合がありうるということになります。裁判例の傾向としても、金融機関の経営者の注意義務は、事業会社の経営者の注意義務よりも、手続の面でも実体的な決定内容の面においても、一般的には高い水準が要求されていることが指摘されており、最高裁判例にも「融資業務に際して要求される銀行の取締役の注意義務の程度は一般の株式会社取締役の場合に比べて高い水準のものであると解され」「経営判断の原則が適用される余地はそれだけ限定的なものにとどまるといわざるを得ない」とするものがあります[13]。

銀行のコーポレートガバナンスについても、具体的な仕組みの決定および運用については経営者に一定の裁量が認められますが、一般論としては、上述したような銀行法の規制趣旨を担保する観点から、業務運営の適正や財務の健全性を維持するため、一般事業会社に比べてより慎重な手続・チェックの体制（多階層、複数の視点・深度からの調査・検討）やとりうるリスクの程度を制限するための仕組み（保守的かつ高度なリスク管理体制）が求められていると考えられます[14]。

13　岩原紳作「金融機関取締役の注意義務―会社法と金融監督法の交錯」『落合誠一先生・還暦記念 商事法への提言』（商事法務、2004年）214頁以下、最判平21.11.9刑集63巻9号1117頁参照。

14　金融機関において、事業部門を第1線、リスク管理・コンプライアンス部門（機能）を第2線、内部監査部門（機能）を第3線とするリスク管理に係る3つの防衛線の考え方が取り上げられることが多いのもその反映と考えられます。3つの防衛線の考え方について、コンプライアンス・リスク管理基本方針7頁参照。

⑵　金融監督手法としてのコーポレートガバナンスへの着目

近時の傾向として、金融監督手法としてのコーポレートガバナンスの機能の活用も重視されています。すなわち、個別一律の規制（ミニマム・スタンダード）を設けてその遵守状況を確認するという監督手法は、いきおい金融機関の側に個別の規制を形式的に遵守することに経営資源が割かれ、他方で規制の限界領域ないし抜け穴を探索して追求することにより競争上優位に立つことができるというメンタリティを生じさせやすい。そのため、かかる監督手法のみでは、金融規制も複雑化するなかで、規制趣旨の実現やエンフォースメントに限界があるという認識が生じており、これを背景として、金融機関自身の自主的な取組みとして金融規制の趣旨が達成されるようなコーポレートガバナンスを確立させ、そのような各金融機関の取組状況をモニタリングするのが生産的かつ効率的であるという考え方が取り入れられているように思われます[15]。

このような考え方のもとでは、金融監督機関によるモニタリングにおいても、金融機関内部の健全なリスクカルチャーの醸成・浸透やリスク管理機能の強化とともに、チェック機構としての内部監査の強化や監査役・監査委員会監査の強化が重視されることになります[16]。

⑶　国際的な規制のイコールフッティングの必要性

近年、主要な金融機関の活動は世界に広がっており、各法域において各国金融機関が競合すると同時に１つの金融機関のステークホルダーも多国籍化しています。一般に金融業は規制業種であり、規制環境は競争条件の重要な部分を占めるため、国際的に健全かつ公正な競争を促すためには、各国の規制が均衡のとれたものである必要があります。また、これらの金融機関は相互に多数の複雑な取引の相手方または関係者になることにより、国際的なシ

15　大杉謙一「コーポレート・ガバナンスと日本経済～モニタリング・モデル、金融危機、日本的経営～」金融研究32巻４号105、159～161頁参照。

16　主要行監督指針Ⅲ－１－２－１⑶ないし⑺、中小監督指針Ⅱ－１－２⑷ないし⑻など。また、金融庁が2019年６月に公表した「内部監査の高度化に向けた現状と課題」参照。

ステミック・リスクを生じさせうることから、所在国のみならず他国の金融機関の財務の健全性が確保されていることも重要となります。そのような背景のもとで、従前からバーゼル銀行監督委員会[17]による規制のコンバージェンス（収斂化）のための取組みが行われており、リーマンショック以降は、これに金融安定理事会（FSB）[18]が業態横断の枠組みとして加わっています。これらの機関は、コーポレートガバナンスについてもガイダンスを公表しており[19]、事実上、国際的に活動する金融機関のコーポレートガバナンスに大きな影響を与えています。

3　リスク管理およびガバナンスの重要性

海外では2008年の世界金融危機以降、コーポレートガバナンスが金融機関のリスクテイクを適切な範囲にとどめる仕組みとなるという観点に力点が置かれる傾向があるのに対して、日本のコーポレートガバナンスにおける課題は、ROEの向上などむしろ適切なリスクテイクを促す必要があるという点にあります。この点、金融グループの業務の多角化や海外展開、FinTechの進展に伴う金融機能の分解・再統合といった動きによって、金融グループ全体の構造がさらに複雑化し、それに伴ってリスクマネジメントや利害関係者の利益状況も複雑化していくことが予想されます。適切なリスクテイクを行う前提としての、リスク管理やそのためのガバナンスの仕組みは、金融機関の経営において今後さらに重要性を増していくと考えられます。かかる観

17　バーゼル銀行監督委員会は、1975年にG10諸国の中央銀行総裁会議により設立された銀行監督当局の委員会であり、各国の銀行監督当局および中央銀行の上席代表者により構成され、常設事務局が国際決済銀行（BIS）（スイス・バーゼル）に設けられています。

18　FSBは、グローバル金融システムについて監視し、提言を行うための国際機関としてリーマンショック後の2009年４月に設立されました。金融システムの脆弱性への対応や金融システムの安定を担う当局間の協調の促進に向けた活動を行っており、主要国・地域の中央銀行、金融監督当局、財務省、主要な基準策定主体、IMF、世界銀行、BIS、OECD等の代表が参加し、事務局はBISに設置されています。

19　かかるガイダンスの詳細については、西村あさひ法律事務所編『ファイナンス法大全〔全訂版〕上』（商事法務、2017年）894頁以下参照。

点から、自社のビジネスモデルの個別性をふまえた上で、事業計画達成のために進んで受け入れるべきリスクの種類と総量（リスクアペタイト）を、資本配分や収益最大化を含むリスクテイク方針全般に関する社内の共通言語として用いる経営管理の枠組みであるリスクアペタイト・フレームワークの導入がメガバンクを中心として広がっており[20]、リスクテイクに関する全社的かつ生産的なコミュニケーションおよび実効的なガバナンスを促進するための取組みとしてさらに進展していくことが期待されます。

Q 9　内部統制システム

内部統制システムを構築するにあたって、法令上、金融機関が留意すべき事項を教えてください。

A 金融機関の内部統制システムの構築にあたっては、その事業特性や規制法令・監督指針等において求められている事項をふまえて、適切なリスク管理態勢を整備し、不正行為、サイバー犯罪、AML/CFT、個人情報漏えい等を効果的に防止する必要があります。

1　内部統制システムの意義

内部統制（Internal Control）の概念は、1920年頃から米国を中心に広まった概念で、当初は会計監査人が会計監査を行うために必要とした内部牽制のシステムを意味するものとして使われていましたが、次第にこれにとどまらず、経営者が従業員の業務の効率性・有効性・コンプライアンスなどを確保

20　健全性政策基本方針40、41頁、鈴木利光「リスクアペタイト・フレームワークの現状」「大和総研リサーチレポート」（2019年８月26日）参照。

するために監視するためのシステムの意味合いを強め、現在では経営者自身を監督するシステムの意味で用いられることもあります[21]。法令上は、主に財務報告の信頼性の確保の観点から金商法が、より広く企業集団における業務全体の適正を確保する観点から会社法が、それぞれ内部統制システム構築義務を規定しています。監督指針においても、「法令等遵守態勢、リスク管理態勢及び財務報告態勢等の内部管理態勢（いわゆる内部統制システム）を構築することは、取締役の善管注意義務及び忠実義務の内容を構成することを理解し、その義務を適切に果たそうとしているか」という留意事項があげられています[22]。

2　会社法上の内部統制システム

会社法上、大会社[23]である取締役会設置会社、指名委員会等設置会社および監査等委員会設置会社においては、取締役会は、「取締役の職務の執行が法令及び定款に適合することを確保するための体制その他株式会社の業務並びに当該株式会社及びその子会社から成る企業集団の業務の適正を確保するために必要なものとして法務省令で定める体制の整備」について決定しなければならないとされており、これは内部統制システムの構築を意味すると理解されています（会社法362条４項６号、５項、399条の13第１項１号ロ・ハ、２項、416条１項１号ロ・ホ）。

かかる取締役会で決定すべき「体制の整備」とは、内部統制システム構築の基本方針（大綱）の策定を指しています。業務執行を担当する代表取締役または業務執行担当取締役はその大綱をふまえ、担当する部門における内部統制システムを具体的に決定すべき職務を負い、それ以外の取締役は代表取締役および業務担当取締役が内部統制システムを構築すべき義務を適正に履

21　江頭憲治郎『株式会社法〔第７版〕』（有斐閣、2017年）407頁。
22　主要行等監督指針Ⅲ－１－２－１(2)⑪、中小監督指針Ⅱ－１－２(3)⑪。
23　「大会社」とは、資本金が５億円以上または負債の額が200億円以上の会社をいいます（会社法２条６号）。

行しているか否かを会社に対する善管注意義務・忠実義務の一環として監視する義務を負うことになります（大和銀行代表訴訟事件判決（大阪地判平12.9.20判時1721号３頁））[24]。また、内部統制システムについては監査役の監査の対象となり（会社法436条１項、２項）、事業報告書にも記載することが求められます（会社法435条２項、会社法施行規則118条２号）。

会社法上、内部統制システムの内容として、以下の内容が求められています（監査役設置会社の場合[25]、会社法362条４項６号、会社法施行規則100条１項および３項）。

① 取締役の職務の執行が法令および定款に適合することを確保するための体制
② 取締役の職務の執行に係る情報の保存および管理に関する体制
③ 損失の危険の管理に関する規程その他の体制
④ 取締役の職務の執行が効率的に行われることを確保するための体制
⑤ 使用人の職務の執行が法令および定款に適合することを確保するための体制
⑥ 当該会社、親会社、子会社からなる企業集団における業務の適正確保のための体制
⑦ 監査役が補助使用人を求めた場合の当該使用人に関する事項
⑧ 監査役の補助使用人の取締役からの独立性に関する事項
⑨ 監査役の補助使用人に対する指示の実効性の確保に関する事項
⑩ 監査役への報告に関する体制
⑪ 監査役への報告をした者が当該報告をしたことを理由として不利な取扱いを受けないことを確保するための体制
⑫ 監査役の職務の執行について生ずる費用の前払いまたは償還の手続その

24 落合誠一編『会社法コンメンタール８—機関⑵』（商事法務、2009年）227頁。
25 監査等委員会設置会社については、「監査役」を「監査等委員会又は監査等委員」に、指名委員会等設置会社については、「取締役」を「執行役」、「監査役」を「監査委員会又は監査委員」に読み替えれば、おおむね同様の内容となっています（会社法399条の13第１項１号ロ・ハ、416条１項１号ロ・ホ、会社法施行規則110条の４、112条）。

他の当該職務の執行について生ずる費用または債務の処理に係る方針に関する事項

⑬　その他監査役の監査が実効的に行われることを確保するための体制

上記のうち、コンプライアンス体制を直接規定しているものとしては、①および⑤であり、具体的には、コンプライアンスに関する指針・諸規定の整備、役職・組織の整備、教育・研修の実施等、内部監査部門等によるモニタリング、内部通報制度の整備、金商法に基づく財務報告に係る内部統制システムの整備、反社会的勢力への対応に関する体制などが含まれると考えられます。

3　金商法上の内部統制システム

上場会社については、金商法により「当該会社の属する企業集団及び当該会社に係る財務計算に関する書類その他の情報の適正性を確保するために必要なものとして内閣府令で定める体制」について自ら評価した内部統制報告書を有価証券報告書とあわせて提出することが求められており（金商法24条の4の4第1項）、かかる報告書について監査証明を受けることも求められています（同法193条の2第2項）。

これは米国において2001年頃に発覚した一連の会計不正事件を受けて制定されたサーベンス・オクスリー法にならって制度化されたものです。内部統制報告書は財務報告の信頼性を確保するために必要な体制について経営者がその有効性を評価した報告書と位置づけられ、①内部統制の基本的枠組み、②評価の範囲、基準日、評価手続、③評価結果が記載されます（財務計算に関する書類その他の情報の適正性を確保するための体制に関する内閣府令第1号様式）。

金商法も会社が遵守すべき法令の1つであり、金商法上求められる内部統制システムは、上記2の会社法上求められる内部統制システムにも含まれるものと解されます。

4　金融機関と内部統制システム

前述の大和銀行代表訴訟事件判決では、善管注意義務として求められる内部統制システムの構築について、「健全な会社経営を行うためには、目的とする事業の種類、性質等に応じて生じる各種のリスク、たとえば、信用リスク、市場リスク、流動性リスク、事務リスク、システムリスク等の状況を正確に把握し、適切に制御すること、すなわちリスク管理が欠かせず、会社が営む事業の規模、特性等に応じたリスク管理体制（いわゆる内部統制システム）を整備することを要する」と判示されています。また、具体的な体制整備については、取締役に広い裁量が認められるとするとともに、「整備すべきリスク管理体制の内容は、リスクが現実化して惹起する様々な事件事故の経験の蓄積とリスク管理に関する研究の進展により、充実していくものである」との認識を示し、善管注意義務の有無はあくまで判断時点における内部統制システムの水準に照らして判断されることとしています。

もっとも、銀行等の金融機関の取締役には、業務の公共性（銀行法1条1項参照）に鑑み、経営管理に関する十分な知識・経験や社会的信用が求められており（同法7条の2参照）、内部統制システムの構築においても、一般の会社の取締役よりも高度の注意義務が課されると判断される可能性があります。たとえば、北海道拓殖銀行特別背任事件決定（最決平21.11.9刑集63巻9号1117頁）において、融資業務については、注意義務の程度は一般の株式会社の取締役の場合に比べ高い水準のものが求められ、経営判断の原則が適用される余地はそれだけ限定的なものにとどまると判示されています。さらに、同決定の田原睦夫裁判官の補足意見では、銀行の取締役について、「経営判断の原則の適用については、一般企業の取締役に比してより限定されると一般に解されている」旨が指摘されています。

したがって、銀行等の金融機関においては、取締役に認められる裁量にも相応の制約があるものと考えられ、その時々に一般的・客観的に金融機関に対して求められる水準を満たす体制を整備していく必要があると考えられます。具体的には、法令や監督指針等において求められる各リスク管理の水準や同規模の同業他社の水準などもふまえつつ、不正行為、サイバー犯罪、AML/CFT、個人情報漏えい等、一般に金融機関において重視されている項目には特に留意して対応していく必要があると考えられます。

Q10 コーポレートガバナンス・コード

コーポレートガバナンス・コードでは、コンプライアンスについて何が求められていますか。

A コーポレートガバナンス・コードにおいては、コンプライアンスに直接焦点を当てているものはありませんが、株主以外のステークホルダーやサステナビリティー・ダイバーシティへの配慮といった広義のコンプライアンスに関する指針、実効的な内部通報制度、監査役会や内部監査などコンプライアンスに関連するガバナンスの指針が存在します。

1 コーポレートガバナンス・コード

第二次安倍内閣が2012年12月に発足して以来、成長戦略の一環として、コーポレートガバナンスの改革が推進され、コーポレートガバナンス・コード（以下「CGC」といいます）は、幅広いステークホルダー（株主、顧客、従業員、地域社会等）と適切に協働しつつ、実効的な経営戦略のもと、会社の持続的な成長と中長期的な企業価値の向上のために上場企業に対して求める行動原則として、東京証券取引所により取りまとめ・公表されています。CGCは、2015年6月1日から適用され、その後2018年6月1日に改訂されました。

CGCはいわゆる「プリンシプルベース・アプローチ（原則主義）」の考え方がとられており、かつ、コンプライ・オア・エクスプレイン方式（原則を実施するか、それとも、原則を実施しないこととした上で、その理由を説明するか、いずれかの対応を求める方式）が採用されており、上場会社は、CGCの精神・趣旨を尊重し、証券取引所が定める様式によるコーポレートガバナンス報告書等を通じて、CGCへの対応状況について開示や説明を行っていくことになります。

CGCは、「1．株主の権利・平等性の確保」「2．株主以外のステークホルダーとの適切な協働」「3．適切な情報開示と透明性の確保」「4．取締役会等の責務」「5．株主との対話」の5つの基本原則から構成され、各基本原則にそれぞれ原則と補充原則が示され、基本原則とあわせて合計78の原則からなっています。

CGCは上記のとおり原則主義によるものであり、CGCの原則の履行の態様は、たとえば、会社の業種、規模、事業特性、機関設計、会社を取り巻く環境等によって様々に異なりうるため、各原則の適用の仕方は、それぞれの会社が自ら置かれた状況に応じて工夫すべきものとされています[26]。そのため、コードの形式的な文言・記載ではなく、各原則の趣旨を理解した上で、その趣旨・精神に照らして自社の状況について具体的に検討を行い、コンプライ・オア・エクスプレインを実践することがガバナンスを向上させていく上で重要と考えられます。

前述のとおり、CGCは成長戦略の一環として議論されてきたものであり、日本企業の「稼ぐ力」、すなわち中長期的な収益性・生産性（企業価値）を高めるため、コーポレートガバナンスを強化し、グローバル水準のROEの達成等を目指すよう経営者のマインドを変革し、攻めの経営判断を後押しする仕組みとして位置づけられています。原案序文7項においても、様々なス

26　2015年3月5日コーポレートガバナンス・コードの策定に関する有識者会議「「コーポレートガバナンス・コード原案」序文」（以下「原案序文」といいます）9項。

テークホルダーに対する「責務に関する説明責任を果たすことを含め会社の意思決定の透明性・公正性を担保しつつ、これを前提とした会社の迅速・果断な意思決定を促すことを通じて、いわば「攻めのガバナンス」の実現を目指すものである」とされ、ガバナンス・システムが適切に整備され規律づけられていくことで、企業の経営者に健全な起業家精神をもって経営手腕を発揮していく攻めのガバナンスを支える環境が整備されるという発想に立脚しています。

もっとも、企業不祥事の防止など「守りのガバナンス」も依然として重要であることに疑いを向けるものではなく、むしろ各種法規制の強化が進められ、また、各ステークホルダーの利害等が多様化する傾向があるなかでは、「守りのガバナンス」の重要性は増している状況にあるともいえ[27]、CGCは、企業の持続的な成長・企業価値の向上のための環境として、「守りのガバナンス」を必要条件として、その上に「攻めのガバナンス」を十分条件として求めていると理解すべきでしょう[28]。

2　コンプライアンスに関連する原則

(1)　ステークホルダーの尊重

CGC基本原則2は、「上場会社は、会社の持続的な成長と中長期的な企業価値の創出は、従業員、顧客、取引先、債権者、地域社会をはじめとする様々なステークホルダーによるリソースの提供や貢献の結果であることを十分に認識し、これらのステークホルダーとの適切な協働に努めるべきである。取締役会・経営陣は、これらのステークホルダーの権利・立場や健全な事業活動倫理を尊重する企業文化・風土の情勢に向けてリーダーシップを発

27　日本取引所自主規制法人は、2016年2月に「不祥事対応のプリンシプル」を、2018年3月30日に「上場会社における不祥事予防のプリンシプル」をそれぞれ策定・公表しています。また、2019年11月、企業法務実務担当者の情報交換等を行う会員組織である「経営法友会」の有志によって開催された「不祥事予防のプリンシプルに関する意見交換会」から、「不祥事予防に向けた取組事例集」が公表されています。

28　武井一浩編著『コーポレートガバナンス・コードの実践』(日経BP社、2018年) 11、12頁参照。

揮すべきである」としています。そして、これを受けた原則２－２で、「ステークホルダーとの適切な協働関係やその利益の尊重、健全な事業活動倫理などについて、会社としての価値観を示しその行動準則を定め、実践すべきである。取締役会は、行動準則の策定・改訂の責務を担い、これが国内外の事業活動の第一線にまで広く浸透し、遵守されるようにすべきである」としています。さらに補充原則２－２①において、取締役会は行動準則の実践について、レビューを行うべきこととされています。

ここで求められている行動準則においては、法令遵守をベースとしつつ、法令違反に至らないまでもステークホルダーを不当に害する事業活動による自社利益の追求を戒め、win-win の関係の構築を目指すことが企業価値の向上につながるとの認識の尊重を反映することになると考えられます。このことは、コンプライアンスの観点からみれば、法令遵守にとどまらずこうした広義のコンプライアンスを積極的に実践することを目指すことが求められていると評価できます。

この点については、日本取引所自主規制法人が2018年３月30日に公表した「「上場会社における不祥事予防のプリンシプル」の策定について」の〔原則１〕解説１－２において、「コンプライアンスは、明文の法令・ルールの遵守だけに限定されるものではなく、取引先・顧客・従業員などステークホルダーへの誠実な対応を含むと理解すべきである。さらに、広く社会規範を意識し、健全な常識やビジネス倫理に照らして誠実に行動することまで広がりを持っているものである。こうした規範に対する社会的受け止め方は時代の流れに伴い変化する部分がある。社内で定着している慣習や業界慣行が実は旧弊やマンネリズムに陥っていたり、変化する社会的意識と乖離したりしている可能性も意識しつつ、社内・社外の声を鋭敏に受け止めて点検を行うことが必要となる」と指摘されている点が参考になります。

⑵　サステナビリティー・ダイバーシティ

CGC 原則２－３においては、「上場会社は、社会・環境問題をはじめとするサステナビリティー（持続可能性）を巡る問題について適切な対応を行うべきである」とされています。そして、補充原則２－３①において、「取締役会は、サステナビリティー（持続可能性）を巡る課題への対応は重要なリスク管理の一部であると認識し、適確に対処するとともに、近時、こうした課題に対する要請・関心が大きく高まりつつあることを勘案し、これらの課題に積極的・能動的に取り組むよう検討すべきである」とされています。

またCGC原則２－４においては、「上場会社は、社内に異なる経験・技能・属性を反映した多様な視点や価値観が存在することは、会社の持続的な成長を確保する上で強みとなり得る、との認識に立ち、社内における女性の活躍促進を含む多様性の確保を推進すべきである」とされています。

ここでは、労働・環境関連法令等の法令遵守にとどまらず、事業の基盤となるサステナビリティーに関する課題への取組みの検討や企業価値向上の観点からの多様性（ダイバーシティ）の確保の推進が求められていると考えられますが、これらの観点も広義のコンプライアンスに含まれると考えることができます。なお、CGCにおいては、サステナビリティーに関して、取組み自体を実施することまでが求められているのではなく、そのような取組みを検討すべきという内容にとどめられています[29]。金融機関がサステナビリティーに関する視点をもつべきことに関しては、Q14をご参照ください。

(3) 内部通報

CGC原則２－５において、上場会社は内部通報に係る適切な体制整備を行うべきとされ、取締役会は、その体制整備を実現する責務を負うとともに運用状況を監督すべきとされています。そして、補充原則２－５①においては、経営陣から独立した窓口の設置（たとえば社外取締役と監査役による合議体を窓口とする等）を行うべきであり、また情報提供者の秘匿と不利益取扱の禁止に関する規律を整備すべきであるとされています。

かかる内部通報制度は、コンプライアンス体制（会社法や金融商品取引法上求められる内部統制システム（Ｑ９をご参照ください））の一環として求められ

29　油布志行ほか「「コーポレートガバナンス・コード原案」の解説〔Ⅱ〕」商事法務2063号56頁。

ているものと解されますが、CGCでは実効的な制度となるよう具体的なポイントが示されています。

⑷ その他コンプライアンスを支える諸制度に関する原則

CGCでは基本原則３において、財務情報や非財務情報について、法令に基づく開示以外の情報提供にも主体的に取り組むべきこととされています。また、外部会計監査人、監査役・監査役会、内部監査についても、それぞれの機能の実効性を高めるための適切なリソースの配分や関連する当事者との連携の確保を求め、責務の遂行、積極的な権限行使等を促しています（原則３－２、補充原則３－２①、②、原則４－４、補充原則４－４①、４－13③など）。

Q11 グループガバナンス

銀行や銀行持株会社に子会社の経営管理が求められる理由を教えてください。

A 銀行や銀行持株会社には、銀行の業務の健全かつ適切な運営を確保する観点から、子会社に対して実効的な経営管理が求められます。このため、会社法上の株主権の行使の範囲を超えたグループ管理体制の構築を求める趣旨で、銀行法上、経営管理が義務として規定されています。

1 グループの経営管理義務

金融グループの業務の多角化や海外展開、地域金融機関の経営統合等に伴って、グループ会社の増加、グループ構造の複雑化が加速するにつれ、銀行の業務の健全かつ適切な運営を確保する観点から、グループ全体としてのガバナンスの重要性および持株会社がグループガバナンスにおいて果たす役割がいっそう大きくなってきています。

2016年の銀行法改正[30]により、銀行持株会社および銀行持株会社がない場合において資本関係上グループの頂点にある銀行に対し、グループの経営管理が新たに法令上義務づけられ、その具体的内容について、以下のとおり規定されています（銀行法16条の３、52条の21第２項、銀行法施行規則17条の５の３、34条の14の２）。

① グループの経営の基本方針その他これに準ずる方針として内閣府令で定めるもの（グループの収支、資本の分配および自己資本の充実に係る方針その他のリスク管理に係る方針ならびに災害その他の事象が発生した場合におけるグループの危機管理に係る体制の整備に係る方針）の策定およびその適正な実施の確保

② グループに属する会社相互の利益が相反する場合における必要な調整

③ グループの業務の執行が法令に適合することを確保するために必要なものとして内閣府令で定める体制（グループに属する会社の取締役、執行役、業務を執行する社員、会社法598条１項の職務を行うべき者その他これらの者に相当する者および使用人の職務の執行が法令に適合することを確保するための体制）の整備

④ その他グループの業務の健全かつ適切な運営の確保に資するものとして内閣府令で定めるもの（金融庁が指定するグループの再建計画の策定およびその適正な実施の確保）

上記改正前は、グループの経営管理については、銀行法上、銀行持株会社の業務範囲として、グループの経営管理を行うことが「できる」という規定があり、また、銀行持株会社が業務を行うにあたりその子会社である銀行の

30　2016年５月25日に成立した「情報通信技術の進展等の環境変化に対応するための銀行法等の一部を改正する法律」による改正。概要について、湯山壮一郎ほか「情報通信技術の進展等の環境変化に対応するための銀行法等の一部を改正する法律の概要⑴」商事法務2107号18頁参照。

業務の健全かつ適切な運営の確保に努めなければならないという努力義務を定めた規定（同法52条の21第２項、第３項に相当する規定）があるのみで、監督指針において、グループ経営管理を行うことが求められるにとどまっていました[31]。これに対し、上記改正により、銀行持株会社および銀行持株会社がない場合のグループの頂点の銀行について、経営管理が法令上の義務とされるとともに、経営管理の内容についても具体化されました。

なお、銀行法上の経営管理の対象としてのグループは、銀行持株会社・銀行とその（銀行法上の）子会社（同法２条８項）の集団とされています（同法12条の２第３項１号、16条の３第１項）。

上記改正のベースとなった金融審議会「金融グループを巡る制度のあり方に関するワーキング・グループ」の報告書（2015年12月22日）（以下本設問において「WG 報告書」といいます）においては、①金融グループの経営管理形態については、「営業基盤・規模・リスク特性・経緯戦略等に応じて区々であることを前提とした上で、如何にして実効性を有する経営管理体制の構築を図っていくかとの視点が重要」と指摘した上で、②「金融グループの経営管理の「機能」については、それぞれのグループの経営管理体制が十分に実効的であるため、各金融グループにおいて、グループ全体の経営方針が明確に策定され、それがグループ各エンティティにおいて浸透・徹底されるとともに、経営方針の実行に伴う各種リスクを的確に把握し、リスク顕在化時にも適切に対応できる体制の構築・運用が求められる」とされており、各金融グループの実態や経営方針に則した実効的な経営管理体制の構築が求められるものと考えられます。

31　主要行等監督指針Ⅳ－２⑴（グループ全体の経営管理（ガバナンス）態勢の構築に責任ある役割を果たしているか）、（廃止前の）金融庁「金融コングロマリット監督指針」Ⅱ－１（金融コングロマリットにおける持株会社等の経営管理会社は、グループ全体としての適切な経営管理の態勢構築・遂行に責任ある役割を果たさなければならない）など。

2　会社法上の規律との関係

上記のように、銀行法において親会社に対する経営管理義務が定められても、会社法上、子会社の取締役は当該子会社に対して善管注意義務および忠実義務（会社法330条、民法644条、会社法355条）を負っており、必ずしも親会社による経営管理に従う義務はなく、また逆に親会社による経営管理に従った場合に善管注意義務や忠実義務の履行に関して免責されるかも明らかではありません。WG報告書においても、金融グループの経営管理のあり方を考えるにあたっては、会社法や銀行法による規制等との関係で、以下のような指摘が存在するとしています。

・持株会社は子銀行の株主としての権限を有するが、子銀行の取締役等に対し、具体的に指揮命令する権限を有しておらず、株主としての権限行使とは別に、持株会社が子銀行に対して指揮命令を行いうることを制度的に担保する必要はないか。その上で、当該指揮命令に子銀行の取締役が従った場合には、当該取締役には任務懈怠責任が生じないこととする必要がないか。

・こうした問題を回避するための方策として、経営委任契約を活用することが考えられるが、契約の有効性に問題はないか。

・持株会社において実効的な監督機能を発揮する体制が整っており、そのもとでグループの経営管理を行っているケースについて、グループ内の子銀行にまで、たとえば、監査役会等の設置による別個の監督体制の整備が求められていることが、かえって監督体制を錯綜させる結果を生むこともあり、過剰な要請となっていないか。

そして、「これらの点については、金融グループについてのみ、通常の事業会社とは異なる規律を及ぼすだけの特別なニーズ・要請があるか否かといった視点に加え、持株会社とその傘下の子銀行とでは法人格を異にすることや、子銀行の少数株主や債権者が存在すること、一定の部分に特則を設けた場合に会社法の体系全体との間で整合性を確保できるか等にも十分留意し、引き続き検討を深めていくことが適当と考えられる」とされています。このように、親会社に課された経営管理義務を含むグループガバナンスの要請と子会社における会社法上のガバナンスに係る規律との関係については解釈の確立していない問題として残されており、特に子会社に少数株主が存在する場合に困難な法律問題が生じる可能性があります[32]。

3　金融コングロマリット監督指針の廃止

従来、銀行、金融商品取引業者および保険会社の業態をまたがる複合的な金融グループの経営管理会社に対する監督指針として「金融コングロマリット監督指針」が存在し、金融コングロマリット化に伴って発生する特有のリスク（組織の複雑化による経営の非効率化、利益相反行為の発生、抱合せ販売行為の誘引の増大、グループ内のリスクの伝播、リスクの集中等）により、グループ内の金融機関の健全性等の確保に懸念が生じる事態を避けるべく、経営管理、財務の健全性、業務の適切性等の項目について詳細な監督上の着眼点や検証対象が示されていました。

しかしながら、一連の金融庁の監督・検査の枠組みの刷新のなかで（Q１～Q３参照）、同監督指針は2019年12月18日付けで廃止され、かわって主要行等監督指針Ⅱ－１⑷および中小監督指針Ⅲ－１⑷において、金融グループのリスク管理に関する記述が追加されました。そこでは、複数の業態を含む金融グループのリスク管理について上記リスクをあげた上で、銀行グループ全体の経営管理態勢やグループとしての財務の健全性、業務の適切性につい

32　この点については、（2016年の改正前の銀行法に関する議論ではあるものの、）金融コングロマリット監督指針が求める持株会社による子会社に対する内部統制もその内容によっては会社法的な限界があり、子会社取締役の会社法上の義務・責任についても会社法の原則に従って考えれば足り、銀行持株会社は、子会社に対し銀行法52条の21第２項（現行法では３項）の限度で、一般の親会社の子会社に対する義務よりも高度の義務を負うが、会社の機会等に関し両者の間で利益相反の関係が生じても、子銀行の業務の健全性等に問題がなければ、一方的に子銀行の利益を優先させなくても、公平な扱いをすれば足りるとする見解もあります（岩原紳作「銀行持株会社による子会社管理に関する銀行法と会社法の交錯」松嶋英機ほか編『新しい時代の民事司法』（商事法務、2011年）434～438頁）。

て実態把握を行うことが重要であるとするにとどめ、金融グループの態様は様々であって、グループが抱えるリスクの特性やリスクの波及の過程も異なる結果、グループにおける経営管理態勢もおのずと異なるため、各々金融グループの実態をふまえ、その態勢を検証する必要がある点に留意するとしました。これは、金融コングロマリット監督指針のように、金融グループのリスク管理に関して、一律に詳細な監督上の着眼点や検証対象を示すことが現在では必ずしも適当ではないとの判断があったものと推察されます。もっとも、金融コングロマリット監督指針で示されていた着眼点については、引き続き複合的な金融グループが自己の態勢を検証する上での有用な資料として参考になりうるものと思われます。

このほか、主要行等監督指針Ⅳ－２において、銀行持株会社は、グループ全体の経営管理（ガバナンス）態勢の構築に責任ある役割を果たしているか、グループ全体の顧客の利益の保護のための体制の構築に責任のある役割を果たしているか等の視点が示されています。

Q12　ガバナンスにおける法務機能の強化

近時、企業のガバナンスにおいて、法務機能の強化が重視される背景を教えてください。

A　日本企業を取り巻く経営環境の変化により、日本企業はグローバル化や新たなビジネス領域の創出、リスクの高度化、法令・ルール・所管省庁の監督方針等の変化等に伴う様々な問題への対応等を迫られており、従来の契約書のチェックや問題の事後処理といった受動的対応を超えて、より主体的・積極的かつ前広に、広範な法的問題やリスクに対応したり、事業展開の推進をサポートする役割を担うことが必要となっています。

1　法務強化が重視される背景

従来の企業の法務部門の典型的な役割としては、法的リスク管理の観点から契約書のチェックを行ったり、問題の事後処理等を行う等の受動的な対応を行うケースが多かったと考えられます。しかし、近年の日本企業を取り巻く経営環境の変化により、法的な問題として、企業不祥事や法令等違反事例への事後的対応だけでなく、以下のような状況をふまえた対応が必要となっているため、法務機能の強化が重視されています。

⑴　グローバルな事業展開に伴う法的問題への対応

企業がグローバルに事業展開する際には、国ごとに異なる法令や商慣習等に起因する様々な問題に直面することになります。近年では、M&A等において、買収会社およびその子会社に問題があったことが発覚して本社の経営に影響を及ぼした事例や、欧米先進国だけでなく新興国でも競争法の執行が強化され、複数国から多額の制裁金を科された事例も存在し、そのような多様な問題に対処できる体制が必要となっています。

⑵　技術革新

近年の技術革新により、IoT、ビッグデータ、人工知能（AI）、ロボット、シェアリングエコノミー等の新しい技術やサービスが生まれ、法制度が整備されていないビジネス領域の創出・拡大が進んでいます。そのため、企業にとっては既存の法令の解釈・適用について検討するだけでなく、そのような法令が整備されていない領域において企業がとるべき行動について判断し、場合によっては法制度の構築に関与したり、自社が属する業態における自主ルールを策定する主体になったりする等の対応の必要性が増してきています。

(3) リスクの複雑化・高度化

SNSの普及等により、企業の評判は従前より広く速く拡散する傾向にあります。そして、企業の社会的責任に対する期待や要求の高まりから、企業が法的に問題のない行為を行った場合であっても、その背景や目的等を十分に説明しなかった場合や、一般の消費者等から社会的に受け入れ難い行為と判断された場合には、インターネット・SNS等により当該企業に対するネガティブな感想等が拡散されて企業のレピュテーションが大きく毀損されることがあります。そのため、企業はそのようなリスクも適切に評価し、事業遂行の決定や適時に適切な情報発信を行う等によりリスクをコントロールしていく必要があります。

(4) 戦略的な新規事業開拓

国内外で企業を取り巻く法令・ルールやその適用状況、所管省庁の監督方針等は刻々と変化しており、それらの適用関係を確認したり、見直しを求めたりする手段として、たとえば国内では、経済産業省の新事業特例制度、グレーゾーン解消制度、規制改革ホットライン等の制度が設けられています。そのため、既存のルールが不明確で事業化のネックとなっていた点を積極的に解消したり、規制の特例措置の適用を受けて事業を行うことが可能となり、新たなビジネスを開拓する機会が増えています。

このように既存のルールのもとで法的障壁のために実施できなかった事業を展開することが可能となることがあり、そういった制度環境をふまえた戦略的な法務機能の強化が不可欠であると考えられます。

2　求められる法務機能

上記のような背景のもと、企業が健全かつ持続的に成長し、企業価値を向上させていくため、企業の法務部門は従来よりも主体的・積極的に企業の法的問題に対応したり、事業展開の推進をサポートしていくことが求められると考えられます。たとえば経済産業省「国際競争力強化に向けた日本企業の法務機能の在り方研究会報告書～令和時代に必要な法務機能・法務人材とは～」(2019年11月19日公表。以下「2019年研究会報告書」といいます）においては、法務部門に求められる機能をガーディアン機能とパートナー機能に大別して以下のように整理しています[33]。

⑴　ガーディアン機能

法的リスク管理の観点から、経営や他部門の意思決定に関与して、事業や業務執行の内容に変更を加え、場合によっては、意思決定を中止・延期させるなどによって、企業の権利や財産、評判などを守る「最後の砦」としての機能であり、法務機能のなかでも最も基礎的かつ重要な機能とされています。また、ガーディアン機能との関係では、企業の行為が合法か否かという点に加え、社会からみて受容されるかという基準で判断する必要があり、社会的立場や行政、顧客、株主、地域住民等のステークホルダーからの見方をふまえる必要があるとされています[34]。その意味では、たとえば銀行等の金融機関においては事業の社会的役割等に鑑み、より慎重かつ多角的観点からのリスクの検討が求められていると考えられます。

⑵　パートナー機能

経営や他部門に法的支援を提供することによって、企業の事業や業務執行を適正、円滑、戦略的かつ効率的に実施できるようにする機能であり、これはさらにクリエーション機能とナビゲーション機能に分かれるとされています。

a　クリエーション機能

現行のルールや解釈を分析し、適切に（再）解釈することで当該ルール・解釈が予定していない領域において、事業が踏み込める領域を広げたり、そもそもルール自体を新たに構築・変更する機能であり、法的に「確実に可能」と思われる範囲を、工夫によって広げる機能とされています。

b　ナビゲーション機能

事業と経営に寄り添って、リスクの分析や低減策の提示などを通じて、積

---

33 「2019年研究会報告書」５頁以下。
34 「2019年研究会報告書」11頁。

極的に戦略を提案する機能とされています。

これらの機能は、企業の事業領域や発展段階ごとに求められる比重は異なる[35]ものの、いずれも車の両輪として法務部門に欠くべからざる機能とされています。

3　法務機能強化のための組織体制

法務部門がその機能を発揮するための具体的な課題は企業によって異なると考えられますが、一般的には、①法務部門が経営層に単なるコスト部門と認識されており、経営判断に資する高度な機能を発揮するための十分な人的・物的体制を備えていない、②法務部門が経営とリンクしておらず、法務部門の見解が必ずしも適切に経営層・事業部門に対して伝達されない、③経営層・事業部門と法務部門の間で目標や問題意識が共有されにくい、といった組織全体としての課題を有する場合も多いものと考えられます。そのため、経営層が経営戦略や事業運営のなかで法務機能を有効活用していくためには、法務部門だけでなく組織全体としての改革が必要なケースもあると考えられます。たとえば経済産業省「国際競争力強化に向けた日本企業の法務機能の在り方研究会報告書」(2018年4月公表。以下「2018年研究会報告書」といいます）においては以下のような提言がなされており[36]、法務機能強化のための施策の例として、実務上、参考になると思われます。

(1)　最高法務責任者（Chief Legal Officer/General Counsel）の設置

法務部門を統括する者を経営陣の一員（取締役、執行役、執行役員等）とすることにより、法務の知見が深い者の意見を経営上の意思決定に活かすことが可能となり、かつ経営層・事業部門と法務部門が直結し距離が近くなることで、事業ビジョンや情報が法務部門に共有されるという効果があるとされ

35　たとえば、安定した既存事業の継続を目指す企業（金融機関、製造業等）ではガーディアン機能、新規事業開発に力点を置く企業（ベンチャー企業等）ではパートナー機能がより重視される傾向にあると考えられます。

36　「2018年研究会報告書」26頁以下。

ています。

⑵　レポートラインの整備

子会社・カンパニー・事業本部等に法務機能が分かれて存在する組織の場合、専門性をもった法的アドバイスが適切に経営層・事業部門に伝わるようにするため、事業部門別のレポートラインに加えて、内部統制やリスクマネジメントの観点から最高法務責任者への機能別のレポートラインも設定することで、法務部門のパートナー機能とガーディアン機能の両方を効果的に果たすことができるとされています。

⑶　適切な決裁権限基準の設定

十分な分析なく法務部門の現場の担当者の判断でリスクをとってしまい、後々企業が大きな影響を受けることを避けるため、一定のリスク（たとえば特定の契約類型や条項の可否等）に関しては、法務部とは別途の機関決定を求める等の対応をルール化し、決裁権限基準を適切に設定することが必要であるとされています。

⑷　会社組織の工夫

企業内の部門間連携を円滑にするため、法務部門と様々な企業の機能が有機的につながるよう、特定の部署が中立的な立場から部門間連携を後押しする役割を担う等、組織のあり方を見直す必要があるとされています。

4　法務部門における工夫

一方、法務部門の具体的な課題としては、法務部門の役割が事業部門等に十分に認識・評価されず不満を抱かれる（法務部門が事業のストッパーになっている、当事者意識が足りない、説明がわかりにくい等）という点があると考えられます。

そういった点を解消するために、「2019年研究会報告書」においては、法務を担う人材を確保すること[37]のほか、①法務部門に対する現状把握のため

37　人材の確保や教育等についての方策については「2019年研究会報告書」27頁以下を参照。

経営者や事業部門にアンケートやヒアリングを行うこと、②法務部門の目標や優先順位を明確にし、法務部門が提供するサービスや事業（価値）の創造へどのように貢献していくのかといった方針についての決定・開示、③リーガルテックの活用等によるリソース強化、④日頃から他部門の情報を入手できる体制や案件の効率的な処理体制の構築のような施策が提言されています[38]。

また、事業部門等が法務部門に不満を抱く原因としては、法務部門と事業部門との間でコミュニケーションに齟齬がある場合が多いと考えられることから、以下の点に留意して業務を行う必要があると考えられます[39]。

⑴ 事業部門の方向性の把握

事業部門の依頼が法的リスクについて見解を求めるような漠然とした内容であっても、事業部門が法務部門に見解を求めている背後にある事情（事業を進めたいまたは中止したいのでそれをサポートする見解がほしい）等を把握して対応することが必要と考えられます。

⑵ 法務部門の意見の内容

事業部門が求める法務部門の意見とは、リスクの有無についての情報ではなく、リスクがある場合の対処法である場合が多く、リスクの大小の評価やリスク回避のための代替案等、将来に向けての意見が求められることを念頭に置いて対応することが必要と考えられます。

⑶ 法務部門の意見の伝え方

法律の世界の規範定立・当てはめ・結論といった思考プロセスに沿って説明しても、ビジネスの世界の思考プロセスと異なるため伝わりづらい場合があり、事業部門の思考プロセス（事業ごとに異なる場合もあり得ます）に沿った説明が必要になると考えられます。

---

38 「2019年研究会報告書」20頁以下。
39 法務機能の向上に関するより具体的な方法については、たとえば三浦悠佑・柴田睦月「法務機能向上の具体策⑴⑵⑶」(Business Law Journal 2018年８月号84頁・９月号82頁・10月号84頁）を参照。

また、法務機能の強化という観点から専門的知識や客観性を担保するため、外部法律事務所等の社外弁護士を有効かつ効率的に活用することが今後ますます重要になってきます。そのためには、適切な弁護士にアクセスすることに加えて、依頼方法を工夫する必要があります。たとえば、①法務部門（ひいては事業部門）が社外弁護士に求めるものや役割分担を明確に伝えること、②漠然と法的観点からのコメントを求めるのではなく、検討ずみの点をあらかじめ伝えた上で社外弁護士に検討してほしい論点をできるだけピンポイントで伝えること、等が社外弁護士の仕事の質やコストに直結すると考えられます。

Q13 リスクベース・アプローチ

リスクベース・アプローチはどのように実践したらよいでしょうか。

A 各企業の業務内容および適用ある法令やその背後にある趣旨等をふまえてリスクの特定・評価を行い、経営陣も主体的に関与してリスクに見合った低減・制御を行うための態勢を構築する必要があります。その際、潜在的リスクを含めて分析・特定すること、リスクの高い業務について手続を加重する等の形式的対応にとどまらず、リスク発生原因を把握し適切に対応すること、および状況の変化に応じた柔軟な対応や不断の調整・修正を行っていくことが重要です。

1 リスクベース・アプローチの概要

リスクベース・アプローチとは、一般的にリスクの高い分野に経営資源をより多く投入し管理の効率性と有効性の向上を目指す手法をいい、金融庁がコンプライアンス・リスク管理基本方針に関して公表した「コメントの概要及びコメントに対する金融庁の考え方」(2018年10月30日公表、以下「パブコメ」といいます)においては、各金融機関が(i)費用対効果や、法令の背後にある趣旨等をふまえた上で、(ii)自らのビジネスにおいて、利用者保護や市場の公正・透明に重大な影響を及ぼし、ひいては金融機関自身の信頼を毀損する可能性のある重大な経営上のリスクの発生を防止することに重点を置いて、(iii)リスクを特定・評価し、これを低減・制御するためのプロセスを実行に移すこと、と説明されています[40]。

これは、従来の金融機関において、法令や検査マニュアルのチェックリストを形式的かつ厳格に遵守するというルールベースの発想が強く、実効性・効率性を十分に考慮せずに過大な負担が生じる管理態勢が構築されており、かえって経営上の重要課題に十分な経営資源を割くことができないこと、および発生した問題事象への事後的な対応に集中しがちとなり、将来生じうるリスクに対応して未然に防止するという視点が弱いことといった問題点があり[41]、それらに対応するために必要とされている手法です。

リスクベース・アプローチの発想自体は、リスク管理の一般的手法として広く採用されており、金融機関のコンプライアンスのほか、AML/CFT[42]、内部監査、外部委託管理等様々な分野で用いられています。

2　リスクベース・アプローチの具体的な方策

(1)　リスクベース・アプローチの出発点

リスクベース・アプローチの適用にあたっては、まずリスクの特定・評価を適切に行うことが重要になります。その上で、リスクが低い分野については従来の手続等を簡素化して効率化を図り[43]、リスクが高い分野についてはリスク低減・制御のための具体的な行動計画を策定し実行することになりま

40　パブコメ68番。
41　コンプライアンス・リスク管理基本方針9頁。
42　AML/CFTにおけるリスクベース・アプローチの考え方についてはQ28参照。

す。

しかしながら、リスクの特定・評価の手法や具体的な指標・判断基準の設定は金融機関の規模や特性によっても異なりうることから、金融機関ごとにそれに応じた創意工夫を行う必要があります。

⑵　コンプライアンス・リスク管理基本方針におけるリスクの把握方法

リスク把握の出発点として、コンプライアンス・リスク管理基本方針では、金融機関の事業に関して適用される法令を洗い出し、その法令に対する違反が生じうる業務を特定することが必要とされています。そして、業態ごとに適用される業法や規制法だけでなく労働法制・個人情報保護法制等、事業者に適用される法令を洗い出し、これらの違反が発生する可能性およびその大小・影響度を特定・評価することが求められます。また、リスクの特定・評価にあたっては、法令違反等により金融機関が実際に負担する財産的損害のほか、レピュテーション上の影響等を考慮する必要があるとされています。

この点、①問題意識がないため管理の対象とされていないが、実は多数の顧客に損失が生じることとなるものや、大きな社会的批判を受ける可能性のあるものが存在する場合や、②新たな金融商品や取引手法・取引形態が登場し、法令の整備に先立って経済活動が進行しているような場合には、重大なリスクの見落としや見誤りが生じうると指摘されています。

これを防ぐため、利用者保護や市場の公正・透明に影響を及ぼし、金融機関の信頼を大きく毀損する可能性のある事象を洗い出し、生じた問題事象への事後対応のみに集中するのではなく、様々な環境変化を感度よくとらえ、潜在的なリスクを前広に察知することが必要とされています[44]。

43　コンプライアンス・リスク管理基本方針10頁では「不要・過剰な社内規程等の存在が明らかとなった場合には、当該規程等の改廃や金融機関の規模・特性に応じたメリハリのある対応等、より効率的な態勢を構築することも考えられる」とされており、簡素化しても必ずしも法令上の義務等に違反しない社内規程上の手続が存在する場合には、その一部を省略・改廃すること等が考えられます。

44　コンプライアンス・リスク管理基本方針11頁。

(3) 潜在的なリスクを把握する方法

重大なリスクの見落としや見誤りを防止するため、上記のほか、訴訟、ADRおよび内部通報等を通じて顕在化しているリスクを把握するだけではなく、以下のような視点で潜在的なリスクの分析を行うことが必要と考えられます[45]。

a 事務ミス・苦情等の分析

法令違反等には該当せずとも事務ミスや苦情等のかたちで顕在化し始めている事象を分析することにより、問題事象や不正行為の可能性等のリスクの所在を把握することが考えられます。

同種の事務ミスや苦情等が過去に発生している場合には、背後に根本原因が隠れている場合があり、こうした「ヒヤリ・ハット事例」を効率的に把握するため、事務ミス・苦情等の類型ごとの集計や、類型間の比較・同一類型の経年比較等の定量分析を行うことが考えられます。この方法により類型別のリスクの高低を客観的に把握することができ、リスクが高いと判断される類型や事象を特定することができると考えられます。

b ビジネスの分析

従来と異なる領域でのビジネス展開（新規ビジネスモデル、新商品、新サービス等）を行う場合には、従前その企業において想定していなかった新たなリスクが存在しないか慎重に検討することが必要と考えられます。

また、営業成績が突出して良いまたは悪い部門やサービス等においては、不正・問題事象等の発生原因（現場担当者に過剰な負担がかかっていたり、売上向上のための圧力がかかっている等）が存在する場合があり、それにより社会的規範を逸脱した営業活動が行われる等の可能性もありうることから、商品やサービス別の売上げ・営業実績等の分析を行うことにより、かかるリスクを把握することが考えられます。

---

45 具体的な分析方法およびその後の対処法等については今野雅司『金融機関のコンプライアンス・リスク管理』（金融財政事情研究会、2019年）79頁以下参照。

c　近時の不祥事等の分析

社会的批判にさらされた他社の企業不祥事の要因等を分析することにより、ガバナンス、商品・サービス等の様々な角度から、自社においても同様の不祥事等が発生するリスクがないか検討することも有用と考えられます。

d　国内外の法令等の改正の動向

国内外で法令等が改正されることにより、既存の事業遂行が制限される可能性もあることから、法令等の改正の動向には注意を払い、発生しうる将来の法令等の改正による既存事業の継続に関するリスクやその影響度を分析する必要があると考えられます。

e　規模や特性に応じた視点

上記の一般的なリスク特定・把握の視点とはほかに、各金融機関の規模や特性に応じた視点も重要となると考えられます。

たとえば、複数の金融機関がグループを形成している金融グループにおいては、グループ横断的に発生するリスクの特定やグループ全体からみたリスクの評価およびそれに基づく対応が必要になるため、グループ・ベースのコンプライアンス・リスク管理態勢を構築・運用することが必要となり、平時・有事に親会社に適切に情報が集約される情報収集・レポーティング態勢を構築することが重要となります。

一方、地域金融機関等においては、たとえば収益確保が比較的容易な特定のサービス・拠点等における収益に依存する傾向にある等という事情や、特定の地域出身の生え抜きの役職員が多く同質性が高い等の特有の事情がありうるため、それらに起因するリスクがないか分析・検討する必要があると考えられます。

⑷　リスク対応のための態勢構築

上記のような方法でリスクを把握した場合には、問題事案ごとの個別対応や再発防止策としての手続の加重等の形式的・部分的な対応に終始せず、リスクの発生原因をできる限り具体的・多角的に分析・把握した上で、発生原因に応じて適切に対応することがリスクの効果的な低減・制御につながります。

そのためには、横断的・総合的なリスク分析も必要であることから、たとえば事務ミス・苦情等に対応する所管部門が縦割りとなっている場合等には、一括でそれらの情報を管理できる部門横断的な枠組みを構築することが考えられます。また、リスク把握のための制度があるにもかかわらず有効に活用されていない場合（たとえば内部通報制度はあるが実際の利用件数が少ない等）には、制度自体や運用方法を改善することを検討すべきです。

このような組織全体としての態勢構築は、コンプライアンス部門だけでは行うことができないことから、経営トップおよびコンプライアンス担当役員等の経営陣が関与して適切な態勢を構築していくことが望まれます。

また、コンプライアンス・リスクはビジネスと不可分一体であり、往々にしてビジネスモデル・経営戦略自体に内在する場合が多く、かかる観点からのリスクの特定・評価およびその低減・制御に関しては、経営陣が自ら率先して対応すべきものと考えられます[46]。

さらに、いったん構築した態勢について、運用結果や状況の変化に応じて柔軟にリスクの特定・評価の手法やリスクへの対応方法を変更することが必要であり、PDCAサイクルを回すことにより、リスク管理の実効性・効率性の向上を目指し不断の調整・修正を行っていくことが重要となります。

46　コンプライアンス・リスク管理基本方針４頁。

Q14 SDGsの視点

SDGsの視点をもつことが金融機関に求められる理由を教えてください。

A SDGsは、法令によって達成することが義務づけられるものではなく、それ自体として法的拘束力があるものではありません。しかし、SDGsは世界的な潮流になっており、金融機関がSDGsの視点をもたなければ、市場、取引先および消費者等から選ばれない一因となる可能性があり、反対にSDGsの視点をもち、SDGsの推進をアピールすれば新たなビジネスチャンスが生まれる可能性があります。

1 SDGsとは何か

SDGsとは、Sustainable Development Goals（持続可能な開発目標）の略であり、2030年末までに持続可能なより良い世界を目指す国際的な目標として、2015年９月に国連サミットで採択された「持続可能な開発のための2030アジェンダ」において策定されています[47]。SDGsは、17の目標（Goals）と各目標の細目である169のターゲット（Targets）で構成されています[48]。各目標の内容は、図表18のとおりです。

採択から５年が過ぎた現在では、2017年に日本経済団体連合会がSDGsの達成を柱として企業行動憲章を改定したことの影響などにより、企業の経営陣などが丸い17色のSDGsピンバッジをつけていることが増えました。ま

47 SDGsの前身として、2000年から2015年までは、国連のMillennium Development Goals（ミレニアム開発目標）として８つの目標が策定されていました。
48 目標およびターゲットの詳細は、SDGsのホームページ（https://www.un.org/sustainabledevelopment/）をご参照ください。

図表18　SDGsの17の目標

目標1	あらゆる場所のあらゆる形態の貧困を終わらせる
目標2	飢餓を終わらせ、食料安全保障および栄養改善を実現し、持続可能な農業を促進する
目標3	あらゆる年齢の全ての人々の健康的な生活を確保し、福祉を促進する
目標4	全ての人々への包摂的かつ公正な質の高い教育を提供し、生涯学習の機会を促進する
目標5	ジェンダー平等を達成し、全ての女性および女児の能力強化を行う
目標6	全ての人々の水と衛生の利用可能性と持続可能な管理を確保する
目標7	全ての人々の、安価かつ信頼できる持続可能な近代的エネルギーへのアクセスを確保する
目標8	包摂的かつ持続可能な経済成長および全ての人々の完全かつ生産的な雇用と働きがいのある人間らしい雇用(ディーセント・ワーク)を促進する
目標9	強靱（レジリエント）なインフラ構築、包摂的かつ持続可能な産業化の促進およびイノベーションの推進を図る
目標10	各国内および各国間の不平等を是正する
目標11	包摂的で安全かつ強靱（レジリエント）で持続可能な都市および人間居住を実現する
目標12	持続可能な生産消費形態を確保する
目標13	気候変動およびその影響を軽減するための緊急対策を講じる
目標14	持続可能な開発のために海洋・海洋資源を保全し、持続可能なかたちで利用する
目標15	陸域生態系の保護、回復、持続可能な利用の推進、持続可能な森林の経営、砂漠化への対処、ならびに土地の劣化の阻止・回復および生物多様性の損失を阻止する
目標16	持続可能な開発のための平和で包摂的な社会を促進し、全ての人々に司法へのアクセスを提供し、あらゆるレベルにおいて効果的で説明責任のある包摂的な制度を構築する
目標17	持続可能な開発のための実施手段を強化し、グローバル・パートナーシップを活性化する

（出所）外務省作成の仮訳をもとに筆者作成

た、SDGsを推進するボランティア団体も積極的に活動し、当該活動が報道されるなど、SDGsの認知度が上がってきたといえます。もっとも、朝日新聞社の調査（2020年3月実施）によれば、「SDGsという言葉を聞いたことがあるか」という質問に対して「ある」と答えた人は32.9%にとどまっており、「ある」と答えた人に対してSDGsの内容を「どの程度ご存じですか」という質問をすると、「詳しく知っている」と答えた人は18.0%にとどまりました（「少し知っている」と答えた人は52.4%）。

国際的にSDGsの推進が義務づけられているものではありませんが、SDGsに合意した各国は、達成に向けて当事者意識をもって取り組むとともに、そのための国内の枠組みを確立することが期待されています。日本では、2016年5月、内閣に「持続可能な開発目標（SDGs）推進本部」が設置され、同年12月にSDGs実施指針を決定しています（2019年12月に改定）。また、内閣は、2017年以降、毎年12月に、SDGs達成に資する優れた取組みを行っている企業・団体等を表彰し、あわせて翌年のSDGsアクションプランを公表しています。金融機関を監督する金融庁も、2018年6月に「金融行政とSDGs」を公表し（同年12月および2020年1月に更新）、SDGsについて「金融庁としてもその推進に積極的に取り組む」と表明していますが、その一方で「SDGs推進のために各経済主体や金融市場における経済合理性が歪められることは適切でなく、金融庁としては、SDGsやESG金融の動きが、中長期的な投融資リターンや企業価値の向上につながる形で実現されるよう、各経済主体の自主的な対応を引き出すことを基本的な方向性とする」と述べており、経済合理性を犠牲にしたSDGsの推進までは求めていません。

2　金融機関がSDGsの視点をもつことの重要性

日本国内には直接的にSDGsを達成することを義務づける法令はなく、SDGsは、それ自体として法的拘束力があるものではありません。また、金融機関がSGDsを達成することにより直接的に優遇措置を受けたり、逆にSDGsの促進を阻害することにより制裁を受けたりするものでもありません。

しかし、法令が存在しないことは金融機関がSDGsの視点をもたなくてよいことを意味するものではなく、SDGsを無視するとビジネスの喪失および多大な損害を発生させるリスクを抱えることになります。

たとえば、1972年に制定された雇用の分野における男女の均等な機会及び待遇の確保等に関する法律（以下「男女雇用機会均等法」といいます）は、SDGsの「目標5：ジェンダー平等を達成し、全ての女性および女児の能力強化を行う」に資するものですし、その運用や改正にSDGsが影響を与えることが想定されます。たしかに、男女雇用機会均等法は報告拒否または虚偽報告に関する罰則（33条）のみ定めており違反に対する直接的な制裁はありませんが、金融機関がジェンダー平等を軽視することはレピュテーションの毀損につながり、人事採用やビジネスに悪影響が生じる可能性があります。また、コーポレートガバナンス・コードの原則4－11が、ジェンダーの多様性の実現を求めているなど、いわゆるソフトローの分野でもジェンダー平等は重視されているものであり、ハードローである法令によって義務づけられていないとしても、企業価値の毀損を防止し、中長期的な企業価値の向上のためには、むしろ積極的に推進すべきものになりつつあるといえます。また、外国に目を向けると、最近注目を集めるサプライチェーンにおける搾取その他人権侵害は、SDGsの「目標8：包摂的かつ持続可能な経済成長および全ての人々の完全かつ生産的な雇用と働きがいのある人間らしい雇用（ディーセント・ワーク）を促進する」等の達成を阻害するものであり、罰金等の制裁を含む規制法を定める国が増えてきています。たとえば、英国が2015年に現代奴隷法を制定し、フランスが2017年に人権デューデリジェンス法を制定し、オーストラリアが2018年に現代奴隷法を制定しています。

加えて、金融機関自らがSDGsの推進に取り組んでいる場合でも、取引先には同様のリスクがあるため、金融機関としては取引先のSDGsに関する取組みについてもモニタリングが必要です。金融機関がM&Aを行う場合におけるデューデリジェンスにおいても、買収先のSDGsに関する取組みが企業価値の評価に影響を与える可能性があるため、従来の株式、資産、労務等の項目に加えて、サプライチェーン等のSDGsに関連する項目を精査する必要がある場面も増えてくるものと思われます。

3 SDGsとESG投資

金融機関が機関投資家としての一面ももつ場合、ESG、すなわち、Environment（環境）、Society（社会）およびGovernance（ガバナンス）を重視するESG投資も考慮しなければなりません。

ESG投資は、SDGsが目指す持続可能なより良い世界を投資家の視点から構築したものです。ESG投資の始まりは、当時のアナン国連事務総長の呼びかけに応じて2006年４月に公表されたPrinciples for Responsible Investment（PRI、責任投資原則）にあり、PRIは、持続可能なグローバル金融システムの実現のためにESGの各要素が重要であり長期的価値の創造に寄与すると定めています。日本国内でも、2015年９月に、年金積立金管理運用独立行政法人（以下「GPIF」といいます）が、ESGの考慮を表明するPRIに署名してからは、ESG投資の機運が高まっています。GPIFはESG投資とSDGsの関係を図表19のように整理しており、この整理によれば、ESG投資により、社会的な課題解決に関して企業に事業機会を生み、投資家であるGPIFにとってはESGに取り組んでいる企業に対する投資機会が生まれることになります。

しかし、ESG投資が常に投資リターンに寄与するとは限りません。また、機関投資家は、受託者として、資産を預かっている投資家や受益者に対して受託者責任（たとえば、民法644条の善管注意義務）を負っていますので、投資家や受益者の利益に配慮することなくESG投資を行うことは認められず、その効果を見極める必要があります。

加えて、日本では、2014年２月26日にスチュワードシップ・コード（以下「SSコード」といいます）が制定されていますが、2017年５月29日の改定によって指針３－３が、機関投資家が把握すべき投資先企業の内容として

図表19　ESG 投資と SDGs の関係

（出所）　GPIF ホームページ

ESG を例示にするに至りました。さらに、2020年３月24日に公表された再改訂版では、指針１－１を改正し、機関投資家は、スチュワードシップ責任を果たすための手段である目的をもった対話（エンゲージメント）等のために、「サステナビリティ（ESG 要素を含む中長期的な持続可能性）の考慮」が必要とする旨が明記されています。また、指針１－２は、機関投資家がスチュワードシップ責任を果たすための方針においてサステナビリティに関する課題をどのように考慮するかについて明確に示すべきことを求めており、原則７は、機関投資家がサステナビリティも考慮した上でエンゲージメントやスチュワードシップ活動に伴う判断を適切に行うための実力を備えることを求めています。このように、機関投資家は、スチュワードシップ責任を果たすなかで ESG の考慮も求められています。

もっとも、SS コードも、ESG の要素を考慮して投資を行っていれば常に機関投資家としての責任を果たすとまではいっていません。むしろ、SS コー

図表20　業態ごとの指針

業種	指針の名称（制定年度）
資産運用会社	Principles for Responsible Investment（2006年４月）
保険会社	Principles for Sustainable Insurance（2012年６月）
銀行	Principles for Responsible Banking（2019年９月）

ドの指針４－２は、機関投資家が、サステナビリティをめぐる課題に関する対話にあたって、「運用戦略と整合的で、中長期的な企業価値の向上や企業の持続的成長に結び付くものとなるよう意識すべき」と定めており、中長期的な企業価値や企業の持続的成長を損なわせてまでESGを推進することは推奨していません。その他、日本の法令および関連する議論においても、ESGさえ考慮すればいかなる投資活動も正当化されるということまではいわれていません。

したがって、機関投資家である金融機関は、投資活動にESGの視点を取り入れるか否かを判断した上で、ESG投資を行うと決定した場合でも、投資対象のリスク・リターンや費用対効果をふまえた情報収集、銘柄選定、モニタリング、エンゲージメント等の投資活動を行う必要があります。

なお、PRIに続いて、国連環境計画・金融イニシアティブ（UNEP FI）[49]の主導により、図表20のとおり保険会社および銀行についても指針が制定され、ESGを金融に活かす取組みが推進されています。

4　SDGsのその先

国連の提唱するSDGsは、2030年を区切りとするものですが、持続可能なより良い世界を目指すことが2030年に止まるわけではなく、2030年の後も国

49　UNEP FIは、「UNEPとおよそ200以上の世界各地の銀行・保険・証券会社等と広範で緊密なパートナーシップです。1992年の設立以来、金融機関、政策者、規制当局と協調し、経済的発展とESG（環境・社会・ガバナンス）への配慮を統合した金融システムへの転換を進めています」（https://www.unepfi.org/regions/asia-pacific/japan/aboutunepfi/より引用）。

際的な目標が設定されることが予想されます。したがって、金融機関には、SDGsを押し付けられたものとして短期的に「こなす」ような態度をとるのではなく、長期的な視点をもって主体的に「取り組む」ことが求められます。

Q 15　SDGsへの取組み

金融機関におけるSDGsの具体的な取組事例を教えてください。

A 業種ごとの業界団体がSDGsに関する宣言や指針を制定することでSDGsに取り組んでいるほか、個別の金融機関のなかにも精力的にSDGsに取り組んでいる事例がみられます。

1　金融機関がSDGsに取り組むための指針

金融機関にとってSDGsが重要だとしても、ただ闇雲に取り組んでいては、限りある経営資源の無駄遣いに終わってしまう可能性があります。そこで、金融機関にとってのSDGsの取組みに関する指針を知る必要があります。

まず、2015年9月におけるSDGsの発表とほぼ同時に、国連関連の3団体がSDG Compassを公表しました。SDG Compassは、金融機関に限らない企業に対して、いかにしてSDGsを経営戦略と整合させ、SDGsへの貢献を測定し管理していくかということに関し、指針を提供しています。

次に、金融機関に関する指針として、国連グローバルコンパクトが2017年2月に「SDG Industry Matrix—産業別SDG手引き—」を公表しました。同手引きには金融サービスに関するものがあり、グローバルな金融システム

図表21　金融システムがSDGsの実現に向けて果たす役割

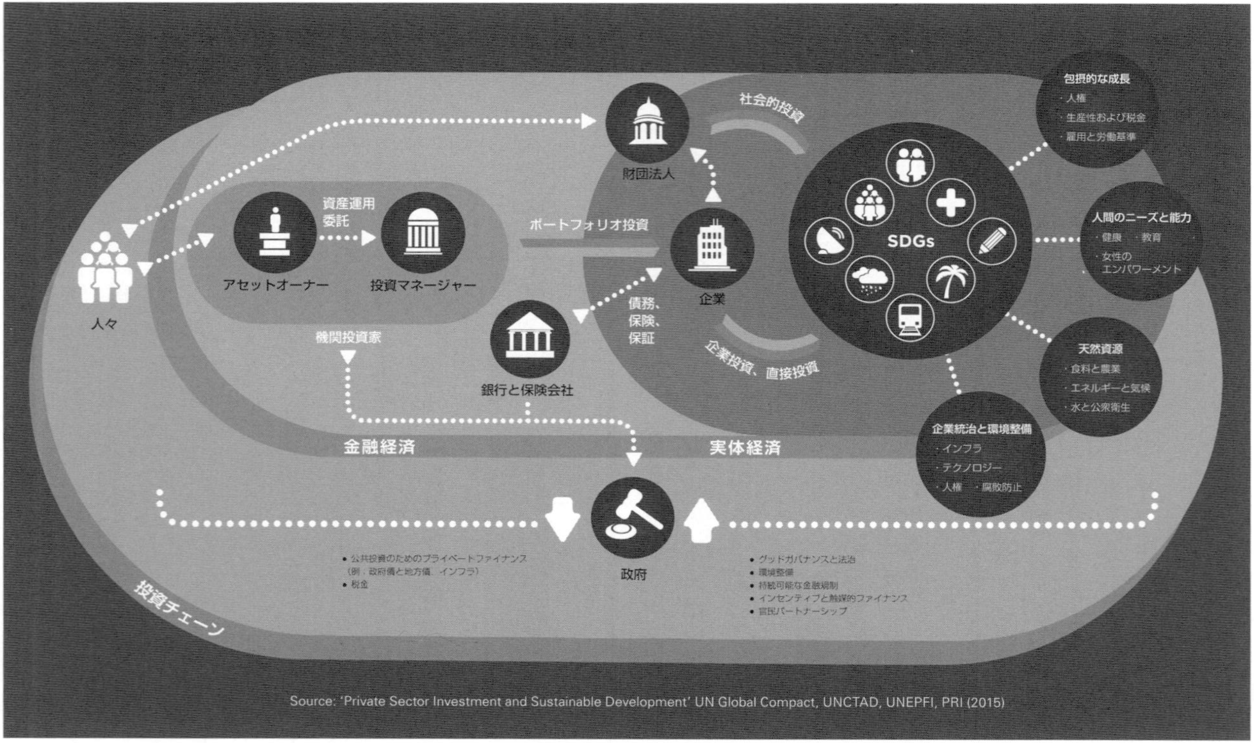

（出所）「SDG INDUSTRY MATRIX 日本語版：金融サービス」10頁

がSDGsの実現に向けて果たす役割を説明しています（図表21参照）。特に、17の目標（Q14参照）に対応した個別事例が紹介されており、これらの事例は、抽象的にSDGsへの貢献を考えているものの具体的な方法を模索する金融機関にとって参考になりうるものです。

以下、わが国における金融分野の業界団体および個別の金融機関による具体的な取組事例を紹介します。

2　具体的な取組事例（金融機関の業界団体）

まず、金融分野の業界団体は、図表22のとおり業種ごとにSDGsに関する宣言や指針を制定し、業界団体としてSDGsに取り組む姿勢を示しています。

図表22　業界団体による指針

業種	指針（制定年月）
銀行	全銀協・行動憲章（2018年3月改定）
証券会社	日証協・SDGs宣言（2018年3月）
保険会社	生命保険協会・行動規範（2018年11月改定） 日本損害保険協会・行動規範（2018年12月改定）

具体的な取組みを業界団体ごとにみると、まず、全銀協は、2018年以降、毎年SDGsの主な取組項目を公表し、全銀協の主な活動状況や会員銀行のSDGsに関する取組事例等を取りまとめた全銀協SDGsレポートを公表しています。2020年6月に公表された全銀協SDGsレポート2019－2020では、具体的な個々の取組みがSDGsのどの目標と対応しているか明記されている等、読みやすい工夫がなされています。

また、2019年3月、同協会の研究機関である金融調査研究会が「SDGsに金融はどう向き合うか」を公表し、このなかで次頁の5つの提言を行いました。

1	金融機関は、SDGsの意義や内容をよく理解したうえで、自社の事業内容、規模や地域の特性をふまえ重要課題（マテリアリティ）を特定し、優先順位をつけつつ、「バックキャスティング」の発想で長期的なビジョンとその実現に向けた取組方針を策定することが重要である。
2	金融機関は、自らの成長戦略のなかにSDGsの具体的目標を組み込むことに加え、SDGs達成のため、資金の出し手としての役割を果たすことが重要である。
3	金融機関は、すべての取引先の経営者との日々の接点を有するという特長を活かし、SDGsの内容を周知するとともに、環境・社会課題の解決に向けた取引先企業の取組みをさまざまな側面からサポートすることを通じ、SDGs達成に貢献することが重要である。
4	金融機関は、目標13（気候変動に具体的な対策を）の達成に向け、責任ある投融資等の態勢の強化やTCFD[50]最終報告書に基づく気候関連のリスクと機会への対応に取り組むことが重要である。
5	金融機関は、SDGs達成に向けた取組みをステークホルダーに対し積極的に開示・発信していくことに加え、ESG金融リテラシー向上に向けた取組みを行うことが重要である。

次に、証券分野の業界団体のうち、日証協は、2019年4月、SDGsに貢献する金融商品に関するガイドブックを公表し、証券業界がどのようにSDGsに貢献できるか全体像を示した上で、SDGsに貢献する金融商品を紹介しています。特に、グリーンボンド、ソーシャルボンドおよびサステナビリティボンド等を「SDGs債」と総称した上で、具体例を交えて詳細に説明しています。また、二種業協会は、SDGsに関する指針は制定しておりませんが、

50 TCFDとは、Task Force on Climate-related Financial Disclosures（気候変動関連財務情報開示タスクフォース）の略語です。

2019年12月、SDGs推進ワーキング・グループが報告書を公表し、広い顧客を対象とする第二種金融取引業がSDGsの推進に向けて果たすことのできる役割を分析しています。分析の手法として、民間の活動が十分でない領域およびSDGsの推進を妨げている課題を指摘した上で、解決の方向性を示し、同協会の会員に対する提言等を行っています。

最後に、保険分野の業界団体のうち、生命保険協会は、ESG投融資推進ワーキング・グループを設置し、2019年2月には「生命保険会社の資産運用におけるESG投融資ガイドライン」を公表しています。同ガイドラインは、同協会の会員各社が資産運用におけるESG投融資を行う際の参考となることを目的として作成され、取組事項として、①環境問題を含む社会的課題の解決への貢献および②非人道的兵器根絶の後押しがあげられています。また、2019年からは、4月に「生命保険会社の資産運用を通じた「株式市場の活性化」と「持続可能な社会の実現」に向けた取組について」と題した報告書を作成し、1年間の取組みを発表することに加えて、詳細な企業および投資家向けアンケートの集計結果も公表しています。

日本損害保険協会は、2018年12月にSDGs特設ページ[51]を開設して情報発信を行うとともに、同ページにおいて第8次中期基本計画（2018～2020年度）に掲げた3カ年の重点課題・重点施策をSDGsの観点から確認・整理しています。

3　具体的な取組事例（個別の金融機関）

SGDsに関する個別の金融機関の主な取組みをみてみると、まず、早期からSDGsに取り組んでいる株式会社滋賀銀行の取組みがあげられます。同行は2017年11月に「しがぎんSDGs宣言」を発表し、地域経済の創造等を重点項目として掲げました。SDGsに対する取組みが評価され、滋賀銀行は、2018年12月、内閣総理大臣を本部長とするSDGs推進本部から第2回ジャパ

51　SDGに関する取組み https://www.sonpo.or.jp/about/efforts/SDGs/index.html

ンSDGsアワードの特別賞を受賞しました（金融機関が同アワードを受賞した初めての事例）。受賞時点において、既に、図表23の様々な取組みを通じて金融面からSDGsを幅広くサポートしていました。

また、株式会社大和ネクスト銀行の応援定期預金も評価されており、2019年12月、第3回ジャパンSDGsアワードの特別賞を受賞しています。この預金は、預入円残高の0.04％（法人は0.02％）または預入米ドル残高の0.30％（法人は0.10％）を大和ネクスト銀行の負担で応援先に寄付するものです。顧

図表23　SDGsの取組事例

	項目名	概要
1	ニュービジネスサポート資金（SDGsプラン） 2018年3月取扱開始	SDGsに貢献する新規事業に取り組む取引先に対して所定の金利から最大0.3％優遇して最大1億円を融資
2	ニュービジネス奨励金「SDGs賞」新設 2018年2月新設	滋賀銀行が開講している「サタデー起業塾」の受講生を表彰する賞として、社会的課題解決を基点とするビジネスモデルを評価する特別賞「SDGs賞」を新設
3	SDGs私募債「つながり」 2018年9月取扱開始	私募債発行額の0.2％相当を滋賀銀行が拠出し、SDGsの普及を促進（たとえば、学校等に子どもたちの成長を支援する物品を寄贈し、社会的課題解決を目指す認定NPO法人等に活動資金を寄付）
4	SDGsでつながるビジネス「エコビジネスマッチングフェア」 2018年7月開催	環境ビジネスに注目し、取引先の環境ビジネス拡大を支援してきた「しがぎんエコビジネスマッチングフェア」は、2018年度には「SDGs」をテーマに取り入れ、出展企業および来場者と持続可能な社会に向けた思いを共有できる場として開催
5	「誰一人取り残さない」住宅ローンLGBT対応開始 2018年9月より開始	住宅ローンの申込みにおける「配偶者」の基準に「同性パートナー」を含める取組みを開始

（出所）　滋賀銀行のホームページより抜粋・作成

客は応援先を選択でき、たとえば、重い病気や障がいなどで長期入院している子どもたちに四季を感じるイベントを届ける「長期入院のこどもたち　応援定期預金」が例としてホームページで紹介されています。

さらに、メガバンクもSDGsへの取組みを開始しています。各行ともSDGsに取り組むため組織変更を行っており、株式会社みずほ銀行は2017年6月にSDGsビジネスデスクを設置し、株式会社三菱UFJ銀行は2019年8月にサステナブルビジネス室を設置し、株式会社三井住友銀行は2018年10月にサステナビリティ推進委員会を設置しています。

Q16　金融機関における人工知能（AI）利用の状況

諸外国も含め金融機関におけるAIの利用状況を教えてください。

A 海外でも日本でも金融機関におけるAIの利用は進んでいます。様々なユースケースが出現し、実用段階にあるといえます。他方で、AI特有のコンプライアンス上の問題点も指摘されるようになってきています。金融機関におけるAIの利用は引き続き進展すると考えられますので、まずは現況を把握し理解に努めることは、コンプライアンスの観点からも重要でしょう。

数年前のように、メディアで「AI」「artificial intelligence」「人工知能」という見出し・ニュースが大量に露出する時期は過ぎ去ったようにも思われますが、それはAIの利用がPoC（Proof of Concept、概念実証）段階を過ぎて実用段階に入った証なのかもしれません。これは金融機関でも同様です。本設問では国内外の金融機関におけるAIの利用状況を概観し、次のQ17では金融機関におけるAIを利用する際の課題を議論します。

1　海外動向

ここでは、英国で2019年10月に公表された「Machine learning in UK financial services」[52]（以下「英国レポート」といいます）を参考に海外動向を探ってみることとします。英国レポートは、Bank of England（イングランド銀行）およびFinancial Conduct Authority（金融行為規制機構）による、中央銀行・金融監督当局の共同レポートであり、AIの一分野・一手法である機械学習（machine learning、以下「ML」といいます）に焦点を当てながら、数多くの英国金融機関に対する調査を行った点が先進的かつ特徴的といえます。

英国レポートによれば、ミドル・バック分野（後述する「３つの防衛線」のうち第２線）であるリスク管理・コンプライアンスにおけるMLの利用が最も進んでいます。また、銀行、保険、投資・資本市場といった業態によっても差異があり、たとえば、投資・資本市場では、アセットマネジメント分野においてMLの利用が最も進んでいます。

図表24は英国レポートに記載されている業務分野別のユースケースをまとめたものですが、多様な分野でMLが使われているようすが見て取れます。

2　国内動向

金融庁では、FinTech企業、金融機関、ITベンダーなど100先以上の企業等との個別の意見交換（以下「100社ヒアリング」といいます）を実施し、2019年９月にAIに関する動向を取りまとめ、公表しています（図表25参照）[53]。

また日本銀行は、2019年９月に「AIを活用した金融の高度化に関する

52　https://www.bankofengland.co.uk/-/media/boe/files/report/2019/machine-learning-in-uk-financial-services.pdf

53　https://www.fsa.go.jp/news/r1/sonota/FIH_Report.pdf

図表24　金融機関における人工知能（AI）利用の状況（業務分野別）

業務分野	ユースケース	MLの手法
AML/CFT（マネー・ローンダリングおよびテロ資金供与対策）	多数の文書分析や「ブラックリスト」に対する本人確認（KYC）目的での詳細確認 金融犯罪リスクに係る顧客格付 人間が精査する前の送金時における疑わしい取引に係る警告	自然言語処理 ツリーモデル ニューラルネットワーク
顧客エンゲージメント	チャットボット コールセンター・顧客サポート窓口といった人間が処理する窓口への転送サポート	自然言語処理
セールス・トレーディング	顧客対応：注文処理の速度および正確性の向上 プライシング：大量の市場時系列データから短期の公正価値を推定 執行：取引所、時期、注文サイズを評価・最適化	ランダムフォレスト等のツリーモデル
保険商品のプライシング	保険商品のプライシング 引受リスク費用や顧客傾向のモデリング	ツリーモデル
保険金請求の管理	写真等の非構造化データ利用によるコスト推定、過去データとの比較による総ロス・コストの予測。これらによりクレームハンドラーの意思決定に寄与 顧客が不満をもつ可能性が高い請求についての警告・予測	ランダムフォレストや勾配ブースティングツリー等のツリーモデル 自然言語処理
アセットマネジメント	ポートフォリオに係る意思決定や取引の執行	ニューラルネットワーク 異なる手法の組合せ

（出所）　英国レポート30～35頁を参照の上、筆者作成

図表25　AIに関する動向

現在の利用事例	今後の活用の可能性	課題
・与信判断 ・不正取引検知、業務効率化 ・投資判断（ロボアド）	・左記の精度向上、高度化 ・検証可能 AI（ホワイトボックス AI）の活用	・ブラックボックス化 ［判断の検証可能性］

（出所）　金融庁

ワークショップ報告書」[54]（以下「日銀報告書」といいます）を公表しました。「デジタルマーケティング」「信用評価」「コンプライアンス」等の分野におけるいくつかの金融機関のユースケースがまとめられています（図表26参照）。英国のユースケースとの類似点も多く見て取れます。

3　コンプライアンス上の指摘・問題点

英国レポートでは、以下のとおり、ガバナンス・リスク管理態勢・金融規制の観点から興味深い調査結果が示されています。

✓ML に対するガバナンス態勢としては、調査対象となった英国金融機関の過半数（57%）が、3つの防衛線（第1線：ビジネス部門、第2線：リスク管理やコンプライアンス部門、第3線：内部監査部門）を含めた、既存のモデルリスク管理態勢を利用しています。

✓ML モデルの説明可能性（explainability）や新規データ追加に伴うモデル出力変化に対処するリスク管理態勢の構築必要性について言及する、先進的な金融機関も存在します。

✓ML 利用時のリスクの上位5項目として、①説明可能性の欠如、②データおよびアルゴリズムの偏り、③顧客に対する低パフォーマンスとそれに伴うレピュテーションの損傷、④不適切な統制・検証・ガバナンス、⑤不正確な予測により不十分な判断がなされること[55]があげられています。

54　https://www.boj.or.jp/finsys/c_aft/data/aft190902c.pdf

図表26　金融機関のユースケース

デジタルマーケティング	・BBM（Behavior Based Marketing）による見込み顧客への金融商品の提案 ・EBM（Event Based Marketing）による消費者ローンの需要見込み先のリストアップ
信用評価	・オンラインレンディングにおける与信審査 ・預金口座情報（入出金・残高）を用いたデフォルト予測 ・住宅ローン等の審査業務の簡素化・迅速化 ・信用評価の補助 　・取引先の定性情報の分析 　・営業エリアや業種の景況感等の分析 　・企業間ネットワークの把握 　・ニュース等から企業に影響を与えるリスク要因を把握・分析 　・SNS上の情報を解析し、取引先に関するイベント情報を抽出
コンプライアンス	・不正送金の防止（なりすまし等の検知） ・AML/CFT（当局への届出が必要な資金洗浄等が疑われる不審な取引の検知とその届出） ・不適正な営業活動等の検知（応接記録簿から、金融商品の不適正な勧誘・販売、苦情事案等を検出）
顧客対応、業務支援その他	・ヘルプデスクやコールセンター業務等の支援、自動応答（チャットボット） ・外貨自動積立（外貨預入れのタイミングを判断） ・動画・音声解析による営業担当者のパフォーマンス評価・改善支援 ・営業支援（情報収集のサポート、ネクストアクションの推奨） ・ビジネスマッチング ・人事評価、社内の論文試験の採点

（出所）　日本銀行

55　①lack of explainability、②biases in data and algorithms、③poor performance for clients/customers and associated reputational damage、④inadequate controls, validation or governance、⑤inaccurate predictions resulting in poor decisions。

✓大多数（75%）の金融機関は、金融規制がML利用の不当な障害になるとは考えていないそうです。他方、金融規制が障害要因と考えている金融機関は、モデルのリスク管理や、MLのブラックボックス問題に伴う説明可能性・説明責任（accountability）をあげています。

また日銀報告書では、

✓「金融業務にAIを活用する場合には、その判断に至った理由など、内部向けにも、顧客などの関係者向けにも、説明責任を果たすことができないのでは、適合性の原則を含む顧客保護、ひいては訴訟リスク等の面で懸念がある」

✓「利用するデータに関しても、データ入力の際に、故意や過失により誤ったデータが入力されたり、意図的に特定のデータが排除される可能性がある。このようなデータの過誤や偏りの問題を顧客にどのように説明するかという点も潜在的な論点である」

との意見が紹介されています。

次のQ17ではこれらの論点も含め、金融機関がAIを利用する際の課題を議論します。

Q17　金融機関における人工知能（AI）利用の課題

金融機関がAIを利用する際の課題を教えてください。

A　金融機関によるAIの利用にあたっては、私法上の経営責任の視点に加えて、金融規制上の視点も考慮しながら、民間金融機関側が、自らの創意工夫をもって研究者や専門家も起用しつつ、内部管理態勢の整備や当局との対話も行いながら、コンプライアンス上の論点・対処方法を検討していく必要が出てくると考えられます。さらに、注視すべき論点であるAIの説明可能性（検証可能性）については、テクノロジーの進歩もフォローしつつ引き続き検討を行っていくことが肝要でしょう。

Q16では金融機関におけるAIの利用状況を概観しましたが、本設問では金融機関がAIを利用する際の課題を解説します。

1　私法上の経営責任の視点

(1)　金融機関における取締役の善管注意義務と経営判断原則

英国レポート（Q16参照。以下同じ）によれば、機械学習（ML）利用時のリスクの上位５項目として、①説明可能性の欠如、②データおよびアルゴリズムの偏り、③顧客に対する低パフォーマンスとそれに伴うレピュテーションの損傷、④不適切な統制・検証・ガバナンス、⑤不正確な予測により不十分な判断がなされることがあげられていました。

また、日銀報告書（Q16参照）でも、「金融業務にAIを活用する場合には、その判断に至った理由など、内部向けにも、顧客などの関係者向けにも、説明責任を果たすことができないのでは、適合性の原則を含む顧客保護、ひいては訴訟リスク等の面で懸念がある」「利用するデータに関しても、データ入力の際に、故意や過失により誤ったデータが入力されたり、意図的に特定のデータが排除される可能性がある。このようなデータの過誤や偏りの問題を顧客にどのように説明するかという点も潜在的な論点である」といった意見が紹介されていました。

これらのリスクや意見は、経営の観点からみた場合、経営者たる取締役の意思決定において誤りが生じやすい局面であり、AIの利用に関して、経営上、十分な注意を払うべき観点と位置づけることが可能です。すなわち、そもそも説明可能性が欠如（しうる）ものに依拠して会社の事業についての意思決定をしてよいのか、あるいは、偏りがあ（りう）るものに基づき構築されたモデルの結果に依拠して同じく会社の事業についての意思決定をしてよいのか、といった観点です。

法的には、金融機関における取締役の善管注意義務の問題として整理できます。一般に、取締役が善管注意義務に違反していないかどうかについては、具体的な法令違反がない限り、決定の過程面や内容面の合理性を審査することで判断されます。いわゆる経営判断原則が適用されることになりますが、具体的には、①経営判断の前提となる事実認識の過程（情報収集とその分析・検討）において不注意な誤りに起因する不合理さがあったかどうか、②事実認識に基づく意思決定の推論過程および内容に著しい不合理さがあったかどうかの２点が審査されます[56]。この点、判例（最判平22.7.15判時2091号90頁）においても、「その決定の過程、内容に著しく不合理な点がない限り、取締役としての善管注意義務に違反するものではない」という考え方が示されています。

さらに金融機関の役員の責任に関しては、金融機関における「融資業務に際して要求される銀行の取締役の注意義務の程度は一般の株式会社取締役の場合に比べ高い水準のものであると解され、所論がいう経営判断の原則が適用される余地はそれだけ限定的なものにとどまるといわざるを得ない」とした判例（最決平21.11.9刑集63巻９号1117頁）があることにも留意が必要でしょう。

⑵　具体的な検討ポイント

AIの利用に関しては、たとえば不正確な予測による不十分な判断が生じうるリスクが指摘されている点も考慮に入れると、AIの導入にあたっては、その決定における過程面および内容面の合理性を担保していくことがより

56　東京地方裁判所商事研究会編著『類型別会社訴訟Ⅰ〔第３版〕』（判例タイムズ社、2011年）239頁。なおここでは、①については「不合理」かどうか、②については「著しく不合理」かどうかと、後記の平成22年最高裁判例とは異なり、「著しい」かどうかの点について、過程面と内容面で差異が設けられているように思われますが、このような従来型の見解も引き続き実務上並存して用いられることがあるとの理解です。その他、内部統制システム構築義務違反や監視義務違反が問題となる場合もあるでしょう。

いっそう重要と考えられます。

たとえば、モデルの説明可能性が低いAIを用いてフロント業務を行ったものの、そのAIモデルが用いられた後、その出力結果に致命的な誤りがあったことが判明した場合を想定してみますと、自社の財務や顧客に与える経済的な影響は計り知れないものとなる可能性があります。このような事案で、経営者の法的責任がとりわけ裁判で問題となった場合には、モデル導入に係る決定過程において十分な情報収集をしていたかどうか、その分析・検討に不注意な誤りがなかったのかどうか、さらにはその決定内容自体が合理的であったのかどうかといった点などについて、審査されることとなります。

この点に関連すると考えられますが、英国レポートでは、モデル結果の検証について、実用前（テスト）段階・実用後段階といった各段階において、ベンチマークとの比較、データの質に関する検証、MLを利用しないモデルとの比較に加えて、説明可能性に係るツールの導入や異なるデータを入力することでモデルの挙動を把握する「ブラックボックス」テストが行われることなどが紹介され、モデル導入・運用過程において詳細な分析・検討が行われていることが見て取れます。

さらに新しいテクノロジーであるAIについては、現時点で不明であったり、認識されていない問題点・リスクが相応に内在されている可能性があり、それらを少しでも把握するため、特に過程面での分析・検討は、法的な観点からも重要になると考えられます。

2　金融規制上の視点

金融機関は、公共性の高い業務や機能を担うことから監督当局により規制・監督されており、AIの利用についても、事業会社と同様、株主に対して説明責任を果たすべき場合があることに加えて、監督当局に対しても一定の説明を行うことが求められる場合があると思われます。

この点に関連して、Q16でみたようにAIのユースケースの１つとして

AML/CFT 分野がありますので、金融庁のマネ・テロ GL をみてみますと、AI について下記の言及があります。

> Ⅱ－2　リスクの特定・評価・低減
>
> ⑸　FinTech 等の活用
>
> マネロン・テロ資金供与対策においては、取引時確認や疑わしい取引の検知・届出等の様々な局面で、AI（人工知能）、ブロックチェーン、RPA（注）等の新技術が導入され、実効性向上に活用されている。
>
> こうした新技術のマネロン・テロ資金供与対策への活用は、今後も大きな進展が見込まれるところであり、金融機関等においては、当該新技術の有効性を積極的に検討し、他の金融機関等の動向や、新技術導入に係る課題の有無等も踏まえながら、マネロン・テロ資金供与対策の高度化や効率化の観点から、こうした新技術を活用する余地がないか、前向きに検討を行っていくことが期待される。
>
> （注）RPA（ロボティック・プロセス・オートメーション）：人工知能等を活用し、書類作成やデータ入力等の定型的作業を自動化すること。
>
> 【対応が期待される事項】
>
> a．新技術の有効性を積極的に検討し、他の金融機関等の動向や、新技術導入に係る課題の有無等も踏まえながら、マネロン・テロ資金供与対策の高度化や効率化の観点から、こうした新技術を活用する余地がないか、前向きに検討を行うこと

このように、AI の利用が比較的進んでいるとされる AML/CFT 分野であっても、金融庁のガイドラインでは、AI 等の「新技術を活用する余地がないか、前向きに検討を行う」といった期待が示されているにとどまっています。こうした現状に鑑みれば、近い将来において、AI 利用時の説明責任が法令に定められたり、あるいは AI についての説明に係る留意点が金融庁の監督指針に明示的に記載されたり、AI モデルのスペックについて詳細な

ガイダンスが当局から公表されたりする可能性は低いように思われます。この点は、日本に限らず、諸外国でも状況は類似しているようです[57]。AIが比較的新規性のあるテクノロジーであり、かつ継続的に進化や変化を遂げている以上、明確な指針が設けられないことはある程度やむを得ない現象とも思われます。

以上をふまえると、規制される側の民間金融機関としてむしろ重要なことは、金融規制の観点からAIの利用に関する明示的な枠組みは存在しないことを認識し、かつ、それを前提としつつ、民間金融機関として、自らの創意工夫をもって内部管理態勢の整備やAI/MLの説明可能性に係る対処方法を検討していく必要があると考えられることです。その際には、研究者や専門家を起用したり、当局との対話を行うことも有用となるでしょう。

さらに、戦略的に、どこまでの領域にAIを用いて、どこまでの領域を人間が担当するか、といったAIと人間の可動領域をそれぞれデザインすることも重要だと考えられます。これによって当局に対する説明の範囲がより明確化し、説明力の向上にもつながるでしょう。

3　モデルリスク、AIの説明可能性

現在のAIについては、それが「モデル」である以上、「適切でない推定・予測」が出てしまうこと自体はどうしても避けられないように思われます。また、英国レポートおよび金融庁「100社ヒアリング」（Q16参照）双方で指摘があるように、AIの説明可能性（検証可能性）が最も注視すべき論点で

57　たとえば下記のようなAIの利用にあたっての原則を示す事例が存在します。
Monetary Authority of Singapore（シンガポール金融管理局）「Principles to Promote Fairness, Ethics, Accountability and Transparency (FEAT) in the Use of Artificial Intelligence and Data Analytics in Singapore's Financial Sector」（2018年11月公表、2019年2月一部改訂）。
De Nederlandsche Bank（オランダ銀行）「General principles for the use of Artificial Intelligence in the financial sector」（2019年7月25日）。
Hong Kong Monetary Authority（香港金融管理局）「High-level Principles on Artificial Intelligence」（2019年11月1日）。

す。

これらの点に対する適切な対処は前記1の善管注意義務や前記2の当局に対する説明との関係でも重要です。また、AIの説明可能性については、もっぱらテクノロジーの観点から、「説明可能なAI」（explainable AI）の開発が進んでいるようですが、はたしてそのような画期的なAIの開発を待つだけで足りるのかという問題意識が法的な観点からはありうるように思われます。これは、現にAIを利用する以上、法的な検討も必要だと考えられるためです。

さらに、仮に画期的な「説明可能なAI」が出現したとしても、当該AIモデルの入力と出力間の因果関係についての説明力が向上する一方で、なぜそのAI手法を選択したのか、といった点については引き続き人間の関与が必要と思われます。いずれにしても、今後のテクノロジーの進歩にあわせたさらなる議論の進展がおおいに期待される分野といえます。

Q18 RegTech/SupTech

RegTech/SupTechとは何ですか。

A RegTech/SupTechとは、民からみるのか（=RegTech）、それとも官からみるのか（=SupTech）の主体・視点の違いはありますが、いずれもテクノロジーを利用することで、金融規制やコンプライアンス対応の効率化や高度化を図ることに主眼がある点で共通しています。わが国におけるRegTech/SupTechの取組みに関しては、民間金融機関の役職員としても、今後の動向を注視すべきと思われます。

金融機関においてビジネス分野でFinTechを推進することは既に実務上も浸透していますが、規制・コンプライアンス対応の分野においてもテクノロジーを利用する動きが高まっています。以下ではその概要を説明します。

1　RegTech/SupTechとは

たとえば、金融安定理事会（Financial Stability Board、FSB）が2017年11月に公表したレポートでは、RegTechとSupTechについて、それぞれ以下の定義がなされています[58]。

・「RegTech」＝「any range of applications of FinTech for regulatory and compliance requirements and reporting by regulated financial institutions. This can also refer to firms that offer such applications, and in some cases can encompass SupTech.」
・「SupTech」＝「applications of FinTech by supervisory authorities.」

すなわち、RegTechは、金融機関等における規制・コンプライアンス対応および報告の場面におけるFinTechの適用・応用事例であり、SupTechは、監督当局によるFinTechの適用・応用事例であると位置づけられています。

さらに、金融庁「金融モニタリングにおけるデジタライゼーションの取組状況について」（2019年６月）（以下「金融庁取組状況レポート」といいます）では、RegTechとは「Regulatory Technology」の略であって、民間金融機関がIT技術を活用して金融規制に対し効率的に対応すること、SupTechとは「Supervisory Technology」の略であって、規制当局・法執行機関が検査・監督等の高度化・効率化のために活用するIT技術のこと、という説明がなされています。

以上からすると、RegTech/SupTechとは、民からみるのか（＝RegTech）、それとも官からみるのか（＝SupTech）の主体・視点の違いはありますが、

58　FSB「Artificial intelligence and machine learning in financial services」（2017年11月１日）。

いずれもテクノロジーを利用することで、金融規制やコンプライアンス対応の効率化や高度化を図ることに主眼がある点で共通しています。

2　RegTech/SupTech 進展の背景

RegTech/SupTech 進展の背景には、以下の事象が複合的に絡み合いながらも、まずは事象(1)および事象(2)を背景に RegTech が進展し、その後、事象(3)を背景として RegTech のいわば裏側に当たる SupTech にも注目が集まるようになったのではないかと考えられます。

事象(1)　2008年の世界金融危機（リーマンショック）以降、金融規制の数や量の増加、その内容の複雑化、さらには当局の執行強化が生じ、それらに対処するための効率的な手段が必要となったこと。
事象(2)　AI テクノロジーの進化・発展があったこと。
事象(3)　FinTech 企業の勃興、さらにはそれに伴う金融当局のテクノロジー採用に対する目線の変化があったこと。

事象(1)については、そもそも対応すべき金融規制の数や量が限られており、またそれが単純なものであるのならば、テクノロジーに頼る必要性は低いように思われます。しかしながら、世界金融危機以降、そこでの反省等をふまえ、金融の各種分野で規制強化の動きが高まりました。さらにある報道によれば[59]、世界金融危機から2016年までの間に、各国金融機関が法規制違反で支払った各国当局に対する罰金・課徴金の合計額は3210億米ドルにのぼり、金融機関が当局の法規制執行の結果として負担したコストはとてつもなく巨額なものとなりました。

このような状況下では、規制対応やコンプライアンスの強化が、コンプライアンス担当部署だけの問題にとどまらず、金融機関における経営上の大き

59「World's Biggest Banks Fined $321 Billion Since Financial Crisis」(Bloomberg News、2017年３月２日)。

な課題となったことは想像に難くありません。すなわち、続々と増加・複雑化する金融規制への対応に加えて、当局による執行リスクを軽減するためにも、正確かつ迅速に、かつコストも抑えながら規制・コンプライアンス対応を行っていくことが金融機関に求められるようになったわけです。そしてその対応にあたり、テクノロジーの力を活用しようというのは自然かつ合理的な発想だと考えられます。

事象(2)については、ある文献によれば[60]、RegTechの進化は以下の4段階 —— ① Manual、② Workflow Automation、③ Continuous-Monitoring、④ Predictive Analytics ——と整理できます。①はせいぜいExcelベースでの手作業での管理を指しますが、段階が進むにつれて、業務自動化や継続的モニタリングが行えるようになり、最終段階では予測分析も行える状況となったようです。

そしてこの予測分析では、ビッグデータを処理することで分析が行われるわけですが、そこではAIの利用が当然想定されます。Q16でみたように、金融機関においては、たとえばAML/CFT（マネー・ローンダリングおよびテロ資金供与対策）対応といったコンプライアンス・リスク管理分野でのAI利用が最も進んでいますが、その背景にはこのようなRegTechの進展があったものと思われます。すなわち、ビッグデータが存在しそれを処理することでAIがそのパフォーマンスを発揮しやすい分野の1つが、金融機関の規制・コンプライアンス対応であったというわけです。よくいわれるように、ビッグデータがAIの「燃料」であるのならば、いわばAIはRegTechのための「燃料」であり、AIを利用することでより高度な規制・コンプライアンス対応を効率的に行えるようになったと評価することができます。

事象(3)については、昨今のわが国における金融分野の法改正テーマをみていると、銀行と電子決済等代行業者間のオープンAPI連携、暗号資産やSTO（Security Token Offering）への対応、送金分野における資金移動業者

---

60 Lindsay Davis「The State of Regtech」(CB Insights、2017年9月20日)。

の細分化や金融サービス仲介業の創設など、FinTech企業の勃興に対応するためのオープンイノベーション・規制強化両面での法改正が明らかに増加しています。

もちろん、これらの法改正がRegTech/SupTechに直接関係するとは限りませんが、FinTechの進展とともに、金融庁の目線が金融とテクノロジーの融合、あるいはデジタライゼーションに向けられてきたことは明白です。そういった時代の流れのなかで、後述するように金融庁自身が「RegTech/SupTechエコシステム」を謳うなど、当局のテクノロジー採用に対する目線が変化してきていることもRegTech/SupTechの進展に寄与していることは間違いないと考えられます。

3　具体的な取組事例

以下では、公表情報として把握しやすい、官側主導の具体的な取組事例を紹介します[61]。

(1)　金融庁の「RegTech/SupTechエコシステム」

金融庁取組状況レポートでは、RegTech/SupTechエコシステムは、金融機関にとってのメリットが必須であるとともに、様々なニーズ等に機動的に対応する必要があるとした上で、図表27のようにコンセプトの整理をしています。

そして上記コンセプトを具現化するための今後の官民協働での実証実験の例示として、① API連携によるデータ共有、② Webベースでの調査、③ KYCデータの利活用をあげています。①は、官民のシステムをAPI連携し、各種報告について金融機関から報告してもらうのではなく、金融庁が適時システムを通じて確認する仕組み、②は、金融庁が実施する各種アンケート調

61　諸外国では、たとえばオーストラリアにおいて、上院議会が2019年末にFinTechとRegTechに関する政策のパブコメを実施したとのことです（久保田隆＝渡邊崇之「国際取引法研究の最前線 第93回 RegTechを巡る法規制・実務の現状と課題」国際商事法務 Vol.48, No.5（2020）675頁）。

図表27　RegTech/SupTech エコシステムのコンセプト

実効性	金融機関の内部管理、当局の金融モニタリングの向上
効率性	金融機関の経営・当局報告コスト、金融機関・当局のシステムコストの低減
柔軟性（連結性）	新たな技術、非金融分野の player への対応も可能
速報性（リアルタイム）	参加者が情報をリアルタイムに把握
双方向性（データシェアリング）	報告するためだけの一方通行のシステムではなく、参加者が共有
簡易性	従来型の重厚長大なシステムではなく、簡易なシステムでアジャイルに開発
機密性	共有される情報については機密性を確保

査を Web ベースで実施、③は、金融機関内における KYC データの利活用を促し、与信判断の向上等に寄与する仕組み、といった説明がなされています。

(2)　デジタル化時代における規制の精緻化

2020年7月17日に公表された日本経済再生本部「成長戦略実行計画」では、「デジタル技術の社会実装を踏まえた規制の精緻化」におけるフィンテック／金融分野における取組みとして、以下の3点があげられています[62]。

・プロ投資家対応として、顧客の取引履歴データ等の分析を進め、投資家としての能力と関連性のある項目を特定できれば、プロ投資家規制について、当該項目を踏まえた規制へと見直す。

62　より詳しくは、未来投資会議構造改革徹底推進会合「デジタル技術の社会実装を踏まえた規制の精緻化」会合（第1回）における金融庁企画市場局および総合政策局提出の各配布資料を参照してください。

・金融商品販売における高齢顧客対応として、高齢者の取引履歴データ等の分析を進め、投資家としての能力と関連性のある項目を特定できれば、高齢顧客対応についても、当該項目を踏まえた規制へと見直す。
・マネー・ロンダリング対策として、各金融機関が人手を介して取り組んでいるマネー・ロンダリングに関係する顧客リスク評価等の業務について、AIを活用して取り組むことで効率化できないか検討する。その結果を踏まえ、AIの活用を前提とした規制へと見直す。

こちらは、「規制当局・法執行機関が検査・監督等の高度化・効率化のために活用するIT技術」というSupTechの基本的な枠組みを超えて、ビッグデータやAIといったテクノロジーを用いることで、法規制の見直しや精緻化をも視野に入れた変革を志向する取組みであるといえるでしょう。民間金融機関としては、実際にどの程度の成果や規制見直しがあるのかも含め、今後の進展を注目する必要があると思われます[63]。

4 まとめ

上記でみてきたように、わが国におけるRegTech/SupTechの取組み、とりわけ官側主導の動きはまだ始まったばかりといっても過言ではないのかもしれませんが、民側の金融機関の役職員としても、今後の動向を注視すべきと思われます。また、RegTech/SupTechの高度化の文脈では上記のとおりAIの利用が盛んですが、AIを利用する場合の法的課題についてはQ17をご参照ください。

63 日本経済再生本部「令和２年度革新的事業活動に関する実行計画」によれば、これらの取組みは、2020年度中に実証事業を実施し、2021年度以降、実証事業の結果をふまえ、必要な取組みを実施すると説明されています。

Q 19 金融機関がクラウドを利用する際の留意事項

金融機関がクラウドを利用する際の留意事項を教えてください。

A 金融機関がクラウドを利用する場合、一般に、法的には業務の外部委託に当たると整理されています。そこで、コンプライアンスの観点からは、外部委託に関する銀行法・個人情報保護法等の法規制や金融庁の監督指針等をふまえることは当然として、金融機関におけるクラウド利用に関する公益財団法人金融情報システムセンター（FISC）の安全対策基準等も参照し、クラウド固有のリスクも勘案しながら対応を行う必要があります。さらに、クラウド事業者と締結する利用契約についてもクラウド固有の法的論点に留意が必要です。

金融機関においてもクラウドサービス（以下「クラウド」といいます）の利用が進んでいます。一部の金融機関では、銀行業務の中核たる既存の勘定系システムをクラウド上に再構築しようとする動きもあるようです。また、金融安定理事会（FSB）が近時、クラウド利用に関するレポート[64]を公表するなど、国際的にも注目が高まっています。以下では、クラウドの概要について説明した後、コンプライアンス上のポイントを検討します。

1 クラウドとは

クラウドとは、たとえば政府のガイドライン[65]において、「事業者等によっ

64 FSB「Third-party dependencies in cloud services: Considerations on financial stability implications」（2019年12月9日）。

65 内閣官房情報通信技術（IT）総合戦略室「政府情報システムにおけるクラウドサービスの利用に係る基本方針」（2018年6月7日）2頁。また、金融機関におけるクラウド利用の概要については、金融庁の委託調査として、PwCあらた有限責任監査法人「クラウドコンピューティングとサイバーセキュリティ等に関する調査報告書」（2019年3月31日）が公表されています。

て定義されたインタフェースを用いた、拡張性、柔軟性を持つ共用可能な物理的又は仮想的なリソースにネットワーク経由でアクセスするモデルを通じて提供され、利用者によって自由にリソースの設定・管理が可能なサービスであって、情報セキュリティに関する十分な条件設定の余地があるもの」と説明されています。一方、クラウドと対比されるオンプレミスとは、「従来型の構築手法で、アプリケーションごとに個別の動作環境（データセンター、ハードウェア、サーバ等）を準備し、自らコントロールするもの」と説明されています。

オンプレミスでは、利用者自らがハードウェアやソフトウェアを調達の上、システムの運用を行います。しかし、クラウドでは、利用者が、クラウド事業者提供のシステム環境やプラットフォームにネットワーク経由でアクセスし、システム運用を行います。

クラウドは、近時、注目されている「サブスクリプションモデル」であり、さらに図表28のように分類することができます。クラウドでは、サーバやネットワークといったインフラ部分に加えて、OS等のプラットフォーム、さらには個別のソフトウェアに至るまで、利用者のニーズに応じたサービスの提供がなされます。地域金融機関ではSaaSを利用するのが主であったのに対して、大手行ではPaaSおよびIaaSを利用し自行で自由度の高いシステムを構築するケースも多いと指摘されています[66]。

クラウド利用のメリットとして、オンプレミスの代替によるコスト削減があげられますが、昨今では、クラウド事業者が提供するサービス機能の拡張・多様化により、当該サービス機能を自身で開発する工程が省かれる結果、システム開発のスピードが向上する点も、メリットとして考えられているようです。

他方、リスクとしては、FISC「金融機関におけるクラウド利用に関する有識者検討会報告書」(2014年11月)（以下「FISCクラウド報告書」といいます）

66　金融庁「金融機関のITガバナンス等に関する調査結果レポート」(2020年6月）27頁。

図表28　クラウドの分類

IaaS（Infrastructure as a Service）	利用者に、CPU機能、ストレージ、ネットワークその他の基礎的な情報システムの構築に係るリソースが提供されるもの。利用者は、そのリソース上にOSや任意機能（情報セキュリティ機能を含む。）を構築することが可能である。
PaaS（Platform as a Service）	IaaSのサービスに加えて、OS、基本的機能、開発環境や運用管理環境等もサービスとして提供されるもの。利用者は、基本機能等を組み合わせることにより情報システムを構築する。
SaaS（Software as a Service）	利用者に、特定の業務系のアプリケーション、コミュニケーション等の機能がサービスとして提供されるもの。具体的には、安否確認、ストレスチェック等の業務系のサービス、メールサービスやファイル保管等のコミュニケーション系のサービス等がある。

（出所）　前掲注65・内閣官房情報通信技術（IT）総合戦略室２、３頁より抜粋・作成

において、法制度の違いによる影響、情報漏えいリスク、リアルタイム性・可用性への懸念、インシデント対応の不十分性等が指摘されています[67]。

また利用者数による分類方法として、パブリッククラウドとプライベートクラウドがあります。前者は多数の利用者で共用するサービス、後者は単一の組織専用に提供されるサービスです[68]。

2　コンプライアンス上のポイント

(1)　外部委託に関する銀行法上の整理

金融機関によるクラウド利用は、一般に業務の外部委託の一環と整理されていますので、銀行を例として、外部委託に関する銀行法上の整理を確認し

67　FISCクラウド報告書５頁。また、法制度的な観点でのリスクとして、「当局の他ユーザーに対する通信傍受、強制執行による影響」「委託元金融機関による立入監査・本邦当局による検査活動への支障」「法制度の違いによる影響」「外国公権力による諜報・データ閲覧」があげられています（同54頁）。

68　FISCクラウド報告書３頁。

ます。

銀行が業務の外部委託を行う場合には、顧客を保護するとともに、外部委託に伴う様々なリスクを適切に管理するなど業務の健全かつ適切な運営を確保することが求められますので、法令により、銀行は委託業務の的確な遂行を確保するための措置を講じなければならないとされています（銀行法12条の2第2項、銀行法施行規則13条の6の8）。そして、監督指針において、外部委託に係る監督上の着眼点が顧客保護および経営の健全性確保の両面から言及されています[69]。

また、監督当局は一定の要件のもとで、銀行の業務委託先に対する報告・資料の提出を求めるという報告徴求権を行使することができ（銀行法24条2項）、業務委託先に対する立入検査権も有しています（同法25条2項）。ここでの業務委託先には二段階以上の業務委託先（再委託先、再々委託先等）が含まれます。なお、業務委託先は、正当な理由があるときは、監督当局による報告徴求権や立入検査権の行使を拒むことができます（同法24条3項、25条5項）。

⑵　個人情報保護法の観点[70]

金融機関が個人データを含む情報を取り扱うにあたってクラウドを利用する場合、金融機関からクラウド事業者への当該情報の移転が第三者提供（個人情報保護法23条1項）または委託に伴う提供（同法23条5項1号）に該当するかについては、クラウド事業者が個人データを取り扱うこととなっているのかどうかが判断基準となります。

そして、クラウド事業者が個人データを「取り扱う」こととなっている場合には、金融機関は、⑴個人データの第三者提供と位置づけ、当該情報の移転に先立って、あらかじめ本人の同意を得るか、⑵個人データの取扱いの委

69　主要行等監督指針Ⅲ－3－3－4、中小監督指針Ⅱ－3－2－4。

70　個人情報保護委員会「「個人情報の保護に関する法律についてのガイドライン」及び「個人データの漏えい等の事案が発生した場合等の対応について」に関するQ&A」5－33および5－34を参照しています。

託に伴う提供と位置づけ、個人情報保護法22条に基づきクラウド事業者を監督する義務を負うなど、同法に基づく対応をとる必要があります。

他方、たとえば、契約条項によってクラウド事業者がサーバに保存された個人データを取り扱わない旨が定められており、適切にアクセス制御を行っている場合等には、クラウド事業者が個人データを「取り扱わない」こととなっているものとして、個人データの「提供」行為がないと解されます。そのため、第三者提供に該当せず、本人の同意は不要となります。また、「委託することに伴って……提供される場合」（個人情報保護法23条5項1号）にも該当しないことから、金融機関には、同法22条に基づきクラウド事業者を監督する義務も生じません。ただし、このような場合でも、金融機関が自ら果たすべき安全管理措置の一環として、適切な安全管理措置を講じる必要があります（後記(4)参照）。

(3) FISCの安全対策基準の位置づけ

FISCは「金融機関等コンピュータシステムの安全対策基準・解説書」（以下「安全対策基準」といいます）を発刊しています。安全対策基準は1985年に初版が発刊され、本書執筆時現在、第9版（令和2年3月版）が最新です。

クラウドについては、利用に関する安全対策の追加（第8版追補、2013年3月）や基準の拡充（第8版追補改訂、2015年6月）がなされた後、第9版（2018年3月）において、リスクベース・アプローチの導入とともに、外部委託基準とクラウド基準の整理・統合、さらにはクラウド固有基準の新設が行われました（図表29参照）。

安全対策基準は、FISCの会員によって策定される自主基準でありますが、金融庁の検査マニュアル等において言及されることにより、FISCの会員の枠を超えて、金融庁監督下の金融機関が事実上の適用対象となってきた経緯があります[71]。また、実務運用上も、金融機関に対してサービスを提供するクラウド事業者において、自社のクラウドが安全対策基準を充足しているか

71　FISC「金融機関におけるFinTechに関する有識者検討会報告書」（2017年6月）24、25頁。

どうかを検証・分析した対応表を作成し、顧客向けに提供される場合も少なくありません。つまり、安全対策基準は、「自主基準」の位置づけではありながら、金融機関によるシステム・クラウド利用に対して多大なる実務上の影響力を有しているわけです。

さらに、2019年12月18日の金融庁による金融検査マニュアル廃止後も、金融庁「金融機関のITガバナンスに関する対話のための論点・プラクティスの整理」(2019年6月)(以下「ITガバナンス論点整理」といいます)において、

図表29 「安全対策基準」の改訂

[第8版追補改訂(H27.6発刊)]

	外部委託	クラウド
利用検討時	運87 運87-1	運108
契約締結時	運88	運109
運用時	運89 運90	運110
契約終了時	運90内	運111
監査	運91内	運112

[第9版改訂案]

	新基準番号	ポイント
利用検討時	【統20】	記載の重複・冗長を排除し再構成
契約締結時	【統21】	記載の重複・冗長を排除し再構成
運用・モニタリング時	【統22】 【統23】	・記載の重複・冗長を排除し再構成 ・データ漏洩防止基準「運110」は、【統21】へ統合
契約終了時	—	【統21】へ統合
監査	【監1】	記載の重複を排除し、監1へ統合
クラウド固有	【統24】 (新設)	・クラウド固有のリスク管理策(「クラウド拠点の把握」「監査権の明記」等)

(出所) FISC「安全対策基準(第9版)の改訂概要」(2017年12月20日) 8頁

「システムリスク管理態勢の整備はますます重要であるが、金融機関においては、検査マニュアルの廃止後も、一般に存在する各種ガイドライン等が活用され、より良い実務に向けた創意・工夫が積み重ねられることが期待される」とされているところ、ここで言及される各種ガイドラインの例示として安全対策基準があげられています。

したがって、安全対策基準は、引き続き金融機関において利用されることが見込まれることから、安全対策基準におけるクラウドに対する言及をさらに詳しくみてみることとします。

⑷ 安全対策基準におけるクラウドへの言及

図表30は、図表29に記載される新基準の概要をまとめたものです。クラウドの利用は外部委託であると整理しつつ、各種の基準が定められています。

クラウドの利用に言及する【統24】では、クラウド固有のリスクへの対策として、特定システム[72]のクラウド利用時には、データに対する実効的なアクセスを行う拠点（統制対象クラウド拠点）やデータ保管国・地域の把握、当該拠点に対して必要となる権利（監査権等）の契約書等への明記、定期的な監査の実施、クラウド技術に専門知識を有する人材配置（専門性を有する第三者監査人等による代替も可）が必要とされています。また監査については、クラウド事業者が委託した保証型監査の報告書の利用が望ましいとされています。

クラウドの利用にあたり、個人情報・個人データの取扱いについては、個人情報保護法を遵守することは当然の前提となりますが（前記⑵も参照）、個人データの取扱いの全部または一部を外部委託先に行わせることを内容とする契約を締結する場合、個人情報保護委員会・金融庁実務指針のⅢに定める「個人データ保護に関する委託先選定の基準」に対する準拠対応可否が外部

72 金融情報システムのうち、重大な外部性を有するシステム（システム障害等が発生した場合の社会的な影響が大きく、個別金融機関等では影響をコントロールできない可能性があるシステム）や、機微情報（要配慮個人情報を含みます）を有するシステム（機微情報（要配慮個人情報を含みます）の漏えい等により顧客に広範な損失を与える可能性があるシステム）のことを指します（安全対策基準48頁）。

図表30　新基準の概要

基準大項目	基準中項目	基準番号	基準小項目
統制基準 2　外部の統制	(1)　外部委託管理	統20	外部委託を行う場合は、事前に目的、範囲等を明確にするとともに、外部委託先選定の手続きを明確にすること。
		統21	外部委託先と安全対策に関する項目を盛り込んだ契約を締結すること。
		統22	外部委託先の要員にルールを遵守させ、その遵守状況を確認すること。
		統23	外部委託における管理体制を整備し、委託業務の遂行状況を確認すること。
	(2)　クラウドサービスの利用	統24	クラウドサービスを利用する場合は、クラウドサービス固有のリスクを考慮した安全対策を講ずること。
監査基準 1　システム監査	(1)　システム監査	監1	システム監査体制を整備すること。

(出所)　安全対策基準90、103頁

委託先の評価事項として例示されています（安全対策基準【統20】）。

なお、安全対策基準において、語尾が「必要」と記載されている対策項目は「必須対策」と位置づけられていますが、それ以外の項目については、リスクベース・アプローチの考え方に基づき、各金融機関の判断で選択的に適用する対策と位置づける構成がとられています（安全対策基準66頁）。したがって、各金融機関がクラウドを利用する際には、各自の事情に応じて、安全対策基準を個別具体的に検討する必要があります。

⑸ クラウド事業者との利用契約

金融機関がクラウドを利用するに際しては、クラウド事業者と金融機関の間で利用契約を締結します。図表31は、FISC クラウド報告書において示されている契約条項の例です。契約締結時の考慮事項の詳細は安全対策基準【統21】にも記載されています。

クラウドの利用契約において特徴的な事項の１つは、サービスレベルを定める契約（Service Level Agreement、以下「SLA」といいます）でしょう。金融機関の対顧客業務システムは障害なく稼働し続けることがとりわけ重要となりますが、その品質に対する要求・達成水準（基準値や最低保証値）をSLA で規定します（項目３）。また、未達の場合にはクラウド事業者の債務不履行を構成する場合が多いと考えられますが、その対応についても規定することとなります（項目４）[73]。

さらに、クラウドの直接の利用者である金融機関のデータ保護や管理に係る条項に加えて、金融機関における外部委託先管理の一環としての監督当局の検査への協力義務、金融機関の監査権（項目５）、さらには利用終了時のデータやシステム移行に関する条項（項目７）も存在します。

いずれにしても、金融機関においては、個別の事情に応じてクラウドの利用契約の内容を検討する必要があります。もっとも、クラウド事業者側がいわばひな型として用意している契約書について、どの程度柔軟な変更が可能であるかは、クラウド事業者の企業規模や市場シェアに加えて、クラウド利用者である金融機関との取引規模や取引年数等を含む両者間のビジネス上の関係にも大きく左右されると思われます。金融機関としては、こうした事情も考慮の上、自社として必要な契約条項に優先順位を設ける等して契約交渉にあたることが必要な場合もあり得ます。

73　大規模障害やCPU の脆弱性に伴うサーバの性能低下といった近時のクラウドリスク顕在化事例も前提に、SLA の留意点やその法的性格を検討するものとして、上山浩＝若松牧「金融機関におけるクラウド利用概況と法的留意点」金法2130号14頁。

図表31　クラウド事業者との利用契約

項目	内容
1	契約一般条項（用語の定義、役割分担、責任範囲、債務不履行時の損害賠償範囲、準拠法、裁判管轄等）
2	個別契約条件（サービス内容、料金、期間等）、サービス仕様（リソースの割当て等〈仕様上の制限や変更に必要な時間等〉）、データ保護の管理策（データ暗号化等）
3	サービスレベル項目 ① システム運用：可用性、信頼性、性能、拡張性 ② サポート：障害対応、問合せ対応 ③ データ管理：利用者データの保証についての言及 ④ 統制環境：再委託先（再々以下の階層の先を含む）管理 機密保護・良好な統制環境の維持義務
4	サービスレベル未達の場合の対応
5	情報開示範囲、監督当局等による検査等への協力義務、金融機関による監査受入、事業者と利用者間の報告・連絡等の運営ルール、インシデントレスポンスの取扱い
6	反社会的勢力・テロ組織と関わりがないことの表明保証
7	利用終了時の原状復帰・新システム移行時の協力義務、データの返却・消去等
8	損害賠償や補償
9	クラウド事業者のリソース上のアプリケーションを利用する過程で生成された成果物の知的財産権の帰属（または帰属割合）

（出所）FISCクラウド報告書17頁

3　おわりに

ITガバナンス論点整理では、「ITリスク」について以下の言及がなされています。

例えばクラウドサービス等の新たなサービスの利用は、短期的にはシステム更新のコストやセキュリティ面を含む従来と異なる外部委託先管理が必要になるといったオペレーショナル・リスクがある一方、中長期的には、ランニングコストの削減やBCP面での強靭性といった面でのメリットも考えうるところ、これらへの目配りがなされないことで、将来的に得られるメリットを逸失してしまうおそれとして「ITリスク」と表現している。形式的に、定量的な測定や、投資判断時の評価項目への追記を行うというよりも、実質的に検討・判断において意識されるべきものと考えられる。

ここでは、中長期的に得られるメリットをクラウドを利用しないことで失ってしまう逸失機会を「リスク」ととらえています。この一事をもって、監督当局がクラウドの利用を推奨していることにはならないかもしれませんが、とはいえ、クラウドの短期的なリスクについては、ここまで述べてきたコンプライアンス上のポイントをふまえ検討・対応することで、「ITリスク」の軽減・回避に役立てることができるものと考えられます。

第 2 部

テーマごとの
コンプライアンス対応

第1章

顧客情報管理

Q 20 情報の取扱いに関する法規制

金融機関における情報の取扱いについて、どのような法規制に留意すべきですか。

A 銀行は、顧客情報の守秘義務を負い、個人情報保護法を遵守する必要があります。さらに、銀行法および金商法に基づき、顧客に関する情報の適正な取扱いを確保するための措置を講じるとともに、法人関係情報を適切に管理し、法人関係情報に係る不公正な取引の防止を図るための措置等を講じる必要もあります。

1 顧客情報管理の重要性

金融機関は、顧客情報を含む様々な情報を適切に取得・管理し、取り扱う必要があります。このことが金融機関の健全かつ効率的な経営の前提になるとともに、公共性の高い金融業務を営む金融機関に対する信頼の基礎となっています。

以下、銀行を対象として、情報の取扱いに関する法規制において留意すべき事項を整理します。なお、以下の内容は、銀行以外の金融機関にとっても着眼点として共通するものと考えられます。

2　顧客情報の守秘義務、個人情報保護法の遵守

銀行における顧客情報の守秘義務を直接定めた法令はありませんが、商慣習や黙示の合意等を根拠に守秘義務を負うと解されており、顧客情報をみだりに開示することは許されません。また、銀行は、個人情報保護法上の個人情報取扱事業者に該当し、同法に基づく各種の義務を負います。詳細はQ21ないしQ23をご参照ください。

3　銀行法に基づく個人顧客情報の適切な取扱い

前記２の保護対象となる情報か否かにかかわらず、銀行は、健全かつ適切な運営を確保するため、「その業務に関して取得した顧客に関する情報の適正な取扱いを確保するための措置」を講じる必要があります（銀行法12条の２第２項）。

具体的な措置の内容に関しては、銀行法施行規則により、①個人顧客情報の安全管理、当該情報の取扱いを外部委託する場合には情報漏えい等を防止するための委託先の監督、②個人である資金需要者について信用情報機関から提供を受けた借入金返済能力に関する情報を返済能力の調査以外の目的のために利用しないこと、③個人顧客に関する人種・信条・門地・本籍地・保健医療または犯罪経歴についての情報等を適切な業務の運営の確保その他必要と認められる目的以外の目的のために利用しないことを確保するための措置等が求められています（銀行法施行規則13条の６の５ないし13条の６の７）。

これらは、個人情報保護法に基づく各種の規制と一部重なる部分もありますが、規制の対象や法的効果はそれぞれ異なっており、個別に検討する必要があります。

なお、2019年５月31日に成立した「情報通信技術の進展に伴う金融取引の多様化に対応するための資金決済に関する法律等の一部を改正する法律」（令和元年法律第28号）により、銀行本体の付随業務として、「顧客から取得した当該顧客に関する情報を当該顧客の同意を得て第三者に提供する業務そ

の他当該銀行の保有する情報を第三者に提供する業務であつて、当該銀行の営む銀行業の高度化又は当該銀行の利用者の利便の向上に資するもの」が明示的な例示列挙に追加されました（銀行法10条２項20号）。改正法は2020年５月１日から施行されていますが、「顧客の同意」を得ることが条件とされており、従来の法規制の適用について基本的に影響はないと考えられます。

4　金商法に基づく情報管理に関する諸規制

(1)　登録金融機関として行う法人関係情報の適切な管理等

銀行は、有価証券関連業を行うことが原則として禁止されますが（金商法33条１項本文）、金商法33条の２の登録を受けた上、一定の範囲で有価証券関連業務を行うことは許されます（同法33条２項、33条の２第１号、銀行法11条１号、２号）。

金商法33条の２の登録を受けた金融機関（以下「登録金融機関」といいます）は、金商法上、金融商品取引業者とともに「金融商品取引業者等」に含まれており（同法34条）、金融商品取引業者等には種々の行為規制が適用されます。このため、登録金融機関業務やこれに付随する業務に関しては、金商法上の規制に従って行うことが求められます。

金商法上、「法人関係情報」とは、①上場会社等の運営・業務・財産に関する公表されていない重要な情報であって顧客の投資判断に影響を及ぼすと認められるもの、および、②公開買付けの実施・中止の決定に係る公表されていない情報をいいます（金商業等府令１条４項14号）。

登録金融機関は、①自らが取り扱う法人関係情報を適切に管理し、法人関係情報に係るインサイダー取引等の不公正な取引の防止を図るために必要かつ適切な措置を講じる必要があります（金商法40条２号、金商業等府令123条１項５号）。また、②法人関係情報に基づいて、自己の計算において当該法人関係情報に係る有価証券の売買その他の一定の取引等をする行為や、顧客に対して有価証券の発行者の法人関係情報を提供して勧誘する行為は禁止されます（金商法38条９号、金商業等府令117条１項14号）。

⑵　ファイアー・ウォール規制と金融グループ内での情報共有

銀行や証券会社を含む金融グループ内での情報共有に関しては、金商法上、①証券会社（有価証券関連業務を営む第一種金融商品取引業者）が、②グループ内の銀行など当該証券会社の親法人等または子法人等（金商業等府令1条3項14号・16号、金商法31条の4第3項、4項）に当たる者との間で、③発行者等に関する非公開情報を授受することは、原則として禁止されています（同法44条の3第1項4号、金商業等府令153条1項7号）。規制対象となる業者については、「第一種金融商品取引業者に限る」と定められ、直接的には証券会社に対する規制ですが、グループ内の銀行が当該証券会社の「親法人等または子法人等」に当たる場合には、銀行の側も規制に留意する必要があります。

顧客に関する非公開情報の授受や役職員の兼職の禁止等は、金融グループ内において銀行と証券間を分離するという意味合いでファイアー・ウォール規制と呼ばれます。わが国の金融機関の国際的な競争力強化等の観点から、特に2008年および2014年の金商法および関連する政令・内閣府令の改正により、ファイアー・ウォール規制は順次緩和されてきました。たとえば、①法人顧客に対し、自己の非公開情報の授受の停止を求める機会を適切に提供している場合には、当該法人顧客が提示を求めるまでの間、当該法人顧客の書面による同意があったものとみなされ（オプト・アウト、金商業等府令153条2項）、また、②外国法人に関しては、当該外国法人顧客が所在する国の法令に基づき非公開情報の授受が禁止されておらず、契約の内容および当該国の商慣習に照らして当該顧客の同意があると合理的に認められる場合には、書面による同意があったものとみなされます（金商業等府令153条1項7号イ）。さらに、③コンプライアンス、リスク管理、内部の運営に関する業務など（内部の管理および運営に関する業務）に関しては、内部管理部門から営業部門に非公開情報が漏えいしない措置が的確に講じられていることを条件として、顧客の同意なくして非公開情報をグループ内で共有することが可能です（金商業等府令153条1項7号リ）。

5 監督指針

金融庁が策定する監督指針では、顧客等に関する情報管理態勢について、監督上の着眼点が示されています。金融行政の基本的な考え方や検査・監督の進め方は、金融庁が2008年６月に策定した検査・監督基本方針に基づき抜本的な見直しが図られ、金融機関のチェックリストによる形式的確認を改めて創意工夫を進めやすくする観点から、2019年12月には検査マニュアルが廃止され、監督指針も一部改正されました。そのなかでも、顧客等の情報管理態勢に関する着眼点は基本的に維持され、さらに、近年の情報通信技術等の飛躍的な発展や前記３で述べた銀行法改正をふまえ、個人データの第三者提供における本人からの同意取得に関する着眼点が追加されており、改正後の監督指針[1]は2020年３月から施行されています。

監督上の着眼点には、以下の事項が含まれます。

⑴ クレジットカード情報等

クレジットカード番号や有効期限等を含む個人情報（以下「クレジットカード情報等」といいます）について、①利用目的その他の事情を勘案した適切な保存期間を設定し、保存場所を限定し、保存期間経過後適切かつ速やかに廃棄しているか、②業務上必要とする場合を除き、クレジットカード情報等をコンピュータ画面に表示する際には、カード番号を全て表示させない等の適切な措置を講じているか、③独立した内部監査部門において、クレジットカード情報等を保護するためのルールおよびシステムが有効に機能しているかについて、定期的または随時に内部監査を行っているか。

⑵ 個人データの第三者提供

個人データの第三者提供に関して、金融分野GL11条等を遵守するための措置が講じられているか。特に、その業務の性質や方法に応じて、以下の点にも留意しつつ、個人である顧客から適切な同意の取得が図られているか。

---

1 主要行等監督指針Ⅲ－３－３－３－２⑵、中小監督指針Ⅲ－３－２－３－２⑵、金商業者等監督指針Ⅲ－２－４⑵ほか。

① 金融分野GL 3条をふまえ、個人である顧客からPC・スマートフォン等の非対面による方法で第三者提供の同意を取得する場合、同意文言や文字の大きさ、画面仕様その他同意の取得方法を工夫することにより、第三者提供先、当該提供先に提供される情報の内容および当該提供先における利用目的について、個人である顧客が明確に認識できるような仕様としているか。

② 過去に個人である顧客から第三者提供の同意を取得している場合であっても、第三者提供先や情報の内容が異なる場合、またはあらかじめ特定された第三者提供先における利用目的の達成に必要な範囲を超えた提供となる場合には、あらためて個人である顧客の同意を取得しているか。

③ 第三者提供先が複数に及ぶ場合や、第三者提供先により情報の利用目的が異なる場合、個人である顧客において個人データの提供先が複数に及ぶことや各提供先における利用目的が認識できるよう、同意の対象となる第三者提供先の範囲や同意の取得方法、時機等を適切に検討しているか。

④ 第三者提供の同意の取得にあたって、優越的地位の濫用や個人である顧客との利益相反等の弊害が生じるおそれがないよう留意しているか。たとえば、個人である顧客が、第三者提供先や第三者提供先における利用目的、提供される情報の内容について、過剰な範囲の同意を強いられる等していないか。

(3) 法人関係情報を利用したインサイダー取引等の不公正な取引の防止

① 役職員による有価証券の売買その他の取引等に係る社内規則を整備し、必要に応じて見直しを行う等、適切な内部管理態勢を構築しているか。

② 役職員によるインサイダー取引等の不公正な取引の防止に向け、職業倫理の強化、関係法令や社内規則の周知徹底等、法令等遵守意識の強化に向けた取組みを行っているか。

③ 法人関係情報を入手しうる立場にある銀行の役職員が当該法人関係情報に関連する有価証券の売買その他の取引等を行った際には報告を義務づける等、不公正な取引を防止するための適切な措置を講じているか。

6　海外のデータ保護法規制

昨今、欧州や米国を含めて国際的にデータ保護法規制を強化する気運が高まりをみせており、かつ、これら法規制が国境を越えて幅広く適用される場面も増えています。このため、特にグローバルに活動する金融機関においては、日本以外の国や地域におけるデータ保護規制についても、十分留意して対応する必要があります（Q24参照）。

Q21　個人情報の取扱い

金融機関が個人情報を取り扱うにあたって留意すべき事項を教えてください。

A　金融機関は、個人情報保護法に加えて、個人情報保護委員会や金融庁の作成した各種のガイドラインを遵守する必要があり、これらのガイドラインのなかには個人情報保護法の規定よりも厳格な内容も含まれています。また、自らが構成員となっている認定個人情報保護団体が個人情報保護指針を作成している場合には、これを遵守する必要があります。さらに、個人情報は守秘義務の対象にもなる場合があります。

1　金融機関に適用されるルール

金融機関が個人情報を取り扱う場合には、①個人情報保護法、②銀行法その他の当該金融機関に適用される業法および③守秘義務の適用が問題となりますが、それぞれのルールごとに適用対象や内容に相違があることに留意する必要があります。

(1) 個人情報保護法

金融機関は、通常、個人情報取扱事業者に該当するため、個人情報保護法を遵守する必要があります。また、個人情報保護委員会は、個人情報保護法に基づき「個人情報の保護に関する法律についてのガイドライン（通則編）」（以下「通則GL」といいます）等のガイドラインを作成しており、さらに、金融分野については、個人情報保護委員会と金融庁が「金融分野における個人情報保護に関するガイドライン」（以下「金融分野GL」といいます）と「金融分野における個人情報保護に関するガイドラインの安全管理措置等についての実務指針」（以下「実務指針」といいます）を作成しており、これらのガイドラインも金融機関に適用されます。なお、通則GLや金融分野GLの規定には、その違反が個人情報保護法の違反と判断されうる規定とそれ以外の努力義務に関する規定とがありますが、後者の規定についても、個人情報保護法に基づく個人情報取扱事業者の義務等に関する規定の施行に必要な場合には、その限度において、同法に規定された立入検査を行うことも排除されていないと解されています（2017年2月28日公表の個人情報保護委員会・金融庁パブコメ回答5番）。

また、個人情報保護委員会の認定を受けた認定個人情報保護団体（全国銀行個人情報保護協議会等）が個人情報保護指針を作成している業態については、当該指針に沿った対応を行う必要があります。

なお、個人情報保護法は、各種の状況等を勘案して3年ごとに見直しを行うことが予定されており（平成27年改正法附則12条3項）、法律が改正された場合にはガイドライン等も改正が予想されるため、これらの動向にも留意する必要があります。

(2) 銀行法その他の業法

個人情報の保護については、銀行法その他の業法にも関連する規定があり、たとえば、銀行法施行規則13条の6の5は、個人顧客情報の安全管理措置等の整備を銀行に求めています。上記(1)の個人情報保護法の体系が、個人の権利利益を保護することを目的とするものであるのに対し、銀行法等の業法の体系は、個々の個人顧客の権利利益の保護という観点だけでなく、金融機関の業務の公共性等に鑑み、その業務の健全かつ適切な運営を確保するという観点から個人顧客情報の安全管理措置等の整備を求めるものです。そして、具体的な措置の内容については、各業態に適用される監督指針等において、基本的に個人情報保護法の体系で求めている内容を準用しており、２つの法規に服することによる混乱を回避することとしています（個人情報保護委員会・金融庁「金融機関における個人情報保護に関するQ&A」（以下「Q&A」といいます）Ⅳ－２）。

なお、業法に基づく安全管理措置等の対象は、個人顧客に関する個人データですが、個人情報保護法に基づく安全管理措置等の対象には、銀行自身の従業員の情報や法人顧客の代表者の情報等、より広い範囲の情報が含まれます（Q&A Ⅳ－１）。

⑶ 守秘義務

Q23で詳述するように、金融機関は一定の顧客情報につき当該顧客との関係で守秘義務を負います。この点、たとえば、公開情報は一般には守秘義務の対象にはならないと考えられる一方で個人情報保護法による保護の対象にはなるというように、個人情報保護法と守秘義務の適用対象には差異があります。とはいえ、金融機関の取り扱う個人情報は、多くの場合、個人情報保護法と守秘義務の双方の対象となると考えられます。

しかし、守秘義務は主として第三者への開示や漏えいについて問題とされてきたのに対し、個人情報保護法は個人情報の開示・漏えいのみならず、取得、利用、管理等についても詳細に規制しており、また、第三者への開示が許容される要件にも差異がありうるため、それぞれの法制度を個別に検討する必要があります。

2　個人情報等の定義

個人情報保護法は、個人に関する情報について様々な概念を定義し、定義された情報ごとに規制の内容を区別しています。

(1) 個人情報

最も基本的な概念は「個人情報」ですが、これは、生存する個人に関する情報であって、「当該情報に含まれる氏名、生年月日その他の記述等……により特定の個人を識別することができるもの（他の情報と容易に照合することができ、それにより特定の個人を識別することができることとなるものを含む。）」または「個人識別符号が含まれるもの」を意味します（個人情報保護法２条１項）。

「他の情報と容易に照合することができ」るとは、通常の業務における一般的な方法で、他の情報と容易に照合することができる状態をいいます。他の事業者への照会を要する場合等であって照合が困難な状態は、この要件に該当しないと考えられますが（通則GL２－１（注４））、事業者内部において、特定の個人を識別することができる情報とともに参照することが可能な場合には、他の第三者からみて特定の個人を識別することができないとしても、当該情報は個人情報に該当すると考えられます（Q&A Ⅱ－２）。

また、「個人識別符号」とは、当該情報単体から特定の個人を識別できるものとして個人情報の保護に関する法律施行令に定められた文字、番号、記号その他の符号です（個人情報保護法２条２項）。なお、たとえば、携帯電話番号やクレジットカード番号は個人識別符号に位置づけられていませんが、このような番号も、氏名等の他の情報と容易に照合することができ、それにより特定の個人を識別することができる場合には、個人情報に該当します。

(2) 個人データおよび保有個人データ

「個人データ」とは、個人情報データベース等を構成する個人情報であり（個人情報保護法２条６項）、「個人情報データベース等」とは、特定の個人情報をコンピュータや目次、索引、符号等を用いて検索することができるように体系的に構成した、個人情報を含む情報の集合物です（個人情報保護法２条４項）。「個人情報」が「個人情報データベース等」に入力され「個人データ」に該当すると、「個人データ」に該当しない「個人情報」の場合よりも、個人情報取扱事業者の遵守すべき事項が多くなります（同法19条ないし26条）。

また、「個人データ」のうち、個人情報取扱事業者が、開示、内容の訂正、追加または削除、利用の停止、消去および第三者への提供の停止の全てに応じることのできる権限を有するもの（政令で定める一定の要件を満たすものを除きます）を「保有個人データ」といい（個人情報保護法２条７項）、これに該当すると、個人情報取扱事業者の遵守すべき事項がさらに多くなります（同法27条ないし32条）。

(3) 要配慮個人情報および機微（センシティブ）情報

「要配慮個人情報」とは、本人の人種、信条、社会的身分、病歴、犯罪の経歴、犯罪により害を被った事実その他本人に対する不当な差別、偏見その他の不利益が生じないようにその取扱いに特に配慮を要するものとして政令で定める記述等が含まれる個人情報を意味します（個人情報保護法２条３項）。要配慮個人情報は、一定の場合を除き、あらかじめ本人の同意を得ずに取得してはならず（同法17条２項）、第三者提供の場合のオプト・アウト（Q23参照）も認められません（同法23条２項）。

また、金融分野GLには、要配慮個人情報を包含し、これに労働組合への加盟、門地、本籍地、医療保険および性生活に関する情報（一定の公開情報等を除きます）を加えた概念として「機微（センシティブ）情報」が定義されており、この機微（センシティブ）情報については、原則として、取得、利用および第三者提供を行わないこと、例外的に取得等をする場合にも特に慎重に取り扱うこと等が規定されています（金融分野GL５条）。

3 個人データに関する金融機関の義務

個人情報一般について、金融機関は、個人情報取扱事業者として、利用目的の特定（個人情報保護法15条）、利用目的による取扱いの制限（同法16条）、適正な取得（同法17条）、取得に際しての利用目的の通知等（同法18条）の規制を受けますが、個人情報のうち個人情報データベース等を構成する「個人データ」の取扱いについては、さらに以下の規制等を受けます。なお、個人データの第三者提供についてはQ23をご参照ください。

(1) 安全管理措置等

個人情報取扱事業者は、その取り扱う個人データの安全管理のために必要かつ適切な措置を講じることが求められていますが（個人情報保護法20条）、このような措置として、金融分野においては、安全管理に係る基本方針・取扱規程等の整備および安全管理措置に係る実施体制の整備等の必要かつ適切な措置を講じることが求められています。具体的には、①組織的安全管理措置（従業者の責任・権限の定め、安全管理に関する規程等の整備・運用、実施状況の点検・監査等）、②人的安全管理措置（従業者との非開示契約等の締結、従業者の教育・訓練、従業者の監督等）および③技術的安全管理措置（個人データおよび情報システムへのアクセス制御、情報システムの監視等）を含む実施体制の整備義務が実務指針において詳細に規定されており、金融機関はこれらの義務を遵守する必要があります（金融分野GL８条、実務指針Ⅰ）。

(2) 従業者および委託先の監督

金融機関は、個人データの安全管理が図られるよう、雇用関係にある従業者のみならず、雇用関係にない従業者（取締役等のみならず派遣社員等も含みます）に対しても必要かつ適切な監督を行う必要があります（個人情報保護法21条、金融分野GL９条、実務指針Ⅱ）。

また、個人データの取扱いを委託する場合には、個人データの安全管理が図られるよう、委託先に対して必要かつ適切な監督を行う必要があり、再委託先等についても同様です（個人情報保護法22条、金融分野GL10条）。委託先における個人データの安全管理の体制等をふまえた選定基準を委託先選定基準として定め、これに従って委託先を選定するとともに、委託契約には委託先の監督や漏えい事案等の発生時における委託先の責任等を盛り込み、定期的に監査を行う等により、委託先が委託契約を遵守するよう監督する必要があります（実務指針Ⅲ）。

4　近年の改正動向

前述のとおり、個人情報保護法は３年ごとの見直しが予定されており、直近では2020年６月５日に個人情報の保護に関する法律等の一部を改正する法律（以下「令和２年改正法」といいます）が成立し、同月12日に公布されました。令和２年改正法の施行時期は、一部を除き公布後２年以内とされています。

令和２年改正法には重要な改正が多く含まれており、たとえば、これまで個人情報の目的外利用の禁止（個人情報保護法16条）を除くと、個人情報の適正な利用に関する規定はなかったのに対し、個人情報取扱事業者は「違法又は不当な行為を助長し、又は誘発するおそれがある方法により個人情報を利用してはならない」とされ（改正後の個人情報保護法16条の２）、これに違反した場合には保有個人データの利用停止等の請求の対象になることとされました（改正後の同法30条１項）。また、利用する必要がなくなった保有個人データについても、利用停止等の請求の対象とされました（改正後の個人情報保護法30条５項）。具体的にどのような場合がこれらの請求の対象になり、どのような業務フローやシステム対応が必要になるかについては、ガイドライン等の改正の動向も注視しながら検討する必要があると考えられます。

Q 22　顧客情報の取扱い

金融機関が顧客情報を取り扱うにあたって留意すべき事項を教えてください。

A　業法上、金融機関にはその業務に関して取得した顧客に関する情報を適正に取り扱うことが求められており、経営陣を中心に、顧客情報の取扱いの適切性を確保するための様々な体制を確立する必要があります。また、顧客情報は守秘義務の対象にもなる場合があります。

1　顧客情報の適切な管理の重要性

古くから金融は情報産業としての性格が強く、金融機関は膨大な顧客情報を保有して業務を行ってきました。顧客情報は守秘義務の対象になる場合があるため、金融機関が顧客情報を適切に管理することは、経済的価値のある顧客の情報を保護し、守秘義務を遵守するという意味がありますが（金融機関の守秘義務については、Q23参照）、これに加えて、金融機関自身の業務の健全かつ適切な運営という観点でも、適切なリスク管理や経営判断の基礎となり、また、個々の顧客に適した商品・サービスの提供に資するといった意義があります。

さらに、近年では、情報通信技術の進展をふまえ、金融機関においても顧客情報の利活用が期待されてきているため、顧客情報の適切な管理は、金融機関にとってますます重要な課題になってきているといえます。

2　業法上の規定

顧客に関する情報は金融機関にとって取引の基礎をなすものであり、その適切な管理が確保されることが極めて重要であることから、各業態の業法（銀行法12条の２第２項、金商法40条２号、保険業法100条の２等）により、顧客の個人情報のみならず顧客情報一般について、これを適切に管理するための体制を確立することが求められています。また、金融機関は法人関係情報を入手しうる立場にあり、その厳格な管理とインサイダー取引等の不公正な取引の防止が求められます。これらの観点から、金融庁の監督指針においては、顧客に関する情報および法人関係情報（以下「顧客等に関する情報」といいます）を適切に管理しうる態勢を確立することが求められています。

3　具体的な留意事項

(1)　顧客等に関する情報一般の管理に関する留意事項

業態ごとに若干の差異はありますが、顧客等に関する情報の管理態勢について、金融庁の監督指針においては、主に以下の５点が留意事項としてあげられています[2]。

① 経営陣は、顧客等に関する情報管理の適切性を確保する必要性および重要性を認識し、適切性を確保するための組織体制の確立（部門間における適切な牽制の確保を含みます）、社内規程の策定等、内部管理態勢の整備を図っているか。

② 顧客等に関する情報の取扱いについて、具体的な取扱基準を定めた上で、研修等により役職員に周知徹底しているか。特に、当該情報の他者への伝達については、コンプライアンス（顧客に対する守秘義務、説明責任）およびレピュテーションの観点から検討を行った上で取扱基準を定めているか。

③ 顧客等に関する情報へのアクセス管理の徹底（アクセス権限を付与された本人以外が使用することの防止等）、内部関係者による顧客等に関する情報の持出し防止に係る対策、外部からの不正アクセスの防御等情報管理システムの堅牢化、店舗の統廃合等を行う際の顧客等に関する情報の漏えい等の防止などの対策を含め、顧客等に関する情報管理が適切に行われているかを検証できる体制となっているか。また、特定の職員に集中する権限等の分散や、幅広い権限等を有する職員への管理・牽制の強化を図る等、顧客等に関する情報を利用した不正行為を防止するための適切な措置を図っているか。

④ 顧客等に関する情報の漏えい等が発生した場合に、適切に責任部署へ報告され、二次被害等の発生防止の観点から、対象となった顧客等への説

2　以下の本文の記載は主要行等向けの総合的な監督指針Ⅲ－３－３－３－２の記載内容によっていますが、業態（銀行、証券、保険等）ごとに対応する監督指針の記載内容には差異がありますので、ご留意ください。

明、当局への報告および必要に応じた公表が迅速かつ適切に行われる体制が整備されているか。また、情報漏えい等が発生した原因を分析し、再発防止に向けた対策が講じられているか。さらには、他社における漏えい事故等をふまえ、類似事例の再発防止のために必要な措置の検討を行っているか。

⑤　独立した内部監査部門において、定期的または随時に、顧客等に関する情報管理に係る幅広い業務を対象にした監査を行っているか。また、顧客等に関する情報管理に係る監査に従事する職員の専門性を高めるため、研修の実施等の方策を適切に講じているか。

(2)　法人関係情報の管理に関する留意事項

法人関係情報の管理は、もともと金商法上の金融商品取引業者等に対するインサイダー取引の未然防止規制にかかわるものですが、金融商品取引業者等に限らず、金融機関は法人関係情報を入手しうる立場にあるため、上記(1)の一般的な情報管理に限らず、法人関係情報に関係しうる取引等についても一定の管理が求められます。金融庁の監督指針においては、法人関係情報を利用したインサイダー取引等の不公正な取引の防止に係る留意事項として、以下の点があげられています。

①　役職員による有価証券の売買その他の取引等に係る社内規則を整備し、必要に応じて見直しを行う等、適切な内部管理態勢を構築しているか。

②　役職員によるインサイダー取引等の不公正な取引の防止に向け、職業倫理の強化、関係法令や社内規則の周知徹底等、法令等遵守意識の強化に向けた取組みを行っているか。

③　法人関係情報を入手しうる立場にある銀行の役職員が当該法人関係情報に関連する有価証券の売買その他の取引等を行った際には報告を義務づける等、不公正な取引を防止するための適切な措置を講じているか。

4　顧客情報の利活用

金融機関は、以前からその業務の過程で取得する情報を活用して、顧客に対する情報提供を行ってきましたが（銀行が個人顧客に対する融資業務の過程で年齢層別の融資実績や返済実績に関する情報を提供する等）、このような情報提供は、あくまでも既存の業務に従属して行われてきたものであり、情報を提供すること自体を目的として行われるものではありませんでした。しかし、情報通信技術の発展や情報の利活用に関する社会的な進展をふまえ、保有情報の第三者提供業務が金融機関の業務範囲に追加されました（銀行法10条2項20号、金商法35条1項16号、保険業法98条1項14号等）。

また、個人情報保護法の改正により新たに匿名加工情報（令和2年改正法による改正後の個人情報保護法2条11項）や仮名加工情報（同条9項）という概念が導入されましたが、これらの改正においては、個人情報を加工した一定の情報について、個人情報とは異なる規律のもとで、より積極的な情報の利活用を可能とすることが意図されています。

これらの改正により、金融機関においても、顧客に関するこれまでとは異なる種類の情報を取得・保有したり、これまでとは異なる業務のために顧客に関する情報を利用することが予想されますので、情報や業務の内容に応じて顧客情報の管理のあり方を見直し、適切な体制を整備する必要があると考えられます。

Q 23　第三者への情報開示

金融機関が顧客情報や個人情報を第三者に開示する場合の留意事項を教えてください。

A 金融機関は顧客に対して守秘義務を負い、顧客情報を外部にもらすことは守秘義務違反になる場合があります。また、個人情報保護法上、例外的な場合を除き、あらかじめ本人の同意を得ないで個人データを第三者に提供することは禁止されています。個人顧客の情報については守秘義務と個人情報保護法上の規制の両方が問題になりますが、開示が許容される要件は同一ではないため、個別の事案ごとに両方の要件を検討する必要があります。

1　金融機関の守秘義務と個人情報保護法

金融機関の守秘義務と個人情報保護法とは異なる法制度ですが、金融機関が顧客情報や個人情報を第三者に開示しようとする場合、多くの場面で両方の検討が必要になります。以下では、それぞれの内容と両者の関係について解説します。

(1)　金融機関の守秘義務

金融機関は、顧客との取引内容に関する情報や顧客との取引に関して得た顧客の信用に関わる情報等の顧客情報を「みだりに」外部にもらすことは許されず（最決平19.12.11民集61巻9号3364頁）、これを金融機関の守秘義務といいます。金融機関の守秘義務の根拠には諸説ありますが、明文の規定はなく、判例は商慣習または契約に基づく義務であると述べています。なお、上記最決の判旨は金融機関一般について論じていると思われるものの、その事案は銀行に関するものであり、また、学説等における具体的な議論も主に銀行を念頭に置いたものが多いと思われますので、以下でも、基本的に銀行を念頭に置いています。

他方で、一定の場合（上記の最決でいえば「みだりに」に該当しない場合）にはこのような守秘義務を免除されると考えられており、従来から、①顧客の同意がある場合、②法令上の規定に基づき開示が義務づけられる場合、および③金融機関が自らの権利または利益を守るために必要である場合等が、例外的に守秘義務が免除される場合としてあげられてきました[3]。しかしながら、その具体的な内容や根拠は必ずしも明確ではなく、画一的・硬直的な解釈がなされてきたとの指摘もあり、近年は、金融機関を取り巻く環境の変化や金融取引の多様化を背景に、主に法人顧客情報について、情報開示が認められるか否かを具体的な場面に即して総合的に考量して判断すべきとする考え方が提示されてきました[4]。具体的には、まず、貸出債権の譲渡という場面に関して、①情報開示の目的、②開示する情報の内容、③債務者企業に及ぼす影響、④情報の開示先、⑤情報の管理体制等の要素を検討した上で情報開示の妥当性を判断するというアプローチが提示され[5]、さらに、この考え方をふまえて金融グループ内での情報共有における守秘義務のあり方の検討がなされてきました[6]。

(2) 個人情報の第三者提供の制限

金融機関は、法令に基づく場合等の例外的な場合を除き、あらかじめ本人の同意を得ないで個人データを第三者に提供することが禁止されています（個人情報保護法23条１項。以下、令和２年改正法による改正後の個人情報保護法の規定によります）。この点、オプト・アウトの機会付与により本人の同意を得ずに個人データを第三者に提供すること（第三者に提供される個人データについて、本人の求めに応じて提供を停止することとしている場合であって、①第三者への提供を利用目的とすること、②第三者に提供される個人データの項目、③第三者への提供の方法、④本人の求めに応じて当該本人が識別される個人データの第三者への提供を停止すること、および⑤本人の求めを受け付ける方法について、あらかじめ、本人に通知し、または本人が容易に知りうる状態に置いた上で、本人の同意を得ることなく、第三者に提供することをいいます）は認められていますが、要配慮個人情報、偽りその他不正の手段により取得した個人情

3　西原寛一『金融法』（有斐閣、1968年）77頁、木内宜彦『金融法』（青林書院、1989年）148、149頁等。

4　全銀協「貸出債権市場における情報開示に関する研究会報告書」（2004年）（以下「貸出債権市場報告書」といいます）５、６頁、同「法人顧客に係る銀証間の情報共有のあり方に関する研究会報告書」（2008年）（以下「銀証間情報共有報告書」といいます）３頁。

5　貸出債券市場報告書６頁以下。

6　銀証間情報共有報告書６頁以下。

報、または他の個人情報取扱事業者からオプト・アウトの機会付与の手続により提供を受けた個人情報を、オプト・アウトの機会付与の手続をとることにより第三者に提供することは認められません（同条２項）。また、金融機関は与信事業に係る個人の返済能力に関する情報を個人信用情報機関に提供する場合には本人の同意を得ることが求められています（金融分野GL11条３項）。

なお、①個人情報取扱事業者が利用目的の達成に必要な範囲内において個人データの取扱いの全部または一部を委託することに伴って当該個人データが提供される場合、②合併その他の事由による事業の承継に伴って個人データが提供される場合、ならびに③特定の者との間で共同して利用される個人データが当該特定の者に提供される場合であって、その旨ならびに共同して利用される個人データの項目、共同して利用する者の範囲、利用する者の利用目的ならびに当該個人データの管理について責任を有する者の氏名または名称および住所ならびに法人にあっては、その代表者の氏名について、あらかじめ、本人に通知し、または本人が容易に知りうる状態に置いているときは、当該個人データの提供を受ける者は、個人データの提供に関して「第三者」には該当しません（個人情報保護法23条５項）。金融グループ内での情報共有に関しては上記③の規定が用いられることも多く、共同利用の目的を事後的に変更することも可能ですが（同条６項）、「利用される個人データの項目」や「共同して利用する者の範囲」を変更するには本人の同意を得るべきと解されているため[7]、たとえば、グループ再編等の際にグループ内での個人情報の共同利用に支障が生じないかについては個別に検討が必要になり得ます。

また、近年の経済・社会活動のグローバル化や情報通信技術の発展に伴って、個人情報を含むデータの国境を越えた流通が増加していることから、外

7　園部逸男・藤原静雄編『個人情報保護法の解説〔第二次改訂版〕』（ぎょうせい、2018年）189頁、宇賀克也『個人情報保護法の逐条解説〔第５版〕』（有斐閣、2017年）172頁。

国にある第三者への個人データの提供については、別途規制が設けられています。すなわち、①当該第三者がわが国と同等の水準にあると認められる個人情報保護制度を有している国として個人情報の保護に関する法律施行規則で定める国[8]にある場合や、②当該第三者が個人情報取扱事業者が講ずべき措置に相当する措置（以下「相当措置」といいます）を継続的に講ずるために必要な体制として同施行規則で定める基準に適合する体制を整備している場合には、国内の第三者に対する提供の場合と同様の同意やオプト・アウトの機会付与による提供（個人情報保護法23条１項、２項）や、委託、事業承継または共同利用に伴う提供（同条５項）が可能ですが、それ以外の場合には、法令に基づく場合等の例外的な場合（同条１項各号）を除き、あらかじめ「外国にある第三者への提供」を認める旨の本人の同意を得る必要があります（同法24条１項)。当該同意を得ようとする場合には、あらかじめ、当該外国における個人情報の保護に関する制度等の参考情報を本人に提供する必要があり（同条２項)、また、第三者提供後も、当該第三者による相当措置の継続的な実施を確保するために必要な措置を講じたり、本人の求めに応じて当該措置に関する情報を提供する必要があります（同条３項)。

2　守秘義務と個人情報保護法の関係

個人顧客に関する情報は、金融機関の守秘義務および個人情報保護法による規制の双方の対象となり得ます。そして、個人情報保護法の要件を満たすことにより個人データの第三者提供が認められる場合、一見すると、個人情報取扱事業者である金融機関が負っている守秘義務も解除される（法人顧客

8　本書の執筆時点では、欧州経済領域協定に規定された国として、アイスランド、アイルランド、イタリア、英国、エストニア、オーストリア、オランダ、キプロス、ギリシャ、クロアチア、スウェーデン、スペイン、スロバキア、スロベニア、チェコ、デンマーク、ドイツ、ノルウェー、ハンガリー、フィンランド、フランス、ブルガリア、ベルギー、ポーランド、ポルトガル、マルタ、ラトビア、リトアニア、リヒテンシュタイン、ルーマニアおよびルクセンブルクが指定されています（個人の権利利益を保護する上で我が国と同等の水準にあると認められる個人情報の保護に関する制度を有している外国等（平成31年個人情報保護委員会告示第１号）第２項)。

の情報についても、同等の要件を満たせば守秘義務が解除される）ようにも思われますが、金融機関の守秘義務と個人情報保護法とでは情報の開示を制限する趣旨等に差異があることから、個人情報保護法の規制を遵守しさえすれば当然に個人顧客の情報を第三者に提供してよいということにはならないと考えられます。

たとえば、金融機関が、個人情報保護法のオプト・アウトに関する規定（同法23条２項、３項）に従って、顧客の同意を得ずに個人データを第三者に提供した場合、当該金融機関は、個人情報保護法には抵触しませんが、当該顧客に対する守秘義務に違反しないかは、別途問題になり得ます。また、法人顧客の場合、個人情報保護法が問題にならない場合も多いですが、個人情報保護法上のオプトアウトの機会付与と類似の手続（顧客情報の第三者への提供がありうる旨を継続的に公表することや、顧客から求めがあれば第三者への提供を停止すること）を行いながら、同意を得ずに当該顧客の情報を第三者に提供した場合、守秘義務に違反しないかも、必ずしも明らかではありません。

この点、近年は、特に法人顧客の顧客情報に関する議論として、より強く保護が求められている個人顧客情報に関し、個人情報保護法において共同利用やオプトアウトの機会付与という手続が認められていることから、法人顧客の顧客情報についても、顧客に対し適切なかたちでオプト・アウトの機会が付与されており、情報共有を拒否する意思表示がなされない場合には、情報共有について黙示の同意があったものと解釈することもできるとの考え方も示されています[9、10]。

9　銀証間情報共有報告書18頁。岩原紳作「金融機関グループ内における顧客情報の管理」金融法務研究会『金融機関の情報利用と守秘義務をめぐる法的問題』（2008年）68、74頁参照。

10　金融分野の個人情報取扱事業者が、個人情報保護法上の第三者提供に関する同意（同法23条１項）を得る場合には、原則として書面（電子的方式等でつくられる記録を含みます）によることとされていますが（金融分野 GL ３条）、本文中の「黙示の同意」は、個人情報保護法上の同意ではなく、守秘義務の例外としての同意です。

Q 24 海外のデータ保護規制

欧州や米国でもデータ保護の法規制が強化されているようですが、わが国の金融機関が特に留意すべき事項を教えてください。

A 欧州一般データ保護規則（GDPR）や米国カリフォルニア州消費者プライバシー保護法（CCPA）は、わが国の金融機関に対しても広く適用が及ぶ可能性がある上、制裁金事例等の当局の動向も注視されています。特に、①域外適用の範囲、②越境移転の制限、③金融機関に課される各種義務、④データ主体の権利行使等の規制内容をふまえ、データプライバシーやコンプライアンス体制を構築する必要があります。

1　データの越境流通とコンプライアンス

わが国の金融機関においても、国際的な業務展開を行う金融機関が増えており、顧客情報や人事情報等のデータを国境を越えてグループ内で共有するニーズが高まる一方、世界各国では急速にデータ保護の法規制が進んでいます。グローバルでのデータプライバシーやコンプライアンス体制の構築は、内部体制構築義務の一環でもありますが（Q９参照）、実務上は、各社のデータ取扱いの実態をふまえ、海外のデータ保護規制に抵触した場合の影響度も勘案し、リスクベース・アプローチ（Q13参照）で優先順位をつけながら順次対応を進めることが現実的です。

近時、クラウド、ブロックチェーン、物が相互につながるIoT、人工知能（AI）等の技術の進展に伴い、ビッグデータのビジネスへの利活用が急増し、世界で最も重要な資源はデータであるともいわれます。2019年６月のＧ20大阪サミットの首脳宣言でも、「信頼性ある自由なデータ流通」が目標の１つに掲げられ、「国内的及び国際的な法的枠組みの双方が尊重されることが重要」と指摘されています。

以下では、日本の金融機関にとって影響度の高い「国際的な法的枠組み」の例として、GDPR を中心に主なポイントをご紹介します。

2　欧州一般データ保護規則（GDPR）[11]

2018年5月に施行されたGDPR は、EU 域内にいる個人の個人データを保護するための統一的なルールです。EU の個人データを取り扱う場合、EU 域内に子会社や支店等の拠点を有する日本企業はもとより、そのような拠点を有さない日本企業にも GDPR が適用される可能性があります。

(1)　個人データの意味

GDPR に基づく「個人データ」とは、識別されまたは識別されうる自然人に関するあらゆる情報をいいます。氏名や識別番号だけでなく、位置データやオンライン識別子（IP アドレス、クッキー識別子）等も対象に含まれます。

(2)　GDPR の地理的適用範囲

GDPR は以下のいずれかに該当する場合に適用されます。

①　EU 域内の拠点の活動に関連して個人データの処理を行う場合

②　以下のいずれかに関連して個人データの処理を行う場合

(i)　EU 域内にいる個人に対する商品やサービスの提供

(ii)　EU 域内で行われる個人の行動の監視

上記②(i)の「EU 域内にいる個人に対する商品やサービスの提供」を行っているかどうかは、使用されている言語や通貨、EU 域内の個人に関する言及の有無、商品やサービスの提供範囲等を考慮して総合的に判断されます。

上記②(ii)は、たとえば、アプリやウェブサイトにおける個人の行動履歴や購買履歴の追跡等が想定されています。

GDPR の解釈の統一を図るため、欧州データ保護会議（EDPB）は継続的

11　General Data Protection Regulation

にガイドラインを公表していますが（以下「EDPBガイドライン」といいます）、2019年11月には、GDPRの地理的適用範囲に関するEDPBガイドラインが公表されました。同ガイドラインでは、たとえば、EU域外で個人データの処理が始まり、その後、当該個人データのデータ主体である個人がEU域内へ移動した場合（具体的には、顧客がEU域外で申し込んだサービスをEU域内で継続利用する場合）、当該個人データの処理についてはGDPRが適用されないことや、EU域外の企業がEU域外の従業員をEUに出張させた場合、滞在期間の活動のために当該企業がその従業員に関して行う個人データの処理についてはGDPRが適用されないこと等が明記されています。また、データ処理者（管理者にかわって個人情報処理を行う者、データを預かるデータセンター等）への適用に関する説明も追加され、管理者の意図や目的に準じて判断するとされています。

(3) 越境移転の原則禁止

GDPRは、個人データのEU域内から域外の第三国等への個人データの移転（以下「越境移転」といいます）を原則禁止し、以下のいずれかに該当する場合に限り例外として許容しています。

① データ移転先の国・地域が法制度等により十分なレベルの個人データ保護を保障していると欧州委員会が認めている場合（以下「十分性認定」といいます）

② データの輸出者と輸入者間で、欧州委員会が認めたひな型条項である標準契約条項（Standard Contractual Clauses、SCC）に基づき個人データの移転契約を締結し、輸入者がGDPRと同程度の個人情報の保護を約束する場合

③ 企業グループ内で拘束的企業準則（Binding Corporate Rules、BCR）を策定し、個人データ移転元の個人情報保護に関する管轄監督機関が承認した場合

④ データ主体による「明確な同意」がある場合

上記①については、2018年7月、個人情報保護法（Q21ないしQ23参照）

の改正等の経緯をふまえ、わが国は欧州委員会から十分性認定を得ました。これにより、EU域内の個人データのわが国への越境移転は解禁され、EU域内の個人データについて上記②や③のような越境移転を正当化する手続を経ることは不要となりました。もっとも、わが国への越境移転後の個人データの処理等に関しては、引き続きGDPRが域外適用されます。

上記④について、わが国では、特に雇用関係にある従業員からの同意を緩やかに認める傾向があります。しかしながら、GDPRにおいては、データ主体からの同意が有効とされる条件が厳格に解釈されています。2020年5月、同意に関するEDBPガイドラインが改訂され、ウェブサイトやアプリなどでのスワイプやスクロールダウンではデータ主体による「明確な同意」を示すアクションとしては不十分であること等が追加されています。

⑷ 個人データの管理者や処理者の義務／データ保護主体の権利

GDPRは、個人データの管理者や処理者に対して様々な義務を課すとともに、データ保護主体の権利についても定めています。

① 個人データを取得する際、当該データ主体に対し、当該データを取り扱う目的、保管する期間等を「通知」しなければなりません。

② 個人データへの「個人データ主体のアクセス権」等（開示請求、削除請求、データポータビリティ[12]等）を行使できるようにしなければなりません。

③ 健康、人種、性的指向、信仰、政治的信条に関するセンシティブデータの取扱いは、原則として禁止されています。

④ GDPRが適用されるEU域内に拠点のない事業者は、原則として「EU域内の代理人」を書面により選任しなければなりません。

⑤ 一定の要件を満たす場合には、組織内部においてGDPRの遵守を監視する「データ保護責任者」を選任しなければなりません。

⑥ 個人データの侵害が発生した場合、原則として72時間以内に管轄監督機

12 データポータビリティとは、①データ主体がデータ管理者に提供してきた個人データを、構造化され、一般的に利用され、機械可読な形式で受け取る権利、および、②当該データを、管理者からの妨害を受けることなく、他の管理者に転送する権利をいいます。

関に通知しなければなりません。また、高いリスクを引き起こしうる場合、データ主体に対しても、個人データの侵害について通知しなければなりません。

⑸ 制裁金

制裁金は、最大で「2,000万ユーロまたは全世界における前会計年度の年間売上高の4％のいずれか高額な方」とされています。たとえば、EU域内にある日本企業の現地法人がGDPRに違反した場合、年間売上高はGDPRに違反した現地法人のみならず、グループ規模で算定される可能性があります。また、GDPRが直接適用されない日本企業であっても、EU域内の現地法人がGDPRに違反した場合、当該現地法人に制裁金が賦課される可能性がある上、日本企業が当該現地法人に決定的な影響を及ぼしていた場合には、当該日本企業自体が制裁金の納付命令の対象となる可能性もあります。

2019年1月には、Googleに対して5,000万ユーロ（約62億円）の制裁金が科され、同年7月には、英国の航空会社であるブリティッシュ・エアウェイズに対して約1億8,300万ポンド（約250億円）の制裁金を科す意向と公表されたが、新型コロナウイルスの感染拡大に伴う同社の業務低迷を受けて、2020年10月、大幅減額の上2,000万ポンド（約27億円）の制裁金が科された例などがあります。

3　カリフォルニア州消費者プライバシー法（CCPA）[13]

現在、米国の連邦法レベルでのデータ保護規制は制定されていませんが、州レベルでは、一例としてCCPAが2020年1月に施行され、本書執筆時の直前、同年7月から州司法長官による執行も可能となりました。GDPRに比べて規制されている項目は少ないものの、プライバシーポリシー等に関する規制は事業者にとってより厳格で、規制の建付けは相当程度異なっていま

13　California Consumer Privacy Act

す。既にGDPR対応は実施ずみである場合でも、そのままCCPA対応へ流用できるわけではありませんので、注意する必要があります。

⑴　個人情報

CCPAに基づく「個人情報」とは、特定の消費者または世帯を識別し、合理的に関連づけることができ、直接的にまたは間接的に合理的にリンクさせることのできる情報をいいます。氏名や州の識別カード番号だけでなく、位置データやオンライン識別子（IPアドレス、クッキー識別子）等も対象に含まれます。

⑵　CCPAの適用範囲

①　事業者〜企業規模の要件も

CCPAが適用される事業者には、(i)カリフォルニア州の歳入・課税法上の住民（以下「消費者」といいます）の個人情報を収集し、その処理の目的と手段を決定する営利目的の事業者であって、(ii)カリフォルニア州で事業を行っており、かつ、(iii)以下のいずれかの条件を充足する者が該当することになります。

・年間総売上高が2,500万米ドルを超えている
・年間５万件以上の消費者、消費者に結びつく世帯、またはデバイスの個人情報を商業目的で購入、受領、販売、または共有している
・年間売上高の50％以上を消費者の個人情報の販売から得ている

上記(ii)の判断基準はCCPAにもCCPA規則にも定めがありませんが、現地に事業拠点を有さなくとも事業性の要件が認められる場合があると解されています。また、(iii)の年間売上高は、カリフォルニア州における収益に限られません。

②　事業者と支配関係にある者

上記①の要件を満たす事業者を支配し、またはこれに支配される事業者であり、かつ、共通のブランドを有する事業者もCCPAの対象となる「事業者」に含まれます。たとえば、カリフォルニア州にある子会社が上記①の基準を充足する場合、共通のブランドを有する日本の親会社もCCPAの適用

を受けます。

③ サービス提供者・第三者

CCPAは事業者に加えて、「サービス提供者」（事業者に代わって情報を処理し、書面契約に基づき事業者から事業目的のために消費者の個人情報の開示を受ける営利組織）にも適用され、サービス提供者は当該契約に記載された目的またはCCPA上認められる目的以外の目的で、個人情報を保持・使用・開示することが禁止されています。サービス提供者には、カリフォルニア州で事業を行っている等の要件が付されていません。

さらに、「第三者」（CCPA上の事業者にもサービス提供者にも該当しない者）もCCPAの規制対象とされ、消費者がオプトアウト権を行使する機会を与えられた場合を除き、事業者から受領した消費者の個人情報を「販売」することが禁止されています。

(3) 適用除外

CCPAはいくつかの適用除外を定めています。たとえば、①消費者の個人情報の取得・販売の全ての側面がカリフォルニア州外で行われている場合や、②他の法律で規律される場合等においてはCCPAは適用されません。金融機関にかかわる一例として、グラム・リーチ・ブライリー法[14]に従って取得、処理、販売、開示された個人情報に関しては、CCPAは適用されません。

(4) 事業者の義務／データ主体の権利

CCPAにおいても、様々な場面における事業者の消費者に対する通知義務、消費者の権利行使に関する義務等が定められています。プライバシーポリシーの記載に関してはGDPRよりも具体的かつ詳細な対応が求められ、消費者の開示請求等に際しての消費者の本人確認義務、消費者の権利行使や対応に関する記録保存義務、消費者の権利行使を理由とした差別の禁止、担当者の研修義務、未成年者の個人情報の販売に関する詳細なオプトイン手続

14 商業銀行・投資銀行・証券会社・保険会社等における相互の兼職等を解禁した米国連邦法です。

等も定められています。また、データ主体の損害賠償請求権や差止命令等の救済措置についても明文で定められています。

第2章

利益相反管理

Q25 利益相反管理の必要性

金融機関に利益相反の管理が求められる理由を教えてください。

A 金融機関の提供するサービスの多様化が進み、金融機関内または金融グループ内において、競合・対立する複数の利益が存在し、利益相反が発生するおそれがいっそう高まっていることから、顧客保護のために銀行法13条の3の2第1項などに基づき利益相反の管理が求められています。

1　利益相反が発生するおそれと顧客保護

金融機関の業務範囲は、歴史的にはかなり厳格に制限されていましたが、徐々に緩和されてきました。銀行と証券の分離についての緩和が進んだほか、業務範囲規制についても緩和されてきています。加えて、金融機関の提供するサービスの多様化や、業態をまたぐかたちでの国際的なグループ化も進んできているなか、金融機関内または金融グループ内において、各種取引において競合・対立する複数の利益が存在するケースが増え、利益相反が発生するおそれが高まっています。

金融機関の顧客のなかには、法律もしくは契約により、または商慣習あるいは信義則上、金融機関が当該顧客の利益のために行動するという期待をもっている場合があります。金融機関としては、このような期待をもつ顧客の利益[1]が不当に害されることのないよう、適切な利益相反の管理や経営管理態勢の構築が求められます。この期待が法律的な権利・義務に基づくものでなくとも、また、顧客の利益を直接的または間接的に害する場合でなくとも、金融機関および金融グループとしての社会的責任やレピュテーションの観点にも配慮して、利益相反管理態勢を整備することが望ましいと考えられます。

この観点は、金融機関に対する各監督指針に示されているほか、2008年4月18日金融庁「金融サービス業におけるプリンシプルについて」別紙1「金融サービス業におけるプリンシプル」の6項においても「自身・グループと利用者の間、また、利用者とその他の利用者の間等の利益相反による弊害を防止する」とされ、具体的なイメージとして、①利益相反やビジネス上のコンフリクトに適切に対応しているか十分に検証、②利益相反による弊害を防止する適切な管理態勢の整備、③利用者に対する誠実な職務遂行の3つが示されています。

このような実質的な理由から、後記2記載の法令が定められています。

2　法令上の利益相反管理体制整備義務

(1)　銀　　行

銀行は、①当該銀行、当該銀行を所属銀行とする銀行代理業者または当該銀行の親金融機関等[2]もしくは子金融機関等[3]が行う取引に伴い、②当該銀行、当該銀行を所属銀行とする銀行代理業者または当該銀行の子金融機関等が行う業務（銀行が営むことができる業務（銀行関連業務に限ります[4]））に

1　顧客の利益の保護は、信認義務、忠実義務、信義則上の義務などの法律上の義務が存在することのみならず、金融機関に対する社会的な期待に応える、金融機関のレピュテーションを維持するといった点にも理由があります。
2　「親金融機関等」については、銀行法13条の3の2第2項に定義されています。
3　「子金融機関等」については、銀行法13条の3の2第3項に定義されています。

係る顧客の利益が不当に害されることのないよう、③内閣府令で定めるところにより、当該業務に関する情報を適正に管理し、かつ、当該業務の実施状況を適切に監視するための体制の整備その他必要な措置を講じなければならないとされています（銀行法13条の３の２第１項）。

ここでは、文言上、「顧客の利益が不当に害されることのないよう必要な措置」が求められていますが、利益相反の管理を求める規定であると理解されています。

義務の名宛人は銀行になっており、保護すべき顧客は、当該銀行、当該銀行を所属銀行とする銀行代理業者または当該銀行の子金融機関等が行う銀行関連業務に係る顧客とされています。親金融機関等が行う取引に伴って顧客の利益が不当に害されることがないようにする措置が求められている一方で、親金融機関等の顧客の利益は保護の対象とはされていません。

必要な措置は「内閣府令で定めるところ」に従うものとされています。この具体的な内容については、Q26を参照してください。

このほか、銀行のうち、子会社対象会社[5]を子会社としているものであって、他の銀行または銀行持株会社の子会社でないものは、グループ経営管理を行うことが求められていますので（銀行法16条の３第１項、２項）、グループ内で最上位の銀行にはこの面からも適切な利益相反管理体制の整備が求められますが、これは銀行およびその子会社で構成される銀行グループを対象とするものであり、銀行法13条の３の２第１項とは対象とする範囲が異なります。

さらに、利益相反管理体制として情報管理も重要となり（Q26参照）、情報に関する措置としては、銀行法12条の２第２項、銀行法施行規則13条の６の５ないし13条の６の７に従った整備も必要となりますが（Q20参照）、これは当該銀行そのものを対象とする規制であり、やはり銀行法13条の３の２第１項とは対象とする範囲が異なります。

4　銀行法施行規則14条の11の３の２。
5　「子会社対象会社」については、銀行法16条の２第１項に定義されています。

⑵ 銀行持株会社

銀行持株会社についても、銀行と同様に、①その子会社である銀行、当該銀行持株会社の子会社である銀行を所属銀行とする銀行代理業者または当該銀行持株会社の親金融機関等[6]もしくは子金融機関等[7]が行う取引に伴い、②当該銀行持株会社の子会社である銀行、当該銀行持株会社の子会社である銀行を所属銀行とする銀行代理業者または当該銀行持株会社の子金融機関等が行う業務（銀行関連業務に限ります[8]）に係る顧客の利益が不当に害されることのないよう、③内閣府令で定めるところにより、当該業務に関する情報を適正に管理し、かつ、当該業務の実施状況を適切に監視するための体制の整備その他必要な措置を講じなければならないとされています（銀行法52条の21の３第１項）。

また、銀行持株会社のうち他の銀行または銀行持株会社の子会社でないものについては、銀行と同様にグループ経営管理を行うことが求められていますので（銀行法52条の21第１項４項）、この面からも適切な利益相反管理体制の整備が求められます。

⑶ 金融商品取引業者・登録金融機関

有価証券関連業（金商法28条８項）を行う金融商品取引業者（第一種金融商品取引業を行うことにつき同法29条の登録を受けた者に限ります）および登録金融機関である特定金融商品取引業者等[9]にも利益相反管理体制の整備が義務づけられており、特定金融商品取引業者等は、①当該特定金融商品取引業者等またはその親金融機関等[10]もしくは子金融機関等[11]が行う取引に伴い、②当該特定金融商品取引業者等またはその子金融機関等が行う金融商品関連業務[12]に係る顧客の利益が不当に害されることのないよう、③内閣府令で定

6 「親金融機関等」については、銀行法52条の21の３第２項に定義されています。
7 「子金融機関等」については、銀行法52条の21の３第３項に定義されています。
8 銀行法施行規則34条の14の５。
9 金商法36条３項、金商法施行令15条の27。
10 「親金融機関等」については、金商法36条４項に定義されています。
11 「子金融機関等」については、金商法36条５項に定義されています。

めるところにより、当該金融商品関連業務に関する情報を適正に管理し、かつ、当該金融商品関連業務の実施状況を適切に監視するための体制の整備その他必要な措置を講じなければならないとされています（同法36条２項）。

⑷　その他の金融機関

その他の金融機関においても利益相反管理体制の構築が求められています。

たとえば、信用金庫法89条１項で銀行法13条の３の２（２項を除きます）が準用されています。信用金庫および信用金庫連合会は、信用金庫および信用金庫連合会が行うことができる業務（信用金庫関連業務）[13]に係る顧客の利益が不当に害されることのないよう当該業務に関する情報を適正に管理し、かつ、当該業務の実施状況を適切に監視するための体制の整備その他必要な措置を講じなければならないとされています（信用金庫法89条１項、銀行法13条の３の２第１項）。

また、農林中央金庫法でも、農林中央金庫、農林中央金庫代理業者または子金融機関等[14]が行う取引に伴い、農林中央金庫が営むことができる業務（農林中央金庫関連業務）[15]に係る顧客の利益が不当に害されることのないよう、当該業務に関する情報を適正に管理し、かつ、当該業務の実施状況を適切に監視するための体制の整備その他必要な措置を講じなければならないとされています（農林中央金庫法59条の２の２第１項）。

共済事業を行う中小企業等協同組合[16]についても、当該組合またはその子

12　金融商品関連業務とは、有価証券関連業（金商法28条８項）を行う金融商品取引業者（第一種金融商品取引業を行うことにつき同法29条の登録を受けた者に限ります）の場合には、金融商品取引業または登録金融機関業務、同法35条１項に規定する金融商品取引業に付随する業務（当該特定金融商品取引業者等の子金融機関等が行う当該業務に相当する業務を含みます）をいい、登録金融機関の場合には、金融商品取引業または登録金融機関業務、同法35条１項に規定する金融商品取引業に付随する業務をいいます（金商業等府令70条の３）。

13　信用金庫法施行規則126条の２。

14　「子金融機関等」については、農林中央金庫法59条の２の２第２項に定義されています。

15　農林中央金庫法施行規則84条。

金融機関等[17]が行う取引に伴い、共済事業を行う組合が行うことができる事業または業務（共済関連事業等）[18]に係る利用者または顧客の利益が不当に害されることのないよう、当該業務に関する情報を適正に管理し、かつ、当該業務の実施状況を適切に監視するための体制の整備その他必要な措置を講じなければならないとされています（中小企業等協同組合法58条の5の2第1項）。

3　顧客本位の業務運営に関する原則と日本版スチュワードシップ・コード

上記2の法令に基づくもののほか、顧客本位の業務運営に関する原則を受け入れた金融機関は、金融事業者として、同原則により利益相反の適切な管理が求められます。すなわち、同原則3では、「金融事業者は、取引における顧客との利益相反の可能性について正確に把握し、利益相反の可能性がある場合には、当該利益相反を適切に管理すべきである。金融事業者は、そのための具体的な対応方針をあらかじめ策定すべきである」とされていますので、これに従った対応が求められます。

また、機関投資家として日本版スチュワードシップ・コードを受け入れた金融機関は、同コードに基づき、「スチュワードシップ責任を果たす上で管理すべき利益相反について、明確な方針を策定し、これを公表すべき」とされていますので（原則2）、この点からも利益相反管理が必要となります。

これらの規律が適用される場合には、それぞれその目的に即した利益相反管理が求められることになります。

16　事業協同組合、事業協同小組合、信用協同組合、協同組合連合会および企業組合をいいます（中小企業等協同組合法3条）。

17　「子金融機関等」については、中小企業等協同組合法58条の5の2第2項に定義されています。

18　中小企業等協同組合法施行規則158条の2。

Q 26 整備すべき利益相反管理体制の内容

金融機関に利益相反管理体制として求められる事項を教えてください。

A 利益相反管理体制として、①対象取引を適切な方法により特定するための体制の整備、②対象取引を行う部門と当該顧客との取引を行う部門を分離する方法、対象取引または当該顧客との取引の条件または方法を変更する方法、対象取引または当該顧客との取引を中止する方法、対象取引に伴い、当該顧客の利益が不当に害されるおそれがあることについて、当該顧客に適切に開示する方法その他の方法により当該顧客の保護を適正に確保するための体制の整備、③利益相反管理方針の策定およびその概要の適切な方法による公表、④利益相反管理に関する記録の保存が求められます。実際にどのような体制とするかは、各金融機関における業務の内容・特性・規模等に応じて決定する必要があります。

1 内閣府令に定められる体制整備

利益相反管理体制として求められる措置について、各規制法の内閣府令に規定があります。銀行については銀行法施行規則14条の11の3の3第1項に規定があり、具体的には以下の体制の整備が求められています。

① 対象取引を適切な方法により特定するための体制の整備

② 次に掲げる方法その他の方法により当該顧客の保護を適正に確保するための体制の整備

イ 対象取引を行う部門と当該顧客との取引を行う部門を分離する方法

ロ 対象取引または当該顧客との取引の条件または方法を変更する方法

ハ　対象取引または当該顧客との取引を中止する方法

ニ　対象取引に伴い、当該顧客の利益が不当に害されるおそれがあることについて、当該顧客に適切に開示する方法

③　①および②に掲げる措置の実施の方針の策定およびその概要の適切な方法による公表

④　次に掲げる記録の保存

イ　①の体制のもとで実施した対象取引の特定に係る記録

ロ　②の体制のもとで実施した顧客の保護を適正に確保するための措置に係る記録

上記①の「対象取引」とは、「銀行、当該銀行を所属銀行とする銀行代理業者又は当該銀行の親金融機関等若しくは子金融機関等が行う取引に伴い、当該銀行、当該銀行を所属銀行とする銀行代理業者又は当該銀行の子金融機関等が行う銀行関連業務に係る顧客の利益が不当に害されるおそれがある場合における当該取引」をいいます（銀行法施行規則14条の11の３の３第３項）。

上記④の記録は、その作成の日から５年間保存する必要があります（銀行法施行規則14条の11の３の３第２項）。

他の業種の金融機関についても同様の規定が設けられており、たとえば、銀行持株会社については銀行法施行規則34条の14の６、特定金融商品取引業者等については金商業等府令70条の４、信用金庫および信用金庫連合会については信用金庫法施行規則126条の３、農林中央金庫については農林中央金庫法施行規則85条、共済事業を行う中小企業等協同組合については中小企業等協同組合法施行規則158条の３に規定があります。

2　監督指針

利益相反管理体制については、監督当局により金融機関向けに監督指針が出されており、利益相反管理体制の整備に関する考え方が示されています。監督指針は、法令とは異なるものの、金融機関の検査・監督を担う職員向けの手引書として、検査・監督に関する基本的考え方、事務処理上の留意点、

監督上の評価項目等を体系的に整理したものですので、金融機関は、利益相反管理体制を整備する際にこれを参照して行うべきものと考えられます。

主要行および新生銀行、あおぞら銀行、ゆうちょ銀行については、主要行等向けの総合的な監督指針の「Ｖ－５　顧客の利益の保護のための体制整備」、地方銀行、第二地方銀行、信用金庫、信用組合および労働金庫[19]については、中小・地域金融機関向けの総合的な監督指針の「Ⅲ－４－12　顧客の利益の保護のための体制整備」、金融商品取引業者および登録金融機関については、金融商品取引業者等向けの総合的な監督指針の「Ⅳ－１－３　利益相反管理体制の整備」をそれぞれ参照することとなります。

監督指針は、上記１記載の内閣府令に基づく具体的な体制整備や措置の構築について、その監督上の着眼点を具体化するものですが、業務の内容・特性・規模等に応じた体制整備その他必要な措置を講ずることが求められていますので、監督指針の記載に拘泥することなく、各社の状況に応じた対応が求められます[20]。

3　対象取引の特定に関する体制

対象取引の特定について、監督指針ごとに書き方は異なっていますが、利益相反のおそれがある取引をあらかじめ特定・類型化するとともに、継続的に評価する態勢を整備していることが求められています。また、その特定プロセスについては、業務の内容、特性・規模等を適切に反映できるものであることが求められます。さらに、それは硬直的なものではなく、新規の業務活動や、法規制・業務慣行の変更等に的確に対応しうるものであることも求められます。

19　労働金庫は、一般に中小・地域金融機関に含まれませんが、中小・地域金融機関向けの総合的な監督指針の対象に含まれています。

20　レピュテーション等も考慮すると、利益相反管理体制の対象とするグループ会社の範囲や保護となる対象（顧客）について、法令よりも広い範囲をカバーした体制整備が望ましい場合もあると考えられます。

4　顧客保護のための各方法に関する体制

顧客保護のための各方法について、それを実施する際の体制をそれぞれどう処理するかについて、上記１②のイないしニのそれぞれについて、監督指針に着眼点が示されています。

「イ　対象取引を行う部門と当該顧客との取引を行う部門を分離する方法」に関して、部門の分離については、システム上のアクセス制限や物理上の遮断を行う等、業務内容や実態をふまえた適切な情報遮断措置が講じられているかという観点からの体制整備が必要となります。

「ロ　対象取引又は当該顧客との取引の条件又は方法を変更する方法」および「ハ　対象取引又は当該顧客との取引を中止する方法」については、当該判断に関する権限および責任が明確にされているかという観点からの体制整備が必要となります。

「ニ　対象取引に伴い、当該顧客の利益が不当に害されるおそれがあることについて、当該顧客に適切に開示する方法」については、その開示内容[21]や方法が対象となる顧客の属性に十分に適合した適切であるか、開示だけでなく同意を得ることが必要ではないか、という観点からの体制整備が必要となります。

各方法のうち、どれを選択するかについてはQ27をご参照ください。

5　利益相反管理方針の策定およびその概要の公表

上記１のとおり、利益相反管理方針の策定およびその概要の公表が求められていますが、利益相反管理方針としては、利益相反の特定方法、類型、管理体制（役職員の責任・役割等を含みます）や管理方法（利益相反管理の水準・深度に差異を設ける場合は、その内容および理由を含みます）、管理対象の範囲

21　利益相反の内容だけでなく、開示する方法を選択した理由（他の管理方法を選択しなかった理由を含む）なども開示が必要ではないかについて検討することが望ましいと考えられます。

等を明確化することが求められます。概要の公表については、利益相反管理方針の趣旨が明確に現れているものとなっているか、顧客等に対して十分に伝わる方法となっているかを考慮する必要があります。

6　対象取引に関する記録

上記1のとおり、内閣府令により、①対象取引の特定に係る記録および②顧客の保護を適正に確保するための措置に係る記録を作成して保存することが求められますので、このための体制を整備する必要があります。

7　利益相反管理態勢

⑴　人的・組織的な態勢の整備

利益相反取引を特定し、それへの対応策を選択して実行していくには、組織体制のみならず、実効的に機能を発揮させるための人的・組織的な利益相反管理態勢の整備が必要となります。どのような利益相反管理態勢が適切であるかは、業務の内容・特性・規模等に応じた社内体制に応じて判断する必要がありますが、利益相反の適切かつ実効性ある管理のためには、利益相反管理を統括する部門を設けること、利益相反管理に関する社内規則を作成して周知徹底することならびに利益相反管理に関する体制および実務の定期的な検証やモニタリングを行うことが必要になると考えられます。

⑵　利益相反管理統括部署

利益相反を全社的（または全グループ的）かつ一元的に管理するためには、利益相反を管理・統括する部署や利益相反管理責任者（利益相反管理統括部署等）を設置すること、そして、顧客保護の観点からは、利益相反管理統括部署等は、営業部門からの独立性が確保され、十分な牽制が働く態勢となっていることが望ましいと考えられます。

利益相反管理統括部署等の主な役割としては、利益相反管理に必要な情報を集約し、適切な利益相反管理を行うことのほか、利益相反管理態勢の構築や役職員の意識の向上に努める等の役割を果たす、定期的に利益相反管理態勢の検証を行う等の役割を担うことが考えられます。

そして、そのような役割を果たすために、利益相反管理統括部署等がコンプライアンス統括部門、顧客説明管理責任者および顧客情報管理責任者等との連携を適切に行う態勢を構築することが求められます。

⑶ モニタリング、報告、検証および改善

利益相反管理体制については、その運用が適切にされているかを確認する必要があるため、利益相反管理統括部署等によるモニタリング体制の構築が必要と考えられます。また、利益相反管理統括部署等は、定期的にまたは必要に応じて随時、取締役会、監査役等に対して利益相反管理体制の運用状況を報告するほか、経営に重大な影響を与える、または顧客の利益が著しく阻害される事案については、取締役会、監査役等に対し速やかに報告することが望ましいと考えられます。

また、モニタリングの結果等をふまえ、利益相反管理態勢の実効性を検証し、定期的にまたは必要に応じて随時、利益相反管理体制の見直しを行う態勢が必要と考えられます。

⑷ 社内規則の制定と周知徹底

上記１および５のとおり、利益相反管理方針の策定が義務づけられていますが、この利益相反管理方針を実施するためには業務運営の手続を定めた社内規則が必要となります。社内規則の内容は、グループの業務の規模・特性に応じて検討する必要がありますが、対象取引の特定、利益相反管理の方法および記録の保存についての内容および手続、組織体制、モニタリングや取締役会等に対する報告などがその典型的な内容になると考えられます。そして、社内規則については、その重要性から、リーガル・チェック等を受け、取締役会等の承認を受けることが望ましいと考えられます。

また、この社内規則が適切に運用されるために、研修・教育等により、利益相反管理についてグループの役職員に周知徹底させる態勢を構築することが必要となります。

Q27 利益相反取引の管理方法

利益相反のおそれのある取引はどのように管理すればよいですか。

A 利益相反の具体的な管理方法は、各金融機関における業務内容・規模・特性に応じて判断する必要があります。たとえば取引の類型によっても顧客の保護の必要性の度合いには差が生じ得ますので、顧客の保護が必要となる理由はどこにあるかを特定し、適切な方法を選択することが必要です。

1 管理方法としての選択肢

利益相反のおそれのある取引の管理においては、以下の方法その他の方法により、顧客の保護を適正に確保することが求められます（銀行法施行規則14条の11の3の3第1項等）。

イ 対象取引を行う部門と当該顧客との取引を行う部門を分離する方法
ロ 対象取引または当該顧客との取引の条件または方法を変更する方法
ハ 対象取引または当該顧客との取引を中止する方法
ニ 対象取引に伴い、当該顧客の利益が不当に害されるおそれがあることについて、当該顧客に適切に開示する方法

上記イないしニについては例示であって、これらのうち1つを選択することで常に足りるということではなく、顧客の保護の観点から複数の手法を重畳的に用いることや他の方法を選択することが望ましい場合があります。上記ニに関しては、開示するのみならず顧客からの同意を得る方法も考えられます。金融機関が当該顧客の利益のために行動する義務または金融機関が当該顧客の利益のために行動するであろうという顧客の期待の保護という観点からは、顧客から同意を得ることが利益相反管理の適切な方法となる場面が

多いと考えられます[22]。

利益相反が問題となる場面は大きく分けて、①利害対立型、②競業取引型および③情報利用型に分けられます。また、この①ないし③について、金融機関と顧客の間で問題になる場合と顧客間で問題になる場合とがあります。①のうち金融機関と顧客との間での利害対立についてみると、金融機関から顧客への融資などについても利害が対立しますが、金融機関が当該顧客の利益のために行動する義務を負わず、または金融機関が当該顧客の利益のために行動するであろうという顧客の期待がない場合にまで、利益相反管理のための具体的な対応をとる必要はないと考えられます。そのため、①顧客側の不利益のもとで金融機関またはそのグループ会社が利益を得ている状況が存在すること（客観的利益相反状況の存在）、②当該状況が顧客にとって正当に期待することができる契約上または信義則上の地位に基づく義務に反すること（義務違反の存在）の２つが認められる場合について利益相反管理が必要になると考えられます[23]。

そして、どの方法によって利益相反を管理するかについては、利益相反の内容・程度と各金融機関における業務内容・規模・特性に応じて個別具体的に判断することとなりますが、たとえば取引の類型によっても顧客の保護の必要性の度合いには差があり得ますので、上記の銀行法施行規則が定める管理方法の類型も考慮しつつ、顧客の保護が必要となる理由はどこにあるかを特定し、適切な方法を選択することが必要となります。

2　M&A 関連業務

利益相反管理体制について問題となる典型例としては、M&A 関連業務があります。M&A 関連業務については、コンサルティング機能の発揮や事業

22　問題となる取引形態にもよりますが、同意を得るために一定の情報開示が必要となる場合には、金融機関の顧客情報の守秘義務や個人情報保護法への抵触についても検討する必要があります。

23　堀本善雄＝梅澤拓「ファイアウォール規制の緩和と利益相反管理体制の構築―利益相反の特定・管理のプロセスの実務上の論点―」金法1860号32頁。

改善・再生支援の一環として、または事業承継に関連して、業務が拡大しています。そのなかでも、たとえばアドバイザリー業務については、金融機関は顧客に対して契約に基づき顧客の利益になるよう行為をする義務を負うため、利益相反が問題になる場面が多くなります。

まず、金融機関がM&Aにおける売り手と買い手の双方のアドバイザーになるケースでは、金融機関が各顧客（売り手・買い手）の利益になるよう行為する義務が、相互に正面から衝突することとなります。この場合、部門を分離して情報遮断を行い、顧客同意を取得する方法によって利益相反を管理することが考えられますが、M&A取引におけるアドバイザーは、通常、契約または商慣習等により、顧客の利益に忠実に行動することを義務づけられ、または期待されますので、顧客から同意を得たとしても、利害対立の状況について適切な理解をもって同意したか、または同意の前提となった利害対立状況とは異なる状況になっていないか等が常に問題となります。そのため、部門を分離して情報遮断を行い、顧客同意を取得するとの対応で足りるかについては、慎重に検討する必要があり、取引を中止する方法が適切な場合も多いと考えられます。あるいは、取引の条件または方法を変更し、アドバイザーとしての役割ではなく、事務的なまたは仲介的な役割を果たすことも考えられますが、この場合でも顧客の同意を得ることが望ましいと考えられます[24]。

次に、売り手のアドバイザーとなる一方で、買い手に買収資金を融資するケースについては、通常、買い手に対しては顧客の利益になるよう行為をする義務を負いませんので、利害対立型の利益相反とはなりません。もっとも、金融機関として融資機会を得たいという動機が売り手のアドバイザーとしての行動に影響を与えうるという構造にあることからすると、少なくとも売り手へのアドバイザーを務めるチームと買い手に買収資金を融資するチームとを分離して情報遮断を行い、かつ、顧客からの同意を得ることが望まし

24　具体的な状況にもよりますが、直接的な利害対立が存在するため、個別の同意を得ることが望ましいケースが多いものと考えられます。

いと考えられます[25]。

売り手側のアドバイザーが、入札手続のなかで買い手候補に対して融資をオファーする、いわゆるステープルド・ファイナンスについては、買い手に買収資金を融資するケースの一種ですが、特にレピュテーションの観点から慎重な検討が必要となります。このケースでは、買い手候補に対して、当該ステープルド・ファイナンスを受け入れたほうが入札手続のなかでは有利ではないかとの期待をもつことになるため、入札手続が公正に行われず売り手の利益を害する可能性があることから、売り手へのアドバイザーを務めるチームと買い手に買収資金を融資するチームとを分離して情報遮断を行うことに加えて、売り手からの同意を得ることが必要となるほか、さらなる手当も検討することが望ましいと考えられます[26]。

3　シンジケート・ローン

金融機関にとって利益相反を伴う取引の別の例として、シンジケート・ローンがあります。シンジケート・ローンにおいてアレンジャー兼レンダーとなる金融機関については、ボロワーからするとアレンジャーである金融機関に対して、ボロワーの利益になるように条件交渉することが期待される一方、レンダーとしての金融機関は、条件が当該金融機関に有利になるような動機を有しています[27]。

その意味で直接的な利害対立があるものの、シンジケート・ローンにおいて交渉される範囲は限定的であることが多く、かつボロワーにとって予見可

25　同意を得る方法については、売り手と買い手の関係も考慮に入れて検討する必要がありますが、直接の利害対立関係にはありませんので、部門の分離がある場合、事前の包括同意で足りるケースが多いものと考えられます。ただし、敵対的買収の場合には、利害対立状況が変わってきますので、個別同意を取得したほうがよいケースや買い手への融資を中止すべきケースもあると考えられます。

26　八木崇典「特集＝利益相反管理体制の構築　事例１　M&Aで売手・買手の双方にアドバイザーとして就任する場合」金法1850号42頁。

27　アレンジャーである金融機関がシンジケート・ローンに参加する金融機関に対して一定の信義則上の義務を負うと考えられるため（最判平24.11.27金法1963号88頁）、その観点からの利害の対立も問題になり得ます。

能なものであることが多いことからすると、顧客の同意を得ることで足りるケースが多いものと考えられます。

4　レンダーとしての立場と利益相反管理

金融機関が自らレンダーとなるケースでは、レンダーとしての立場のみを有するのであれば、通常、ボロワーの利益になるように行動する義務や期待は存在せず、利益相反管理は必要とされませんが、ボロワーに対してコンサルティング的なサービスを提供することにより、ボロワーの利益になるように行動する期待が生じることがあります。特に、事業再生支援などの場面で、レンダーとしての立場を超えてアドバイザーのようにボロワーに対する支援を行うことで、ボロワーの利益になるように行動する期待が生じやすいと考えられます。

この場合には、ボロワーのアドバイザーである場合に準じて、利益相反管理を行うことが必要となります。したがって、たとえば、ボロワーと第三者のM&A取引については、上記２のような管理をすべきこととなります。

第3章 マネー・ローンダリングおよびテロ資金供与対策

Q28 マネー・ローンダリングおよびテロ資金供与対策とリスクベース・アプローチ

金融機関にマネー・ローンダリングおよびテロ資金供与対策が求められる理由とリスクベース・アプローチの考え方を教えてください。

A マネー・ローンダリングおよびテロ資金供与（以下「マネ・テロ」といいます）の過程で金融システムの機能が利用される場合は多く、金融システムの担い手である金融機関にはマネ・テロ対策を講ずることが求められ、日本では犯収法等に基づき各種の義務が定められています。

リスクベース・アプローチ（以下「RBA」といいます）とは、時々刻々と変化する国際情勢やマネ・テロの手法およびリスクの変化等に機動的かつ実効的に対応するべく、金融機関自らが直面しているリスクを適時・適切に①特定し、②評価した上で、③リスクに見合った低減措置を講ずるという3段階の手法をいい、マネ・テロ対策のミニマム・スタンダードとされています。

1　金融機関におけるマネ・テロ対策

(1)　マネ・テロ対策のねらいと国際的な動向──FATF勧告

マネ・テロ対策の究極のねらいを一言で表すなら、資金面から犯罪やテロ等の撲滅を目指すことにあります。組織的な犯罪行為やテロ行為等を遂行する際には資金が必要です。政府や金融機関等がマネ・テロ対策を十分に講じなければ、犯罪組織やテロリスト等が自由に使える資金を手にすることとなりますし、また、犯罪組織やテロリスト等が犯罪で得た収益等を合法的な経済活動に投入することを許せば、彼らが経済活動に対する支配力や影響力を増し、いっそう暗躍する温床となる危険があります。

さらに、経済・金融サービスのグローバル化が進む現代社会において、マネ・テロに関する情勢は絶えず変化しており、実効的な対策推進のためには国際的な協調が不可欠です。マネ・テロ対策に関する政府間会合である金融活動作業部会（Financial Action Task Force、以下「FATF」といいます）は、①マネ・テロ対策の国際基準として一連の勧告（Recommendations）を策定するとともに、②加盟国における勧告の遵守状況の相互審査を行っています。本書執筆時現在、FATFおよびその地域体には、200を超える国・地域が加盟しています。FATFは、2012年２月、マネロン対策に関する旧「40の勧告」とテロ対策に関する「９の特別勧告」を一本化して、「新40の勧告」（以下「FATF勧告」といいます）を策定し、FATF勧告の遵守状況について、順次、加盟国ごとに相互審査（第４次相互審査）を実施しています。

(2)　金融機関にマネ・テロ対策が求められる背景

金融システムは、金融機関が行う送金・決済・振替え等の様々な機能が集積して資金の流れやネットワークを構築しており、マネ・テロの過程で金融システムが利用される場合が多々あります。このため、金融システムの参加者たる金融機関においては、その業務や役割に応じ、堅牢な管理態勢を構築・維持し、マネ・テロ対策を講じることが欠かせません。FATFのガイダンスでは、マネ・テロの３段階（① Placement：犯罪収益を金融システムに組み込む段階、② Layering：犯罪収益の出所を不透明にするため資金源から分離する段階、③ Integration：犯罪収益を合法的な経済活動に投入する段階）に留意してリスクを評価することが有益と述べています。近時、マネ・テロの手法は複雑化し、為替・決済サービスに資金移動業者等の新業態が参入する等の変化はあるものの、金融機関によるマネ・テロ対策の重要性はいっそう高まっています。

⑶　わが国のマネ・テロ対策に関する法規制

わが国では、犯収法や外国為替及び外国貿易法（以下「外為法」といいます）等の関係法令において、マネ・テロ対策に関する金融機関の各種義務が定められています（犯収法上の義務についてはQ29をご参照ください）。

さらに、金融庁は2018年２月に「マネー・ローンダリング及びテロ資金供与対策に関するガイドライン」（2019年４月改正、以下「マネ・テロ GL」といいます）を策定し、RBA をわが国の金融機関等が「当然に実施していくべき事項（ミニマム・スタンダード）」と位置づけました（マネ・テロ GL・Ⅰ－１）。

2　リスクベース・アプローチ（RBA）

⑴　意　　義

RBA とは、金融機関等が、自らが直面しているマネ・テロ対策のリスクを適時・適切に①「特定」、②「評価」し、③リスクに見合った「低減措置」を講じるという３段階の手法をいいます。

マネ・テロ対策におけるリスクの内容や程度は、国際情勢等を含む様々な経済・社会環境のなかで常に変化し、金融機関が自ら取り扱う商品・サービス等によっても異なりますが、一方、マネ・テロ対策に充てることができる金融機関における人員や予算にも制限があります。そこで、金融機関においては、RBA によりメリハリの利いた機動的かつ実効的なマネ・テロ対策を講じることが求められます。

FATF 勧告の勧告１では、加盟国に対し、マネ・テロ対策の根幹をなすものとしてRBAの導入を促し、自国におけるリスクを特定・評価の上、リスクを効果的に低減する措置を講じるよう要請しています。金融機関は、国によるリスク評価書（National Risk Assessment、以下「NRA」といいます）をふまえ、自らリスクを特定・評価した上、リスク管理態勢を整備し、リスク評価の結果と整合的な取引時確認取引謝絶を含むリスク遮断等のリスク低減措置を講じる必要があります。

⑵ 犯収法におけるRBA

犯収法上、RBAについて明示的に定めた規定はありませんが、RBAの考え方が取り入れられています。たとえば、特定事業者は、NRA（わが国の場合、国家公安委員会が毎年作成・公表する犯罪収益移転危険度調査書）の内容を勘案し、自らが行う取引について調査・分析した結果を記載した書面等（特定事業者作成書面等）を作成し、必要に応じて見直し変更する等の措置を講ずるべき努力義務があることが定められています（犯収法11条4項、犯収法施行規則32条1項）。

⑶ マネ・テロGLにおけるRBA

犯収法とは異なり、マネ・テロGLでは、RBAを金融機関が当然に実施すべき「ミニマム・スタンダード」と正面から位置づけた上（マネ・テロGL・Ⅰ－1）、「特定」「評価」「低減措置」の3段階それぞれについて、金融機関等において「対応が求められる事項」や、より堅牢な態勢構築の観点から「対応が期待される事項」を明確化し、ベスト・プラクティスの例として「先進的な取組み事例」を紹介しています。

そして、マネ・テロGLが掲げる「対応が求められる事項」に係る措置が不十分であるなど、マネ・テロ対策のリスク管理態勢に問題があると認められる場合には、業態ごとに定められている監督指針等もふまえながら、必要に応じ、報告徴求・業務改善命令等の法令に基づく行政対応を行い、金融機関等の管理態勢の改善を図ることが明言されています（マネ・テロGL・Ⅰ－4）。

マネ・テロGLにおいて、RBAの3段階は、それぞれRBAの「出発点」

「土台」および「実効性を決定づけるもの」と説明されています。これら一連のプロセスが、経営陣の主体的かつ積極的な関与のもと、第１線の営業部門、第２線の管理部門、第３線の内部監査部門と連携して組織横断的に運用される必要があり、グループベースでのマネ・テロ対策も求められています（マネ・テロGL・Ⅲ－２、Ⅲ－３、Ⅲ－４）。

3　RBAの具体的手法

⑴　リスクの特定・評価

まず、①リスクの特定では、金融機関が、自らが提供する商品・サービスや、取引形態、取引に係る国・地域、顧客の属性等のリスクを包括的かつ具体的に検証し、直面するリスクを特定します。次に、②リスクの評価は、特定されたリスクの自らへの影響度等を評価するもので、自らの事業環境や経営戦略の特徴が反映される必要があります。

リスクの特定・評価に際しては、国家公安委員会が毎年作成する犯罪収益移転危険度調査書や、外国当局や業界団体等が行う分析等についても勘案する必要があり、また、社内の情報を一元的に集約し、経営陣の関与のもと、全社的な観点で検証する必要があります（マネ・テロGL・Ⅱ－２⑴および⑵）。本書執筆時点で直近版の犯罪収益移転危険度調査書（2019年12月公表）によれば、わが国でマネ・テロを行う主体として、暴力団、特殊詐欺犯行グループ等、来日外国人犯罪者グループ等があげられ、リスクの高い取引形態の例として、非対面取引、現金取引、外国との取引等があげられています。また、銀行の場合、リスクの高い商品・サービスとして、口座開設時に確認した取引目的や事業の内容等に照らして不自然な対応・頻度で行われる取引、架空名義との疑いが生じた口座を使用した入出金等があげられています。たとえば海外送金に限らず、普通預金や内国為替等に関するリスクに関しても、適切に特定・評価することが求められています。

⑵　リスクの低減措置

リスクの低減措置は、自らが特定・評価したリスクを前提に、実際の顧客の属性や取引の内容等を調査し、調査の結果をリスク評価の結果と照らして、講ずべき低減措置を判断し、実施するものです（マネ・テロGL・Ⅱ－2(3)(ⅰ)）。リスクの大きさに応じて実施すべきであり、リスクが高い場合には、より厳格な措置を講ずることが求められる一方、リスクが低い場合には、より簡素な措置を行うことが許容されます。

リスクの低減措置には、様々な手法があります。マネ・テロGLでは、①顧客管理（Customer Due Diligence、CDD）、②取引モニタリング・フィルタリング、③記録の保存、④疑わしい取引の届出、⑤ITシステムの活用、⑥データ管理（データ・ガバナンス）という手法を列挙しています。実務上は、自らが直面するリスクに応じて、これらの手法を組み合わせて実施することが有効です。

上記①の「顧客管理」とは、特に個々の顧客に着目し、取引の開始時、継続時、終了時の各段階において講ずべき低減措置を判断・実施する一連の流れをいい、リスク低減措置の中核的な項目とされています。顧客管理の具体的方策に関し、マネ・テロGLの「対応が求められる事項」では、①リスクが高い顧客・取引への対応を類型的・具体的に判断できるよう顧客受入方針を定めること、②顧客および実質的支配者の本人確認事項や取引目的等の調査は、信頼に足る証跡を求めて行うこと、③制裁リストとの照合等、国内外の制裁に係る法規制等の遵守その他必要な措置を講ずること、④犯収法に基づき「厳格な顧客管理」（Enhanced Due Diligence、EDD）を要する外国PEPs（Politically Exposed Persons）や特定国（イラン、北朝鮮）等に係る取引を行う顧客に限らず、金融機関等が自らリスクが高いと判断した顧客・取引に関しては、厳格な顧客管理（追加的情報の入手、取引実施について上級管理職の承認、敷居値の厳格化等の取引モニタリングの強化、定期的な顧客情報の調査頻度の増加等）を行うこと、リスク遮断措置の検討等を求めています。リスク遮断措置に関してはQ31をご参照ください。

Q 29　犯罪収益移転防止法上の義務

犯罪収益移転防止法上、金融機関にはどのような義務が課せられますか。

A 犯収法上、金融機関には、取引時確認、確認記録の作成・保存、疑わしい取引の届出、コルレス契約締結時の厳格な確認、外国為替取引に係る通知等の義務が課されています。

1　犯収法の趣旨

犯収法は、犯罪収益が組織的犯罪の助長に使用され、これが移転して事業活動に用いられることで健全な経済活動に重大な悪影響を与えること等に鑑み、「特定事業者」において各種の措置を講ずることにより、マネー・ローンダリングおよびテロ資金供与（以下「マネ・テロ」といいます）防止を図り、国民生活の安全・平穏と経済活動の健全な発展への寄与を目的として制定され（犯収法１条）、2008年３月から全面的に施行されました。

金融機関には、犯収法が制定される以前から金融機関等本人確認法（2003年１月施行）に基づき顧客の本人確認等が義務づけられていました。しかし、マネ・テロの手法の複雑化・国際化等に伴って、FATFが金融機関以外の事業者にも措置を求める勧告を策定したこと等の動向を受け、犯収法が制定され、金融機関等本人確認法は廃止されました。犯収法は、マネ・テロ対策に関する国際的な動向やFATF相互審査における指摘等をふまえて幾度も改正を経ています。

犯収法に基づく規制内容は、複雑かつ多岐にわたる上、改正の頻度も高く、実務担当者を悩ませる分野の１つといわれています。実務対応上求められる最も基本的な事項に関しては、犯収法を所管する警察庁の犯罪収益移転防止対策室（JAFIC）が公表している「犯罪収益移転防止法の概要」[1]に整理されていますので、ご参照ください。

2　犯収法上の特定事業者および特定業務

(1)　特定事業者

特定事業者とは、犯収法の適用を受ける事業者であり、犯収法２条２項各号に定められています。銀行や信用金庫等の預金取扱金融機関、保険会社、金融商品取引業者、貸金業者等に加えて、資金移動業者や仮想通貨交換業者といった新業態も追加され、これら金融機関等（犯収法２条２項１号ないし37号）以外にも、ファイナンスリース事業者、クレジットカード事業者、宅地建物取引業者、宝石・貴金属等取扱事業者、士業者等があげられています（同項38号ないし47号）。

(2)　特定業務

犯収法上の義務は、特定事業者が行う全ての業務や取引について生じるものではなく、特定事業者の種別に応じて、犯収法上の義務の対象となる業務の範囲（特定業務）が定められ、さらに具体的な義務ごとに対象となる取引等の範囲が定められています。

銀行の場合、「特定業務」は、金融に関する業務その他の当該特定事業者が行う業務とされ（犯収法４条および別表、犯収法施行令６条１号）、銀行が行う業務が全て含まれます。以下、銀行を対象として、犯収法に基づき義務づけられた主な措置を整理します。

3　犯収法に基づく銀行の義務

銀行は、①顧客と特定取引等を行う際の取引時確認（犯収法４条）、②取引時確認を行った場合における確認記録の作成・保存（同法６条）、③特定業

1　本書の執筆時点では、「令和２年４月１日以降の特定事業者向け」が最新版となっています（https://www.npa.go.jp/sosikihanzai/jafic/hourei/data/hougaiyou20200401.pdf）。

務に係る取引を行った場合における取引記録等の作成・保存（同法７条）、④疑わしい取引の届出（同法８条）、⑤コルレス契約締結時の厳格な確認（同法９条）、⑥外国為替取引に係る通知（同法10条）、⑦取引時確認を的確に行うための措置の整備（同法11条）について義務が課されています。これらのうち、実務上特に重要な義務の例として、上記①、②、④について説明します。

4　取引時確認（犯収法４条）

銀行が、顧客との間で、特定業務のうち「特定取引等」を行うに際しては、①本人特定事項（顧客が個人の場合は氏名・住居・生年月日、法人の場合は名称・本店または主たる事務所の所在地）、②取引を行う目的、③職業・事業内容、④実質的支配者、⑤資産および収入の状況（ハイリスク取引の一部）について確認を行うことが義務づけられています。金融機関等本人確認法で求められていた上記①の確認に加えて確認事項が拡張したため、本人確認ではなく取引時確認と呼ばれています。

⑴　顧　　客

顧客とは、特定事業者が特定業務において行う特定取引等の相手方をいいます。顧客がだれかは、形式的な契約の当事者かどうかに限られず、取引を行うに際して取引上の意思決定を行っているのはだれか、取引の利益（計算）が実際にはだれに帰属するのかといった実質面も総合的に考慮して判断すべきと解されています。

⑵　特定取引等

「特定取引等」は、①「特定取引」（犯収法４条１項）と②マネ・テロに用いられるおそれが特に高い取引（同条２項、以下「ハイリスク取引」といいます）の２類型からなり、ハイリスク取引についてはより厳格な確認事項と確認方法が求められます。ハイリスク取引には、なりすましや偽りの疑いがある取引、特定国（本書執筆時ではイランおよび北朝鮮）に居住・所在する顧客、外国 PEPs（Politically Exposed Persons、重要な公的地位にある者）との取引が含まれます（犯収法施行令12条）。

「特定取引」は、さらに２類型に分かれ、①－１.「対象取引」（犯収法施行令７条１項各号に列挙されている取引（以下「対象取引」といいます。預貯金の受入れや金銭の貸付等を内容とする契約の締結、200万円を超える現金等の受払いをする取引、10万円を超える現金の受払いをする取引で為替取引を伴うもの等が含まれます）と①－２．対象取引以外の取引だが「顧客管理を行う上で特別の注意を要するもの」（犯収法施行令７条１項柱書、犯収法施行規則５条。マネ・テロの疑いがある取引、同種の取引の態様と著しく異なる態様で行われる取引が含まれます）からなります。

(3) 確認事項

通常の特定取引を行うに際しては、上記４の①ないし④記載の事項を確認します。このうち本人特定事項に関しては、顧客たる自然人本人が取引を行う場合には、当該顧客について確認しますが、顧客が法人の場合や代理人が取引を行う場合には、顧客についての確認に加えて「取引の任に当たっている自然人」（法人の代表権限を有する者には限られず、委任状を持参して窓口で取引する担当者等も含まれます。以下「代表者等」といいます）の本人特定事項を確認します（犯収法４条４項、５項）。

ハイリスク取引を行うに際しては、通常の特定取引と同様の確認事項に加えて、「資産および収入の状況」（上記４の⑤）についても確認する必要があります（犯収法４条２項）。

(4) 確認方法

本人特定事項の確認方法は、窓口での対面取引かインターネットや郵送等による非対面取引かに応じて詳細に定められています（犯収法施行規則６条）。さらに近時の犯収法施行規則の改正（2018年11月公布）により、特定事業者が提供するソフトウェア（スマートフォン向けアプリも含みます）を用いてオンラインで完結する本人確認の方法が新設された一方（2018年11月施行）、非対面取引における本人特定事項の確認方法が厳格化されています（2020年４月施行）。

また、ハイリスク取引の場合には、通常の特定取引に際して行う確認の方法に加え、追加の本人確認書類または補完書類の提示または送付を受ける方法が必要とされるなど、より厳格な確認方法が求められています（犯収法施行規則14条）。

法人の実質的支配者の確認に関しては、第３次FATF相互審査の結果およびFATFの声明等を受け、犯収法施行規則の改正（2016年10月施行）により、最終的に支配を行う自然人までさかのぼって確認することが必要とされました（犯収法施行規則11条２項）。確認方法は、通常の特定取引の場合、当該顧客の代表者等から実質的支配者の本人特定事項について申告を受けることで足りますが（同条１項）、ハイリスク取引の場合には、これに加えて顧客の株主名簿または登記事項証明書等の書類を確認することも必要です（同規則14条３項）。

5　確認記録の作成・保存（犯収法６条）

特定事業者が取引時確認を行った場合、直ちに確認記録を作成し、特定取引等に係る契約が終了した日から７年間保存しなければなりません（犯収法６条）。

確認記録には、①確認事項、②確認方法（取引時確認を行った者の氏名、本人確認書類の提示を受けたときはその日付や時刻（当該書類の写しを確認記録に添付）等）、③代表者等による取引のときは、当該代表者等の本人特定事項、当該代表者と顧客の関係、当該代表者等が顧客のために取引の任にあたっていると認めた理由等を記載します（犯収法施行規則20条）。上記(iii)は、犯収法上、取引時確認の確認事項ではありませんが、確認記録に記載するため、特定取引等を行う際に確認する必要があります。具体的には、法人顧客の場合、(i)当該代表者等が当該顧客等を代表する権限を有する役員とされた登記や(ii)委任状等を確認する方法、(iii)当該顧客等の本店等に電話をかける方法等があります（犯収法施行規則12条４項）。従前は当該顧客等が発行する身分証明書もあげられていましたが、2014年の犯収法施行規則の改正時に削除されたため、社員証のみによる確認は許されません。

6　疑わしい取引の届出（犯収法8条）

銀行は、①特定業務において収受した財産が「犯罪による収益」である疑いがある、または、②顧客が特定業務に関し組織的犯罪処罰法10条の罪もしくは麻薬特例法6条の罪に当たる行為を行っている疑いがあると認められる場合には、金融庁に対し、疑わしい取引の届出を行うこととされています。

上記①は、銀行が収受する財産に着目した類型です。「犯罪による収益」には、(i)殺人、恐喝、詐欺、貸金業法違反、テロ、薬物犯罪等により得た財産またはその報酬として得た財産（犯罪収益、薬物犯罪収益）、(ii)上記(i)に由来する財産（上記(i)の果実や対価として得た財産等をいい、犯罪収益を預金とした際の利息や盗品を売却して得た代金等が該当します）、(iii)上記(i)(ii)とこれら以外の財産が混和した財産が含まれます。

上記②は、顧客の行為が「犯罪による収益」の隠匿や、その取得または処分に関する事実の仮装に当たる場合です。

金融庁は「疑わしい取引の参考事例」を公表し、「疑わしい取引に該当する可能性のある取引として特に注意を払うべき取引の類型を例示」していますが、「個別具体的な取引が疑わしい取引に該当するか否かについては、金融機関等において、顧客の属性、取引時の状況その他保有している当該取引に係る具体的な情報を最新の内容に保ちながら総合的に勘案して判断する必要がある」とされています。

Q 30　海外送金に関する留意事項

海外送金について、マネー・ローンダリングおよびテロ資金供与対策上、特に留意すべき事項を教えてください。

A 金融機関が自らまたは他の金融機関を通じて海外送金等を行う場合、外国為替及び外国貿易法（以下「外為法」といいます）および犯収法を含む国内外の法規制により求められる措置を講ずるべきことは当然として、「マネー・ローンダリング及びテロ資金供与対策に関するガイドライン」（以下「マネ・テロGL」といいます）では、さらに進んでコルレス契約の相手方や海外送金を受託等する場合の委託元におけるマネー・ローンダリングおよびテロ資金供与（以下「マネ・テロ」といいます）管理態勢について監視することも求められています。

銀行等および資金移動業者が、自らまたは他の金融機関を通じて海外送金を行う場合、外為法、犯収法および国外送金調書法といった国内法あるいは米国OFAC規制（Q34参照）等の国外法に基づき、所要の措置を講ずる必要があります。さらに、マネ・テロGLでは、コルレス契約（為替取引に係る受払いの代行等を継続的に受委託するための契約）の相手方である海外の金融機関や、海外送金を受託等する場合の委託元である他の金融機関におけるマネ・テロ管理態勢等についても適切に監視することが求められています。以下、銀行を対象として、特に留意すべき事項を整理します。

1　外為法上の義務

(1)　本人確認義務および確認記録の作成・保存義務

銀行は、顧客との「特定為替取引」について、本人確認を行い（外為法18条）、その確認記録の作成および7年間の保存について義務を負います（同法18条の３）。

特定為替取引とは、①顧客によるわが国から外国へ向けた「支払」に係る為替取引、または、②外為法上の居住者である顧客と非居住者の間でする「支払等」(「支払」および「支払の受領」を包括する概念です）に係る為替取引をいいます。ただし、10万円に相当する額以下の支払等に係る為替取引は除かれています。

海外への仕向送金は、①の類型に該当するほか、外為法上の居住者と非居住者の判定については本書では踏み込みませんが、当事者の属性によっては②の類型に該当する可能性もあります。海外からの被仕向送金は、当事者の属性によっては②の類型に該当する可能性があります。

犯収法上の取引時確認（Q29参照）と比べると、外為法上の本人確認では犯収法のように通常の確認と厳格な確認が分けて規定されておらず、また、本人特定事項の確認のみが求められ、実質的支配者等の確認は求められていない点で相違します。

⑵　適法性確認

銀行は、顧客との特定為替取引について、その顧客による支払等の原因取引が、外為法の規定に基づき許可や承認等の手続を必要とするものではないか確認し、これら手続を必要とする場合には所要の手続を完了していることを確認しなければなりません（外為法17条）。

2　犯収法上の義務

⑴　コルレス契約時の確認義務

銀行は、外国の金融機関とのコルレス契約を締結する場合には、①わが国の犯収法に基づく取引時確認等に相当する措置を適切に行うために必要な基準を満たす体制を整備しているか、②外国当局の監督を受けていない銀行とコルレス契約を締結しているようないわゆるシェルバンクでないかについて確認する必要があります（犯収法９条、11条、犯収法施行規則28条、32条）。

⑵　通知義務

銀行が、送金小切手や為替手形などの物理的な書面を媒介とすることなく、電信送金（コルレス元とコルレス先が瞬時に通信できる手段全般を含みます）を行う場合に、送金人の情報を、順次、送金先金融機関に通知する必要があります（犯収法10条、犯収法施行規則32条）。

3　国外送金調書法上の義務

国外送金等を行う金融機関の顧客は、金融機関に対して告知書等を提出し、金融機関に対して確認書類または署名用電子証明書等を提出または送信する義務があります。金融機関は、顧客から受領した確認書類等について確認し、また、金融機関の営業所等を通じて100万円超の国外送金等に係る為替取引を行ったときは、国外送金等調書を所管の税務署長に提出しなければなりません（国外送金調書法３条、４条）。

4　マネ・テロGL

マネ・テロGLのⅡ－２⑷「海外送金等を行う場合の留意点」では、銀行が「自ら又は他の金融機関等を通じて海外送金等を行う場合、外為法をはじめとする海外送金等に係る国内外の法規制等に則り、関係国等の制裁リストとの照合等の必要な措置を講ずることは、もとより当然である」と述べた上で、さらに進んで、コルレス契約の相手方や、他の金融機関から海外送金の受託等を受ける場合の委託元におけるマネ・テロ管理態勢についての監視も求めています。すなわち、このような場合には、当該銀行におけるマネ・テロの「リスクの低減措置の実効性は、これらの契約の相手方のマネ・テロ管理態勢に拠らざるを得ない面があ」ることから、「これら契約の相手方におけるマネ・テロ管理態勢を適切に監視することが求められる」と述べています。

具体的には、マネ・テロGLのⅡ－２⑷の「対応が求められる事項」③では、金融機関に対し、自ら海外送金等を行うためにコルレス契約を締結する場合には、犯収法９条、11条および犯収法施行規則28条、32条に基づく措置を実施するほか、コルレス契約の締結先におけるマネ・テロ管理態勢を確認するための態勢を整備し、「定期的に監視」することを掲げています。

また、マネ・テロGLのⅡ－２⑷の⑤は、他の金融機関等による海外送金等を受託等する場合、当該他の金融機関等による海外送金等に係る犯収法上の取引時確認その他のマネ・テロ管理態勢等を監視することが掲げられており、海外送金の委託元におけるマネ・テロ管理態勢等を「監視」することを求めています。

監視の具体的方法については、定期的に質問票を送付して確認する方法を含め、RBAで個別具体的な判断が求められています。さらに、マネ・テロGLのⅡ－２⑷の③に関しては、受託金融機関等においては、「委託元金融機関等におけるマネ・テロ管理態勢の不備は自らのマネ・テロリスクに直結するものである」ことをふまえ、委託業務の範囲や、委託元金融機関等の管理態勢の整備状況等に応じて、「監視」の具体的方法を的確に判断すべきとされています。

Q31 リスク遮断措置

マネー・ローンダリングおよびテロ資金供与対策における「リスク遮断措置」として、実務上、何をすればよいのでしょうか。

A 金融機関において「適切な顧客管理を実施できないと判断した顧客・取引等」に関しては、顧客の新規／既存の区別や取引の種類を問わず、リスクに応じて取引謝絶や取引制限等の方法でリスク遮断を図ることが求められています。ただし、「マネ・テロ対策の名目で合理的な理由なく」謝絶等を行うことのないよう留意する必要があります。

1　顧客管理においてマネ・テロGL上「対応が求められる事項」

マネ・テロ対策の実効性を決定づけるリスク低減措置には各種の手法がありますが、「顧客管理（CDD）」はその中核をなします。金融機関は、顧客がどのような人物・団体で、団体の実質的支配者はだれか、どのような取引目的を有するかなど、顧客に係る基本的な情報を適切に調査し、講ずべき低減措置を判断・実施します。こうした顧客管理の一連の流れは、取引関係の開始時・継続時・終了時の各段階で行われる必要があります。

金融庁の「マネーローンダリング及びテロ資金供与対策に関するガイドライン」（以下「マネ・テロGL」といいます）のⅡ－2(3)（ⅱ）では、顧客管理について「対応が求められる事項」として各種の事項を掲げています。具体的には、①顧客の受入れに関する方針を策定すること、②顧客およびその実質的支配者の本人特定事項を含む本人確認事項、取引目的等の調査にあたって「信頼に足る証跡」を求めてこれを行うこと、③顧客およびその実質的支配者の氏名と関係当局による制裁リスト等とを照合するなど、国内外の制裁に係る法規制等の遵守その他必要な措置を講ずること、④信頼性の高いデータベースやシステムを導入するなど、金融機関等の規模や特性等に応じた合理的な方法により、リスクが高い顧客を的確に検知する枠組みを構築すること、⑤リスクに応じて厳格な顧客管理を行うこと、⑥リスクの特性をふまえて簡素な顧客管理を行うなど、円滑な取引の実行に配慮すること、⑦継続的な顧客管理の措置を講ずることなどに加え、⑧「リスク遮断」もあげています。

2　リスク遮断

⑴　犯 収 法

ところで、犯収法上、金融機関等の特定事業者は、顧客が特定取引等を行うに際して犯収法4条に基づく取引時確認に応じない場合、顧客等が取引時確認に応じるまでの間、特定取引に係る義務の履行を拒むことができます（犯収法5条）。しかし、新規取引の謝絶や既存取引の解消を含むリスク遮断について定めた犯収法上の規定はありません。

⑵　マネ・テロ GL

これに対し、マネ・テロ GL のⅡ－2⑶(ii)の「対応が求められる事項」⑩では、リスク遮断について次の2点を定めています。

> ✓必要とされる情報の提供を利用者から受けられないなど、自らが定める適切な顧客管理を実施できないと判断した顧客・取引等については、取引の謝絶を行うこと等を含め、リスク遮断を図ることを検討すること。
>
> ✓その際、マネ・テロ対策の名目で合理的な理由なく謝絶等を行わないこと。

3　リスク遮断の実務

⑴　要件――どのようなときにリスク遮断が必要か

犯収法5条の要件を満たす場合でない限り、特定取引に係る金融機関の契約上の義務が免責されることはありませんが、金融機関が「自ら定める適切な顧客管理を実施できないと判断」した顧客・取引に関しては、取引謝絶を含めて「リスク遮断」を図ることを検討することが求められています。

まず、リスク遮断の要否の検討対象となる顧客や取引は限定されていませんので、新規顧客か既存顧客かを問わず、また、口座開設・為替・両替・融資等のいずれの取引であるかを問わず、「自ら定める適切な顧客管理を実施できないと判断」した場合には、リスク遮断の要否を検討する必要があります（2018年２月公表の金融庁パブコメ回答110番、111番）。マネ・テロ GL における「必要とされる情報の提供を利用者から受けられない」ことは例示にすぎず、リスク遮断の要否は、各金融機関の方針や顧客のリスク等に応じて、個別具体的に判断されます（パブコメ112番）。

金融機関には「信頼に足る証跡」を求めて本人確認事項や取引目的等を調査することが求められています（上記１の②）。その趣旨は、顧客の申告の真正性等にも留意しながら必要な証跡を求めることにありますので、あらゆる確認事項に対して一律に書面での証跡が求められるものではありませんが、各金融機関における能動的な RBA の実践が望まれています（パブコメ79番ないし84番）。こうして顧客に対して提供を求めた情報が十分に提供されない場合はもとより、情報が提供された場合でも RBA に基づきリスク遮断が求められる場合があります。

ただし、上記２⑵枠内の２点目のとおり、「マネ・テロ対策の名目で合理的な理由なく謝絶等を行わないこと」も求められています。「合理的な理由」の有無は、「個々の顧客の事情・特性・取引関係等に照らし、各金融機関等において、個別具体的に丁寧に検討」する必要があり「一律の事例の提供は困難」とされています（パブコメ115番、116番）。顧客に対して、当該理由をそのまま明示することは求められていません（パブコメ117番）。

⑵　効果――リスク遮断にはどのような具体的方法があるか

取引謝絶は例示にすぎず、取引制限も可能であり（パブコメ110番）、リスクに応じて様々なバリエーションがあり得ます。たとえば、取引自体の一部制限（たとえば、取引金額の上限設定、総合口座による取引の一部制限、非対面取引の制限（ATM やネットバンキングの入出金は停止しつつ口座振替は維持する等））や、取引自体は行うものの、取引モニタリングシステムによる異常検知の敷居値の引下げや定期的な質問状の送付または往訪・面談等により取引目的と取引実態の齟齬を検証する等の追加的措置を講ずること等が考えられます。

⑶　取引規定の改訂

上記⑴の要件については、特に既存取引の解消に関し、実務上、金融機関の取引規定では暴力団排除条項や公序良俗に基づく契約解除に関する条項はあるものの、マネ・テロ対策としてのリスク遮断措置を認める契約上の根拠を欠く場合が多いと指摘されていました（パブコメ118番）。また、上記⑵の効果については、画一的な取引謝絶のみならず、RBA に基づく取引の一部の制限（パブコメ110番）やマネ・テロのリスクが合理的に解消されたと銀行が認める場合における措置の解除など、柔軟で機動的なリスク遮断の必要性が指摘されていました。

これらをふまえ、2019年３月、全国銀行協会がマネ・テロ GL をふまえた普通預金規定の参考例を公表しています。具体的には、従前の普通預金規定ひな型では、公序良俗に反する場合等に取引停止・口座解約をする旨の規定は存在していましたが、新たに①銀行が資料の提出を求めたものの「預金者から正当な理由なく指定した期限までに回答いただけない場合」および②「この預金がマネ・テロや経済制裁関係法令等に抵触する取引に利用され、またはそのおそれがあると合理的に認められる場合」が解約事由として追加されました。さらに、③上記①や②の場合には、取引の一部制限もありうることを新たに定めた上、銀行が当該抵触のおそれが合理的に解消されたと認める場合には、当該制限を解除する旨の条項も追加されました。その他の自主規制機関による取引規定の参考例の公表も進んでいます。金融機関においては、マネ・テロ対策を講ずる傍ら、顧客における契約内容の正確な理解や顧客との間の民事紛争の防止の観点についても配慮することが求められます。

Q 32　FATF 相互審査

FATF 相互審査とは何ですか。日本に対する審査結果によって金融機関の実務にどのような影響があるのでしょうか。

A FATF 相互審査とは、マネ・テロ対策に関する国際基準であるFATF 勧告の遵守状況（各国の法制度、マネ・テロ対策の有効性）についてFATF の加盟国が相互に審査する仕組みです。FATF 相互審査の結果に応じて、加盟国はFATF から改善状況のフォローアップを受けます。また、他国の金融監督当局による監視強化や他国の金融機関からの取引拒絶等により、わが国の経済活動全般に支障が出るおそれもあり、金融機関の実務に大きな影響があり得ます。

1　FATF 相互審査とは

⑴　意　　義

マネ・テロ対策に関する国際的な政府間会合のFATF は、マネ・テロ対策に関する国際基準として勧告（Recommendations）を策定し、随時見直しを行う一方、順次、加盟国等にその他の加盟国等で構成した審査団を派遣してFATF 勧告の遵守状況等を相互審査しています。

⑵　わが国に対する審査の歴史

a　第3次対日相互審査

わが国は、2008年の第3次対日相互審査で厳しい評価を受け、2011年には犯収法を改正（2013年に施行）したにもかかわらず、2014年6月、FATF から異例の声明を受け、顧客の実質的支配者の確認方法等に関する法改正が十分でない等として、迅速な立法措置等を促され、そのわずか5カ月後の同年11月に犯収法を再度改正（2016年10月施行）した経験があります。

b　第4次対日相互審査

そして、2019年、FATFが2012年に公表した「新40の勧告」（以下「FATF勧告」といいます）の遵守状況等のわが国に対する相互審査（第4次対日相互審査）が実施され、同年春に書面審査が開始、同年秋にはFATFの審査団が来日してオンサイト審査（金融機関等の経営陣へのインタビュー実施を含みます）が実施されました。

2　FATF相互審査の対象・手法

⑴　法令整備状況審査

第3次対日相互審査および第4次対日相互審査ともに、①対象国の法令または「執行可能性のあるその他の手段」（Other Enforceable Means）によって、FATF勧告がどの程度制度化されているか、という法令整備状況（Technical Compliance）が審査され、4段階で評価されました（以下「法令整

図表1　FATF勧告に対応する審査対象（主な日本法）　〔法令名は略称〕

勧告1	リスク評価とリスクベース・アプローチ	犯収法
勧告3	資金洗浄の犯罪化	組織犯罪処罰法、麻薬特例法
勧告5	テロ資金供与の犯罪化	外為法、テロ資金提供処罰法、国際テロリスト財産凍結法
勧告10	顧客管理	犯収法
勧告11	本人確認・取引記録の保存義務	
勧告12	PEPs（重要な公的地位を有する者）	
勧告18	金融機関・グループにおける内部管理方針の整備義務	
勧告20	疑わしい取引の届出	
勧告24	法人の透明性と実質的支配者	犯収法、商業登記法、公証人法
勧告25	法的取極めの透明性と実質的支配者	

備状況審査」といいます)。要するに、対象国の立法や制度の審査です。FATF 勧告に対応する主な日本法は、図表1をご参照ください。

(2) 有効性審査

第4次相互審査では、法令整備状況審査に加えて、対象国の当局および関係業態(金融機関等の事業者)のマネ・テロ対策に関する取組みが所要の成果をあげているかという有効性の程度(Effectiveness)も審査されました(以下「有効性審査」といいます)。

有効性審査は、対象国の当局のみならず、事業者におけるマネ・テロ対策の取組みも対象とされますので、オンサイト審査(金融機関へのインタビュー等)は金融機関にとっても緊張感のある審査となります。

有効性審査では、11種類の直接的効果(Immediate Outcome、以下「IO」といいます)が審査項目として設定され、有効性の程度に応じてそれぞれ4段階で評価されます。直接的効果11種類のうち、特にIO 4の「金融機関等における予防措置」が重要であり、6点の中核的争点(Core Issues)を中心に審査されています(図表2参照)。

有効性審査がオンサイト審査の主眼となりますが、有効性の立証責任は審

図表2　有効性審査の対象：IO 4(金融機関等の予防措置)の中核的争点(Core Issues)

IO 4.1	マネ・テロのリスクと義務の理解
IO 4.2	マネ・テロのリスクに対応した低減措置
IO 4.3	顧客管理と記録の措置(実質的支配者情報・継続モニタリングを含む)、顧客管理不備時の謝絶
IO 4.4	下記に関する厳格または特別の措置 (a) PEPs、(b)コルレス銀行、(c)新技術、(d)電信送金規制、(e)テロ資金供与対策に関する制裁対象者、(f) FATF が指定するハイリスク国
IO 4.5	犯罪収益・テロ支援の疑いがある資金に関する報告義務の履行
IO 4.6	マネ・テロ対策の義務履行のための(金融グループレベルを含む)内部管理手続

図表3　第4次相互審査の概要

項目	法令整備状況	有効性
審査の観点	FATF勧告（新40の勧告）が法令または「執行可能性あるその他の手段」によってどの程度制度化されているか **⇒立法・制度の問題**	FATFが定めた効果（11の直接的効果：Immediate Outcome）の達成度 **⇒実態の問題**
評価 （4段階）	A（Compliant：履行） B（Largely Compliant：おおむね履行） C（Partially Compliant：一部履行） D（Non-Compliant：不履行）	A（High：高） B（Substantial：十分） C（Moderate：中程度） D（Low：低）
強化フォローアップの条件	・法令整備状況でCまたはDが8個以上ある場合 ・法令整備状況でFATF勧告3・5・10・11・20のいずれか1個でもCまたはDである場合 ・有効性でCまたはDが7個以上ある場合 ・有効性でDが4個以上ある場合	

査される側にあります。このため、金融機関のほうから審査団に対し、エビデンスを添えて説得的に証明できた場合に限り、有効性が高く評価される仕組みとなっています。

3　相互審査の結果とフォローアップ

審査報告書の公表後の流れは、相互審査の結果に応じて、①通常フォローアップ（5年後のフォローアップ審査に先立ち、3年後に報告書を1回のみ提出）または②強化フォローアップ（FATF勧告の遵守状況において「著しい不備」（significant deficiency）等がある場合、5年後のフォローアップ審査に先立ち、原則3回の報告書を提出）を受けることとなります。

そして、フォローアップの結果に応じて、FATFから「ハイリスク・非協力国」として国名が公表される場合があります。ハイリスク・非協力国には段階があり、①改善に向けて政治的にコミットしているが、戦略的欠陥を有し、さらなる取組みのモニター対象となる国（グレイ・リスト）、②顕著な進展をみせていない、あるいは取組みへの政治的意思が欠如していることから、関連した欠陥から起こるリスクが考慮される国（ブラック・リスト）、③対抗措置の適用対象国（ブラック・リスト、本書執筆時は北朝鮮およびイラン）に分かれています。

4　相互審査による影響

加盟国は、相互審査の結果に応じて、上記2のとおりFATFから改善状況のフォローアップを受けます。特に、FATFからハイリスク・非協力国として国名を公表された場合には、①各国の金融監督当局が、自国の金融機関に対し、国名を公表された国のマネ・テロ対策は不十分だとして、当該国の金融機関との取引におけるマネ・テロ対策の強化を指示したり、②指示を受けた各国の金融機関が、当該国の金融機関に対し、マネ・テロ対策に関する説明や体制整備を求めるなど審査を厳格化し、その結果、当該国の金融機関との取引遅延や取引自体を回避（リスク遮断）する事態に陥る可能性があります。そのため、わが国がハイリスク・非協力国と取り扱われることになった場合には、わが国の経済活動全般に看過し難い支障が生じ、わが国の金融機関の実務に重大な悪影響をきたしかねません。

相互審査報告書は公表されますので、ハイリスク・非協力国として国名が公表される前のフォローアップ段階でも、各国の金融監督当局や金融機関が上記①や②に準じた反応を示す可能性はあり、その場合の金融機関および金融システムに対するレピュテーション・リスクも軽視できません。

5　新型コロナウイルス感染症拡大の影響

わが国に対する第4次相互審査（前述1(2)b）の結果は、2020年6月のFATF全体会合で審議・採択され、同年8月頃には相互審査報告書（Mutual Evaluation Report）が公表される予定でした。しかし、新型コロナウイルス感染症の拡大を受け、2020年4月28日、FATFはFATF全体会合の開催を同年10月に延期すると公表しました。これにより、日本に関する相互審査報告書の公表は少なくとも同年末頃まで後ろ倒しとなる見込みです。

また、FATF は、加盟国や金融機関等に対し、①新型コロナウイルス感染症に乗じた詐欺やサイバー犯罪など新たなリスクを引き続き警戒しつつ、実効的な RBA をもってリスク低減を図り、疑わしい取引の検知と届出の確実化を求めること、② RBA の柔軟性を活用し、たとえば政府から市民への給付金交付等においては簡素な顧客管理を用いること、③対面取引の減少や社会的隔離に伴い、FATF が近時ガイダンスを公表したデジタル ID を活用した本人確認をさらに検討すべきこと等も呼びかけています。

わが国に対する第 4 次相互審査は、既にオンサイト審査を終えていますので、以上の動きにより審査結果自体に大きな影響はないのではないかとも思われますが、いずれにしても新型コロナウイルスの影響で足元の事業環境が大きく変わってきているなかで、マネ・テロのリスク変化についても十分留意していくことが必要と考えられます。

第4章 反社会的勢力対応、制裁対応

Q33 反社会的勢力対応

反社会的勢力対応として、実務上、金融機関が留意すべき事項を教えてください。

A 監督指針では、金融機関が反社会的勢力といっさいの関係をもたず、反社会的勢力であると知らずに関係を有した場合には、速やかに関係を解消するための態勢整備が求められています。顧客取引の「入口・中間管理・出口」の3段階で一元的なデータベースによる適切な審査と関係遮断を図り、契約書や取引約款では暴力団排除条項の導入を徹底する必要があります。さらにマネ・テロGLもふまえた対応が望ましいと考えられます。

1 反社会的勢力対応の動向

(1) 監督指針

反社会的勢力を社会から排除することは、社会の秩序や安全を確保する上で極めて重要な課題であり、企業が反社会的勢力との関係遮断の取組みを推進することは、企業が社会的責任を果たす観点からも必要かつ重要であることから、2007年6月には「企業が反社会的勢力による被害を防止するための指針について」（犯罪対策閣僚会議幹事会申合せ）が公表されました。

特に、金融機関においては、公共性が高く経済的に重要な機能を担う金融取引を行うなかで、顧客を含む様々なステークホルダーが被害を受けることを防止するために反社会的勢力を排除していくことが求められ、また、近時いっそう巧妙化する反社会的勢力による資金獲得活動にも適切に対処していく必要があります。そこで、金融庁は、2008年３月、金融機関に対する監督上の着眼点を定めた監督指針を改正して「反社会的勢力による被害の防止」という項目を新設し、金融機関における反社会的勢力との関係遮断のための態勢整備の必要性を明記しました（主要行等監督指針Ⅲ－３－１－４、中小監督指針Ⅲ－３－１－４）[1]。

その後、2013年に、「提携ローン（４者型）」（加盟店を通じて顧客からの申込みを受けた信販会社が審査・承諾し、信販会社による保証を条件に金融機関が当該顧客に対して資金を貸し付けるローンをいいます）において反社会的勢力との取引がなされていた事案が発覚したことを契機として、2014年６月、監督指針はさらに大幅に改正されています。

監督指針のポイントは下記２をご参照ください。

⑵　暴力団排除条項――対象者

全銀協が2008年11月および2009年９月に公表した暴力団排除条項の参考例では、排除されるべき対象者の属性要件として、暴力団、暴力団関係企業、特殊知能暴力集団等（以下「暴力団員等」といいます）があげられていました。

その後、2011年６月に参考例が改訂され、①元暴力団員等であって離脱から５年以内の者や、②暴力団員等が「経営に実質的に関与していると認められる関係」を有する者、③暴力団員等と「社会的に非難されるべき関係」を有する者等も排除されるべき対象者に含まれることとなりました[2]。

1　貸金業者監督指針Ⅱ－２－６、金商業者等監督指針Ⅲ－２－11および保険監督指針２－４－９等においても、同様ないし類似の必要性と監査の着眼点が示されています。

2　https://www.zenginkyo.or.jp/news/2011/n3156/

(3) AML/CFT（マネ・テロ対策）との関係

上記(2)および下記2(1)のとおり、反社会的勢力として排除されるべき対象者の外縁は必ずしも明確ではなく、金融機関の対応は、実務上、AML/CFTにおけるリスクベース・アプローチと類似の運用に帰着するものと考えられます。現に、金融犯罪対策という共通の観点から、AML/CFT、反社会的勢力対応および国内外の制裁対応を一元的に管理する部署を設ける金融機関の例もみられます。

マネ・テロGLでは、「自らが定める適切な顧客管理を実施できないと判断した顧客・取引等については、取引の謝絶を行うこと等を含め、リスク遮断を図ること」が求められており、この場合のリスク遮断の方法には、取引条件の一部変更等も含まれると考えられています。この点、顧客が反社会的勢力に該当することが明らかな場合には、取引の謝絶・解消以外の対応はあり得ません。しかしながら、顧客が反社会的勢力に該当するか否かが不明確で判断がつかない場合に備え、全銀協が2019年4月4日に公表したマネ・テロGLをふまえた普通預金規定の参考例[3]を参照の上、顧客に対し一定の期限を指定して各種の確認や資料の提出を求める場合があること、一定の期限内に回答が得られない場合や金融機関において取引がAML/CFT等への抵触があると判断する場合には取引条件の一部制限等を行う場合があること等をあらかじめ契約書や取引約款に定めておき、契約上、柔軟かつ適切な対応を可能とすることが望ましいと考えられます。

2 監督指針および実務上のポイント

(1) 反社会的勢力のとらえ方

反社会的勢力とは、一般に暴力、威力と詐欺的手法を駆使して経済的利益を追求する集団または個人をいいます。反社会的勢力をとらえる際には、①暴力団、暴力団関係企業、特殊知能暴力集団等といった属性要件に加え、②

3 https://www.zenginkyo.or.jp/news/2019/n040401/

暴力的な要求行為、法的責任を超えた不当な要求といった行為要件にも着目することが重要とされています（主要行等監督指針Ⅲ－３－１－４－１②、中小監督指針Ⅱ－３－１－４－１②）。

⑵　反社会的勢力による被害を防止するための態勢整備

監督指針では、反社会的勢力対応のための態勢整備の検証は「個々の取引状況等を考慮しつつ」行うものとされています（主要行等監督指針Ⅲ－３－１－４－２、中小監督指針Ⅱ－３－１－４－２）。具体的には、一律の対応を求めるのではなく、取引の各局面において、暴力団排除条項の導入の有無、商品特性および各取引の特性等を含めた個々の取引状況等を勘案しつつ、反社会的勢力に対する適切な対応を可能とする態勢の整備が求められています（2014年６月４日付け公表パブコメ回答（以下「平成26年パブコメ回答」といいます）２番、４番）。

そして、組織全体としての態勢整備を前提に、①適切な事前審査（入口）、②適切な事後検証（途中）、③反社会的勢力との取引解消に向けた取組み（出口）について、以下のような着眼点が示されています。

ａ　組織全体としての態勢整備

反社会的勢力との関係遮断に向けた組織全体としての態勢整備に関しては、監督上の着眼点として、①経営陣が適切に関与しているか、②銀行単体のみならずグループ一体となって取り組んでいるか、③グループ外の他社（信販会社等）の提携による金融サービスの提供等を行う場合においても適切に取り組んでいるか、④反社会的勢力との関係遮断のための対応を統括する部署（以下「反社対応部署」といいます）を整備の上、一元的な管理態勢を構築しているか等があげられています（主要行等監督指針Ⅲ－３－１－４－２⑴、中小監督指針Ⅱ－３－１－４－２⑴）。

特に、一元的な管理態勢の構築にあたっては、データベースの構築、適切な更新（情報の追加、削除、変更等）、グループ内での情報共有、業界団体等から提供された情報の積極的な活用、警察や弁護士等の外部専門機関との緊密な連携、反社会的勢力との取引が判明した場合等における反社対応部署に対する適切な報告・相談体制、反社対応部署から経営陣に対する適切な報告体制の整備等が求められます（主要行等監督指針Ⅲ－３－１－４－２(2)、中小監督指針Ⅱ－３－１－４－２(2)）。

b　入口――適切な事前審査

反社会的勢力との関係遮断のため、最も効果的な水際対策として、①反社会的勢力に関する情報等を活用した適切な事前審査を実施し、②契約書や取引約款への暴力団排除条項の導入を徹底する等、反社会的勢力との取引を未然に防止することが求められます。特に、提携ローン（４者型）に関しては、不祥事案があったことをふまえ、暴力団排除条項の導入を徹底し、金融機関が自ら事前審査を実施する体制を整備し、さらに③「提携先の信販会社における暴力団排除条項の導入状況やデータベースの整備状況等を検証する態勢」となっていることが求められます（主要行等監督指針Ⅲ－３－１－４－２(3)、中小監督指針Ⅱ－３－１－４－２(3)）。

ここで、取引開始前の入口段階では、一般に「契約自由の原則」が妥当しますので、反社会的勢力である疑いを理由として取引を謝絶するハードルは、中間管理または出口の段階と比べて相対的に低いといえます。裁判例でも、銀行には預金口座開設の承諾を義務づける法令上の根拠がないことや、銀行業務の公共性から直ちに契約自由の原則の適用が制限されるとまではいえないとして、入口段階での取引謝絶について不法行為の成立が否定されています（東京地判平26.12.16金法2011号108頁）。

もっとも、反社会的勢力に該当するか否か明らかでない場合も多々ありますので、実務上は、窓口業務（第１線）における顧客受入方針を策定して対応するとともに、契約書や取引約款において、事後的に反社会的勢力であることが判明した場合には取引を解消できるよう表明確約条項を定めておくことが有用といえます。

また、監督指針では、暴力団排除条項の導入の「徹底」が求められています。その意味は、平成26年パブコメ回答の１番および49番ないし53番によれば、基本的には、金融機関の国内取引はもとより国際取引も含めて、全ての取引が暴力団排除条項に基づいて解除可能となっていることが求められているものと解されます。

c　中間管理──適切な事後検証

反社会的勢力との関係遮断を徹底する観点から、既存の債権や契約の適切な事後検証を行うための態勢が整備されていることが求められます（主要行等監督指針Ⅲ－3－1－4－2(4)、中小監督指針Ⅱ－3－1－4－2(4)）。

事後検証の頻度に関しては、平成26年パブコメ回答の59番、60番で、「（事後検証の）頻度について一律の対応が求められるものではなく、規模、特性、対象顧客のリスク評価の結果等による」と述べられているとおり、リスクベース・アプローチによる対応が求められます。

d　出口──反社会的勢力との取引解消に向けた取組み

取引開始後に反社会的勢力との取引であることが判明した場合には、①迅速かつ適切に経営陣に報告し、経営陣の適切な指示・関与のもとで対応を行うこと、②平素から外部専門機関（警察・全国暴力追放運動推進センター・弁護士等）と緊密に連携しておくことを前提に、預金保険機構による特定回収困難債権の買取制度や整理回収機構のサービサー機能等を活用して、反社会的勢力との取引解消を推進することに加えて、③可能な限り回収を図るなど、反社会的勢力への利益供与にならないよう配意すること、④いかなる理由であれ、反社会的勢力であることが判明した場合には、資金供与や不適切・異例な取引を行わない態勢を整備していることが必要な対応としてあげられています（主要行等監督指針Ⅲ－3－1－4－2(5)、中小監督指針Ⅱ－3－1－4－2(5)）。

このうち上記③の「可能な限り回収を図るなど、反社会的勢力への利益供与にならないよう配意すること」に関しては、平成26年度パブコメ回答の75番で、「融資金につき分割弁済をしているとの事実から一律に利益供与に該当すると考えられるわけではなく、また、一律に期限の利益を喪失させて融資金の回収を図ることを求めているものでもありません」と回答されています。したがって、個別事案ごとの具体的な事情に照らして、反社会的勢力との取引に該当する可能性の大小、資金使途、既存の取引状況その他の諸事情を総合的に考慮した結果、約定弁済を当面継続させて債権回収の最大化を図るとの判断が許容される場合もないわけではありません。しかしながら、結果として「反社会的勢力への利益供与」となることのないよう、リスクベース・アプローチに基づき、個別事案ごとに慎重に判断することが不可欠です。

実務上は、窓口業務（第１線）における対応方針の原則と例外、判断基準、上級管理職に承認を求める場合の手続等を明確化するとともに、AML/CFT等を含めて一元的に管理する部署（第２線）においては、組織横断的に緊密に対応状況を管理しつつ、当該金融機関における反社会的勢力対応の実務のあり方についても継続的に検証し、必要に応じて見直しを図っていくことが求められます。

Q 34　海外当局による経済制裁

海外当局による経済制裁について、金融機関が特に留意すべき事項を教えてください。

A 近時、米国当局による経済制裁を遵守しなかったものとして各国の金融機関が巨額の制裁金を科された事例が相次ぐなど、海外当局による経済制裁が国境を越えて積極的に執行される場面が増えています。金融機関は、海外当局による経済制裁の動向もタイムリーに注視しながら、取引のデュー・ディリジェンスやコンプライアンス・プログラムを構築し、適切に運用していく必要があります。また、経済制裁の仕組みは複雑で規制対象は多岐にわたる上、国際情勢に応じて目まぐるしく変動します。社内の人材や資源を有効活用するべく、リスクベース・アプローチを活用してメリハリの利いた対応を行う必要性がいっそう高まっています。

1　経済制裁

⑴　意味と類型

「経済制裁」とは、国際法上一般に、国際法違反国または国際義務不履行国に対し経済的圧力を加えることによって、その違反をやめ義務を履行させることをいいます。

経済制裁における具体的措置は、①財政・金融上の措置（投融資の規制、国際金融市場への参入制限等）、②資産凍結（支払規制、預金封鎖等）、③通商・貿易取引の停止の３つに分類できます。また、ヒトの制限（出入国の制限）、モノの制限（通商・貿易取引の制限）、カネの制限（投融資の規制、資産凍結、支払規制など）に分類されることもあります。

⑵　経済制裁の根拠（国連安保理決議、地域または国ごとの経済制裁プログラム）

国連の安全保障理事会は、非軍事的強制措置として、随時、特定の国や地域に関する禁輸措置や特定の個人・団体に関する資産凍結等を決議しており（以下「国連安保理決議」といいます）、加盟国には制裁措置の実施が求められます。

たとえば、わが国の場合、外為法に基づき、財務大臣が所要の経済制裁措置を講ずることが可能です（同法16条、21条、24条、25条ほか、外国為替令６条）。本書執筆時現在、わが国では、国連安保理決議に基づき、タリバーン関係者やテロリスト、北朝鮮のミサイルまたは大量破壊兵器計画に関連する者等に対する資産凍結措置等がなされています。

海外では、欧州連合（EU）による経済制裁プログラムがあるほか、米国の連邦レベルでは、財務省外国資産管理室（Office of Foreign Asset Control、以下「OFAC」といいます）が、外交政策や安全保障上の目的から各種の経済制裁プログラムを制定しています（以下「OFAC 規制」といいます）。

2 OFAC 規制——わが国の金融機関が留意すべきポイント

(1) 近時の事例

2014年には、フランスを本拠とするBNPパリバ銀行が米国司法省（DOJ）からOFAC規制違反を摘発され、約89億米ドルという巨額の罰金（刑事罰）を支払いました。また、わが国を含む各国の金融機関が、OFAC規制を含む経済制裁の対象者と取引を行った嫌疑等を契機として、OFACまたは米国の州当局（ニューヨーク金融サービス局（NYDFS）等）に多額の制裁金（民事罰）ないし和解金を支払った事例等が相次いでいます。

そこで、以下、わが国の金融機関が留意すべき海外当局による経済制裁の例として、OFAC規制を取り上げ、規制のポイントや実務上の留意事項を解説します。

(2) OFAC 規制の概要・根拠

OFACは、①国・地域ごとの包括的な制裁プログラム、②テロ対策や麻薬不法取引対策等の目的に応じた制裁プログラム等、多種多様な制裁プログラムを制定・執行しています。

OFAC規制の発動は、国際緊急経済授権法[4]等の米国法令に基づき、大統領が広範な権限と裁量を有しており、大統領令により迅速かつ機動的に制裁プログラムの制定や改変等が行われています。

たとえば、2015年に、イランが核開発に関して一定の制限を受けることを条件に、国際社会がイランの核開発に関して科してきた経済制裁を解除する包括合意が成立しましたが、2018年、トランプ大統領が合意の撤回を宣言し、米国のイラン制裁は復活しています。また、2020年には、中国政府による香港への国家安全法導入に加担したとして、香港政府の閣僚等がOFAC

---

4 International Emergency Economic Powers Act（IEEPA）

による制裁対象者[5]として指定されています。

⑶　一次的制裁と二次的制裁――いずれもわが国の金融機関に影響あり

OFAC規制の多くは、①「米国との接点」[6]（以下「米国接点」といいます）を有する取引であって、かつ、②制裁対象者（個人・団体）あるいは包括的な制裁対象とされている国・地域（以下「制裁対象国」といいます）にかかわる取引等を対象とし、取引の禁止や資産凍結を求めるもので、「一次的制裁」と呼ばれています。典型的には米国人や米国法人（以下、包括して「米国人」[7]といいます）が対象となりますが、後述のとおり「米国接点」は広く解釈されますので、わが国の金融機関にも一次的制裁が適用される場合が多々あります（域外適用）。

これに対し、非米国人による「米国接点」をもたない行為等に関しても、イラン・北朝鮮・ロシア等の一部の国に対する制裁プログラムに関しては、特定の取引等を行わないよう圧力をかける仕組みがあり、「二次的制裁」と呼ばれています。厳密には、米国との接点がない以上、OFAC規制を及ぼすことはできないはずですが、非米国人が特定の取引等を行った場合には制裁対象者リストに掲載し、または、その他貿易上の制限等を課すと圧力をかける（threaten）ことにより、事実上、規制と類似の効果をあげています。

⑷　キーワード

a　米国接点

米国接点は、①米国人が関与する取引を行う場合、②米国由来の製品や技術等に関する取引を行う場合、あるいは③米国域内での行為を伴うかまたは惹起する場合に認められます。たとえば下記のとおり、典型的な米国人でない場合でも、規制対象となり得ます。

・わが国の金融機関の米国支店は、米国法に基づき開設された拠点という意味で上記①の「米国人」とみなされます。

5　後述2⑷b「SDNリスト」掲載者を指します。以下同様です。
6　U.S. nexus
7　U.S. Persons

図表1　OFAC 規制の一次的制裁と二次的制裁

	一次的制裁	二次的制裁
要件 ①「**米国接点**」 ②　対象	・必要 ・制裁対象者・制裁対象国との取引等	・不要 ・イラン・北朝鮮・ロシア等制裁プログラムにおける特定の行動
主な類型	・制裁対象者（SDN リスト[8]掲載者）との取引等禁止・資産凍結[9] ・国・地域別の包括制裁／全取引の禁止	・特定の行動の抑止
非米国人への影響	「米国接点」の広い解釈等により非米国人にも域外適用あり 例）日系銀行の米国支店、米ドル建て取引、米国人による一次的制裁違反の惹起・共謀・潜脱	非米国人による米国接点を有さない行動を対象とする
法的性質	規制（prohibitions, etc.）	圧力（threat）
効果	・取引等の禁止 ・資産凍結の義務	・行動の抑止
規制違反／不抑止の効果	・民事罰の執行 ・刑事罰の執行（故意の違反の場合） ＊民事罰は OFAC、刑事罰は司法省（DOJ）	・制裁対象者リストへの掲載 ・貿易上の規制強化等 ＊大統領令または法令に依拠

（出所）　OFAC 公表資料等により筆者作成

・米ドル建ての金融取引は、取引の直接の当事者の属性にかかわらず、米国の金融機関がコルレス銀行として途中に介在する（米国の金融システムを

8　後述 2(4)b 参照。
9　ロシア／クリミア制裁では、金融・防衛等の分野における分野別ターゲット式（Sectoral Sanctions Identification、SSI リスト）が採用されています。

利用する）という意味で、上記③の「米国域内での行為を惹起する場合」に該当するとみなされます。

・イラン制裁等においては、非米国人であっても、「米国人に保有または支配」されている場合には米国法人とみなす旨のガイドラインが公表されています。

b　SDNリスト

OFACは、安全保障等の観点から、特定の個人や団体等を制裁対象者（Specially Designated Nationals and Blocked Persons、「SDN」と略称されています）と指定し、SDNリストに掲載されている制裁対象者との間で「米国接点」を有する取引を行うことを禁止するとともに、制裁対象者の資産等が米国域内にあるときは資産凍結を要求しています。

c　域外適用

上記a記載のとおり、米国接点の解釈において、非米国人に対しても広く域外適用が認められています。

また、OFAC規制は、一般に、OFAC規制の潜脱・回避、それらの未遂、米国人によるOFAC規制違反を惹起させる行為等も禁止しています。したがって、非米国人はこのような形態で米国接点がある取引に関与した場合、OFAC規制（一次的制裁）の対象となる場合があります。

さらに、いわゆる「第三国法人」（米国または制裁対象国のいずれにも該当しない第三国で設立された法人）との間の取引であっても、当該第三国法人との取引について米国接点があり、当該取引の恩恵が、制裁対象国または制裁対象国で設立された法人に還流する場合には、当該取引は禁止されています。

3　OFAC規制に関するコンプライアンス

(1)　OFACのガイダンス

OFACは、随時、よくある質問集（FAQ）やガイダンスを公表・改訂しています。2019年には、「OFAC規制のコンプライアンス・コミットメントのための枠組み[10]」を公表し、米国人および非米国人にとって重要なコンプライアンスの5要素として、①経営陣の関与、②リスクの評価、③内部統制、④検証と監査、⑤研修を掲げています。

(2) わが国のマネ・テロGL

経済制裁のうち特に金融取引の禁止や資産凍結の対象となるSDNリストは、AML/CFTにおいて金融機関が行うべき顧客管理（カスタマー・デュー・ディリジェンス、CDD）と密接にかかわり、いずれも金融システムの健全性の保持を目的とする点で共通します。

そこで、マネ・テロGLでは、金融機関に「対応が求められる事項」（不備があれば行政処分の可能性が生じる事項）として、「④顧客及びその実質的支配者の氏名と関係当局による制裁リスト等とを照合するなど、国内外の制裁に係る法規制等の遵守その他必要な措置を講ずること」や、「⑩自らが定める適切な顧客管理を実施できないと判断した顧客・取引等については、取引の謝絶を行うこと等を含め、リスク遮断を図ることを検討すること」があげられています（マネ・テロGL Ⅱ－2(3)(ⅱ)）。また、制裁リストを取引モニタリング・フィルタリングに活用すべきこと（同Ⅱ－2(3)）、特に「自ら又は他の金融機関等を通じて海外送金等を行う場合」には、「関係国等の制裁リストとの照合等の必要な措置を講ずることは、もとより当然である」ことも掲げられています（同Ⅱ－2(4)、Q28、Q30、Q31参照）。

---

10 A Framework for OFAC Compliance Commitments

第5章 販売・勧誘における顧客対応

Q35 融資取引・保証取引

融資取引・保証取引について、留意すべき法規制の内容を教えてください。

A 銀行による融資取引・保証取引については、銀行法による規制のほか、民法上の規律にも留意する必要があります。また、交渉力の弱い相手方の場合には、特に、歩積・両建預金の強要等、優越的地位の濫用とならないよう留意する必要があります。

1 融資取引等に関する規制

銀行は、その営む業務の内容および方法に応じ、顧客の知識、経験、財産の状況および取引を行う目的をふまえた重要な事項の顧客に対する説明その他の健全かつ適切な業務の運営を確保するための措置（書面の交付その他の適切な方法による商品または取引の内容およびリスクの説明、苦情処理および紛争解決措置ならびに犯罪を防止するための措置を含みます）に関する社内規則等を定めるとともに、従業員に対する研修その他の当該社内規則等に基づいて業務が運営されるための十分な体制を整備することを義務づけられています（銀行法12条の２第２項、同法施行規則13条の７）。

また、銀行は、その業務に関し、顧客に対し虚偽のことを告げる行為、不確実な事項について断定的判断を提供し、または確実であると誤認させるおそれのあることを告げる行為等をしてはならないとされています（銀行法13条の３、同法施行規則14条の11の３）。

銀行が融資取引等の業務を行うにあたっては、これらの体制整備義務や行為規制を遵守することが必要となります。

さらに、銀行の融資取引については、いわゆる優越的地位の濫用も「顧客の保護に欠けるおそれがある行為」として禁止されていることに留意する必要があります。優越的地位の濫用とは、顧客に対し、銀行としての取引上の優越的地位を不当に利用して、取引の条件または実施について不利益を与える行為をいいます（銀行法13条の３第４号、同法施行規則14条の11の３第３号、私的独占の禁止及び公正取引の確保に関する法律（以下「独占禁止法」といいます）19条、２条９項５号）。たとえば、融資にあたり、自らの関連会社等が提供する金融商品を購入することを要請し、要請に応じなければ融資等に関し不利な取扱いをする旨を示唆することなどが、優越的地位の濫用として問題になりうるとされています。また、いわゆる歩積・両建預金（金融機関が優越的な地位を利用して貸出の条件として預金を強要し、その払出しを拘束すること）も優越的地位の濫用として問題になります（主要行等監督指針Ⅲ－３－１－６－２、中小監督指針Ⅱ－３－１－６－２）。なお、全銀協は、各銀行が独占禁止法への対応を図る際のガイドとして、「銀行の公正取引に関する手引」（七訂版、2020年３月）を公表しています。

2　保証取引に関する規制

保証契約については、民法上、保証人保護のための各種の規律が定められています。

まず、一定の債務について個人が保証する場合（具体的には、①事業のために負担した貸金等債務を主たる債務とする保証契約、または②主たる債務の範囲に事業のために負担する貸金等債務が含まれる根保証契約）、保証契約の締結前

１カ月以内に作成された公正証書（保証意思宣明公正証書）において、保証人が保証債務を履行する意思を表示していなければ、保証契約は効力を生じないとされています（民法465条の６第１項）。ただし、保証人が主たる債務者の役員である場合などの一定の場合には、この公正証書の作成は不要とされています（同法465条の９）。

また、債権者は、個人保証・法人保証を問わず、委託を受けた保証人から請求があった場合には、遅滞なく、①主たる債務の元本および主たる債務に関する利息、違約金、損害賠償その他その債務に従たる全てのものについての不履行の有無、②これらの残額、ならびに③そのうち弁済期が到来しているものの額に関する情報を提供する必要があります（民法458条の２）。

さらに、金融監督上も、銀行には保証契約の適切な運用が求められています。まず、個人保証契約に関しては、保証契約の内容の説明や保証意思の確認に加えて、保証の法的効果やリスクについて、最悪のシナリオすなわち実際に保証債務を履行せざるを得ない事態を想定した説明を行うことが必要とされています。その上で、必要に応じ、保証人から説明を受けた旨の確認を行うことも求められています（主要行等監督指針Ⅲ－３－３－１－２⑵①ハ、中小監督指針Ⅱ－３－２－１－２⑵①ハ）。加えて、保証契約の締結時において、保証人の立場および財産の状況、主債務者や他の保証人との関係等をふまえ、当該保証人との間で保証契約を締結する客観的合理的理由を説明することが求められます。特に、経営者以外の第三者との間で個人連帯保証契約を締結する場合には、「経営者以外の第三者の個人連帯保証を求めないことを原則とする融資慣行を確立」するとの観点に照らし、必要に応じ、「信用保証協会における第三者保証人徴求の原則禁止について」における考え方にも留意しつつ、対応することが求められます（主要行等監督指針Ⅲ－３－３－１－２⑵②ハ、中小監督指針Ⅱ－３－２－１－２⑵②ハ）。

また、経営者保証に関するガイドライン研究会が公表した「経営者保証に関するガイドライン」（2013年12月）では、①経営者保証に依存しない融資のいっそうの促進、②経営者保証の契約時の対応、③既存保証契約の適切な見直し、④保証債務の整理に関する対応（経営者の経営責任のあり方、残存資産の範囲および保証債務の一部履行後に残存する保証債務の取扱いを含みます）といった内容が定められています。銀行は、このガイドラインの趣旨や内容をふまえた適切な対応を行うことが求められます（主要行等監督指針Ⅲ－９－１、中小監督指針Ⅱ－10－１）。

Q 36　金融商品・サービスの販売・勧誘

金融商品・サービスの販売・勧誘について、留意すべき法規制の内容を教えてください。

A　銀行等の金融機関は、金融商品・サービスの販売・勧誘について様々な規制を受けます。特に、金商法、金商業者等監督指針、日本証券業協会の自主ルールなどをふまえ、適合性原則の観点から顧客の属性（顧客の知識・経験・財産状況・契約締結の目的）に照らして顧客にふさわしい金融商品・サービスの販売・勧誘を行うとともに、金融商品・サービスの内容について、顧客にとってわかりやすい方法により説明を行うことが重要であると考えられます。

1　販売・勧誘に適用される行為規制

銀行が融資取引・保証取引を行うにあたって遵守すべき主な規制については、Q35において解説しましたが、銀行等の金融機関が提供する金融サービスはこれにとどまるものではありません。金融機関は、顧客に対して多種多様な金融商品・サービスを販売・提供しますが、その際、各種法令に基づく規制を遵守する必要があります。販売・提供する金融商品・サービスの内容や顧客の属性に応じて、規制の内容も変わることに留意が必要となります。

金商法2条8項各号に掲げる行為を業として行うことは原則として「金融商品取引業」に該当します（金商法2条8項柱書）。そして、金融商品取引業は、原則として登録を受けた者（金融商品取引業者または登録金融機関）でなければ行うことができません（同法29条、33条の2）。

銀行が行おうとする金融商品・サービスの販売・勧誘が金融商品取引業に該当する場合には、登録金融機関としての登録を受ける必要があり、販売・勧誘を行うにあたって、金商法の行為規制の規定が適用されます。

2　登録金融機関業務に関する法規制

銀行等の金融機関は、原則として有価証券関連業または投資運用業を行うことはできませんが（金商法33条1項本文、同法施行令1条の9。いわゆる銀証分離規制）、内閣総理大臣の登録を受けることにより、一定の有価証券関連業に該当する行為を行うことが認められています（金商法33条の2）。登録を受けた金融機関を「登録金融機関」といい（同法2条11項柱書）、登録金融機関が行う登録に係る業務を「登録金融機関業務」といいます（同法33条の3第1項6号イ）。登録金融機関が登録金融機関業務を行う場合には、金商法に基づく各種の行為規制を受けることになります。具体的な項目は以下のとおりです。

〈一般的規制〉

①　顧客に対する誠実義務（金商法36条）

②　標識掲示義務（同法36条の2）

③　名義貸しの禁止（同法36条の3）

④　広告等の規制（同法37条）

〈登録金融機関業務に関する規制〉

⑤　取引態様の事前明示義務（同法37条の2）

⑥　契約締結前の書面の交付（同法37条の3）

⑦　契約締結時の書面の交付（同法37条の4）

⑧　保証金の受領に係る書面の交付（同法37条の５）

⑨　書面による解除（同法37条の６）

⑩　指定紛争解決機関との契約締結義務等（同法37条の７）

⑪　禁止行為（同法38条）

⑫　損失補てん等の禁止（同法39条）

⑬　適合性の原則（同法40条）

⑭　最良執行方針等（同法40条の２）

上記⑪の禁止行為として、虚偽告知の禁止（金商法38条１号）、断定的判断の提供等の禁止（同条２号）、不招請勧誘の禁止（同条４号）、勧誘受諾意思不確認勧誘の禁止（同条５号）、再勧誘の禁止（同条６号）などが定められているほか、金商法38条９号を受けた金融商品取引業等に関する内閣府令（以下「金商業等府令」といいます）117条は、特別利益提供約束・提供の禁止（同府令117条１項３号）、偽計および暴行・脅迫の禁止（同項４号）、個人顧客などに対する迷惑時間勧誘の禁止（同項７号）など多岐にわたる禁止行為を定めています。

なお、顧客が特定投資家である場合には、一定の行為規制は適用されないこととなります（金商法45条）。

登録金融機関業務を行うに際しては、これらの金商法上の行為規制のほか、金融庁の公表している「金商業者等監督指針」や日本証券業協会の自主規制にも留意する必要があります。また、法令上の規制ではありませんが、金融庁の公表した「顧客本位の業務運営に関する原則」を採択している金融機関は、同原則の内容もふまえて業務を行うことが求められます（同原則の詳細に関してはＱ38をご参照ください）。

ここで、登録金融機関業務の一類型として、銀行等は、従来より営業所の窓口で投資信託商品を一般顧客向けに販売していますが（いわゆる投資信託の窓販）、近時、銀行による投資信託の窓販については、特に監督指針上、以下の点に留意すべきとされています（金商業者等監督指針Ⅳ－３－１－２⑷）。

① 投資信託の勧誘を行う際、販売手数料等の顧客（特定投資家を除く。②および③において同じ）が負担する費用について、次に掲げる事項をわかりやすく説明しているか。

イ．勧誘を行う投資信託の販売手数料の料率および購入代金に応じた販売手数料の金額（勧誘時点で確定できない場合は概算額）

ロ．販売手数料は、投資信託の保有期間が長期に及ぶほど１年当りの負担率が逓減していくこと（保有期間別（１年、３年、５年）の１年当りの負担率の状況を例示する等）

ハ．勧誘する投資信託の購入後、顧客が負担することになる費用（信託報酬（ファンド・オブ・ファンズ方式での運用を行う投資信託については投資対象とするファンドの運用管理費用を含めた実質的な負担率）、信託財産留保額等）

② 投資信託の分配金に関して、分配金の一部または全てが元本の一部払戻しに相当する場合があることを、顧客にわかりやすく説明しているか。

③ 通貨選択型ファンドについては、投資対象資産の価格変動リスクに加えて複雑な為替変動リスクを伴うことから、通貨選択型ファンドへの投資経験がない顧客との契約締結時において、顧客から、商品特性・リスク特性を理解した旨の確認書を受け入れ、これを保存するなどの措置をとっているか。

また、銀行は、銀行法に基づく付随業務として、各種のデリバティブ取引を行うことができますが、これが登録金融機関業務に該当する場合には、金商法の行為規制の適用を受けることになります。ただし、一定の要件を満たすプロの類型の顧客（金融商品取引業者等、適格機関投資家、資本金10億円以上の株式会社等）を相手方とする店頭デリバティブ取引は、原則として金融商品取引業から除外されているため、この場合には登録金融機関業務には該当しません（金商法２条８項、同法施行令１条の８の６第１項２号）。

もっとも、従来、デリバティブ取引については、商品内容の複雑性などを背景として金融機関と顧客との間で多くの紛争が生じてきたことから、金融監督上、厳しく規制の運用がなされていることに留意が必要となります。具体的には、店頭デリバティブ取引やこれと同様のリスク特性を有する仕組債・投資信託の販売・勧誘にあたって、顧客に対して、①デリバティブ取引の商品内容やリスク、②デリバティブ取引の中途解約の可否および解約清算金、③デリバティブ取引がヘッジ目的の場合には、顧客が継続的な業務運営を行う上で有効なヘッジ手段として機能すること等について、具体的にわかりやすいかたちで解説した書面を交付する等の方法により、適切かつ十分な説明をすることが求められています（金商業者等監督指針Ⅳ－３－３－２⑹①ないし④）。また、顧客の要請があれば、定期的にまたは必要に応じて随時、顧客のポジションの時価情報や当該時点での解約清算金の額等の提供・通知などを求められています（金商業者等監督指針Ⅳ－３－３－２⑹⑥）。

さらに、金融商品を販売・勧誘する場合には、販売・勧誘の前提として、適合性原則（金商法40条１号）の観点から、顧客の属性（顧客の知識・経験・財産状況・契約締結の目的）に関する情報を取得し、適合性の原則により販売・勧誘すること自体が許容されるか、許容されるとしてもどのように販売・勧誘を行うべきかを判断する必要があります。適合性原則の観点からは、ある特定の顧客に対してはいかに説明を尽くしても一定の商品・サービスの販売・提供を行ってはならないとされる場合もありうることになります。

登録金融機関業務に該当する販売・勧誘に際して、金融機関は、法令上、書面を用いた説明が求められていますが、形式的に書面を交付すれば足りるわけではなく、実質的説明義務（契約締結前交付書面の記載事項について顧客の属性に照らして当該顧客に理解されるために必要な方法および程度による説明を行う義務。金商法38条９号・金商業等府令117条１項１号）を果たす必要があり、顧客保護の観点からどのような説明が必要となるかを判断する必要があります。

3　民事責任

顧客が金融商品・金融サービスへの投資を行った結果、一定の損害が生じたとしても、原則として投資家の自己責任の原則が成立します。もっとも、銀行等の役員・使用人による不適切な勧誘により顧客に損害が発生した場合には、各種法令を根拠として、銀行等に損害賠償責任が認められる可能性があります。

そのような責任が金融機関に認められる裁判例においては、法令上の根拠として、民法の信義則に基づく説明義務違反あるいは民法709条の不法行為責任を理由とされる事案が多いと思われます。最高裁は、顧客の意向と実情に反して、明らかに過大な危険を伴う取引を積極的に勧誘するなど、適合性原則から著しく逸脱した態様の勧誘行為が不法行為法上も違法となる旨を判示しています（最判平17.7.14民集59巻6号1323頁）。また、同最高裁判例の補足意見では、オプションの売り取引について顧客がリスクをコントロールすることができなくなるおそれが認められる場合には、証券会社には、これを改善、是正させるための信義則に基づく民事上の指導助言義務を負う場合があると判示していることが注目されます。

損害賠償責任については、金販法にも留意する必要があります（なお、金販法は、法改正によりその名称が「金融商品の販売等に関する法律」から「金融サービスの提供に関する法律」に改められます。Q39参照）。金販法は、金融商品販売業者等が金融商品の販売等に際し、顧客に説明すべき事項等を明示するとともに、金融商品販売業者等の説明義務違反等により顧客に損害が生じた場合における損害賠償責任に関する特則を規定しています。具体的には、説明すべき事項として、当該金融商品におけるリスクの存在や内容などを規定し（同法3条1項）、説明の方法に適合性の原則の諸要素を取り入れて当該顧客の理解に適合した説明をすることを義務づけています（同条2項）。

Q 37　保険商品の販売

保険商品の販売について、留意すべき法規制の内容を教えてください。

A 金融機関が保険商品の販売を行うに際しては、保険業法に基づき健全かつ適切な運営を確保するための体制整備が求められるほか、情報提供義務、意向把握・確認義務を遵守し、一定の禁止行為をしないようにすることが求められます。また、特に銀行等が保険募集を行う場合には、融資者としての影響力に基づき、顧客に対して圧力が生じることなどにより、保険契約者保護に欠けることとならないよう追加的な規制が適用されます。

1　保険募集に関する規制

保険商品の販売は、保険会社以外の者であっても、生命保険の場合は生命保険募集人として、損害保険の場合は損害保険代理店として、それぞれ保険業法に基づく登録を受けることにより、保険会社から委託を受けて行うことが可能となります。銀行や証券会社に対する業務範囲規制との関係でも、保険業法に基づく登録を受けて保険募集を行うことが認められています（銀行法12条、金商法35条２項７号、金商業等府令68条５号）。

もっとも、保険業法上、生命保険募集人や損害保険代理店には一定の体制整備が求められており、また、保険会社が行う場合を含めて保険募集に際しては保険業法の定める行為規制を遵守することが求められます。以下、これらの規制の概要を解説します。

2　生命保険募集人・損害保険代理店の体制整備義務

生命保険募集人や損害保険代理店は、保険募集の業務に関して、内閣府令で定めるところにより、健全かつ適切な運営を確保するための措置を講じることが求められています（保険業法294条の3第1項）。具体的には、図表1のような体制を整備することが求められます。

これらの体制については、法令のほか、保険監督指針の内容もふまえて、整備を行うことが求められます。このほか、電話による新規の保険募集については、特に苦情等が発生しやすいといった特性等に鑑み、トラブルの未然防止・早期発見に資する取組みを含めた保険募集方法を具体的に定め、実行するとともに、保険募集人に対して、適切な教育・管理・指導を行うことが求められています（保険監督指針Ⅱ－4－4－1(5)）。

図表1　生命保険募集人・損害保険代理店の体制整備義務の内容

- 健全かつ適切な業務の運営を確保するための措置に関する社内規則の制定・社内規則に基づいて業務が運営されるための体制整備（保険業法施行規則227条の7）
- 特定の団体保険における適切な情報提供等の確保（保険業法施行規則227条の8）
- 個人顧客情報の安全管理措置等（保険業法施行規則227条の9）
- センシティブ情報の目的外利用をしないことを確保するための措置（保険業法施行規則227条の10）
- 委託業務の的確な遂行を確保するための措置（保険業法施行規則227条の11）
- 二以上の所属保険会社等を有する保険募集人に係る誤認防止（保険業法施行規則227条の12）
- 自己の商標等の使用を他の保険募集人に許諾した保険募集人に係る誤認防止（保険業法施行規則227条の13）
- 契約内容を比較した事項の提供の適切性等を確保するための措置（保険業法施行規則227条の14）
- 保険募集人指導事業（フランチャイズ）の的確な遂行を確保するための措置（保険業法施行規則227条の15）

3　情報提供義務

保険会社、生命保険募集人、損害保険代理店などが保険募集に際しては、原則として、顧客が保険加入の適否を判断するのに必要な情報の提供を行うことが求められます（保険業法294条1項）。この情報提供は、原則として「契約概要」と「注意喚起情報」を書面の交付またはこれに代替する電磁的方法により提供することが求められており、それらの具体的な項目は図表2のとおりです（保険監督指針Ⅱ－4－2－2(2)②）。

また、保険募集時の情報提供義務の履行に関しては、保険監督指針Ⅱ－4－2－2(2)⑩により、「契約概要」および「注意喚起情報」を記載した書面を交付するために、一定の体制の整備が求められていることにも留意が必要です。

図表2　「契約概要」と「注意喚起情報」の項目

「契約概要」の項目	・当該情報が「契約概要」であること[1]。 ・商品の仕組み ・保障（補償）の内容 （注）　保険金等の支払事由、支払事由に該当しない場合および免責事由等の保険金等を支払わない場合について、それぞれ主なものを記載すること。 保険金等を支払わない場合が通例でないときは、特に記載すること。 ・付加できる主な特約およびその概要 ・保険期間 ・引受条件（保険金額等） ・保険料に関する事項 ・保険料払込みに関する事項（保険料払込方法、保険料払込期間） ・配当金に関する事項（配当金の有無、配当方法、配当額の決定方法） ・解約返戻金等の有無およびそれらに関する事項

1　「契約概要」と「注意喚起情報」について、同一媒体を用いて一体で記載している場合には、「当該情報が「契約概要」であること」および「当該情報が「注意喚起情報」であること」の記載について省略した上で、当該情報を「契約情報」として表示することで足りるとされています。

「注意喚起情報」の項目	・当該情報が「注意喚起情報」であること。 ・クーリング・オフ ・告知義務等の内容 （注） 危険増加によって保険料を増額しても保険契約が継続できない（保険期間の中途で終了する）場合がある旨の約款の定めがあるときは、それがどのような場合であるか、記載すること。 ・責任開始期 ・支払事由に該当しない場合および免責事由等の保険金等を支払わない場合のうち主なもの。 （注） 通例でないときは、特に記載すること。 ・保険料の払込猶予期間、契約の失効、復活等 （注） 保険料の自動振替貸付制度を備えた保険商品については、当該制度の説明を含む。 ・解約と解約返戻金の有無 ・セーフティネット ・手続実施基本契約の相手方となる指定ADR機関の商号または名称（指定ADR機関が存在しない場合には、苦情処理措置および紛争解決措置の内容） ・補償重複に関する以下の事項 （注） 補償重複とは、複数の損害保険契約の締結により、同一の被保険利益について同種の補償が複数存在している状態をいう。 a．補償内容が同種の保険契約が他にある場合は、補償重複となることがあること b．補償重複の場合の保険金の支払に係る注意喚起 c．補償重複の主な事例 ・特に法令等で注意喚起することとされている事項

（出所） 保険監督指針Ⅱ－4－2－2(2)②をもとに筆者作成

4　意向把握・確認義務

保険会社、生命保険募集人、損害保険代理店などは、保険契約に加入させるための行為に関し、原則として、顧客の意向を把握し、これに沿った保険契約の締結等の提案、当該保険契約の内容の説明および保険契約の締結等に際しての顧客の意向と当該保険契約の内容が合致していることを顧客が確認する機会の提供を行うことが求められます（保険業法294条の2）。この場合の意向把握・確認の方法として、保険監督指針Ⅱ－4－2－2(3)①では「意

図表3　意向把握・確認の方法

意向把握型	保険金額や保険料を含めた当該顧客向けの個別プランを説明・提案するにあたり、当該顧客の意向を把握する。事前に顧客の意向を把握する場合、たとえば、アンケート等により把握することが考えられる。その上で、当該意向に基づいた個別プランを提案し、当該プランについて当該意向とどのように対応しているかも含めて説明する。 その後、最終的な顧客の意向が確定した段階において、その意向と当初把握した主な顧客の意向を比較し、両者が相違している場合にはその相違点を確認する。 さらに、契約締結前の段階において、当該意向と契約の申込みを行おうとする保険契約の内容が合致しているかどうかを確認（＝「意向確認」）する。
意向推定型	保険金額や保険料を含めた当該顧客向けの個別プランの作成・提案を行うつど、設計書等の交付書類の目立つ場所に、推定（把握）した顧客の意向と個別プランの関係性をわかりやすく記載し説明するなど、どのような意向を推定（把握）して当該プランを設計したかの説明を行い、当該プランについて、当該意向とどのように対応しているかも含めて説明する。 その後、最終的な顧客の意向が確定した段階において、その意向と当初把握した主な顧客の意向を比較し、両者が相違している場合にはその相違点を確認する。 さらに、契約締結前の段階において、当該意向と契約の申込みを行おうとする保険契約の内容が合致しているかどうかを確認（＝「意向確認」）する。
損保型	自動車や不動産購入等に伴う補償を望む顧客については、主な意向・情報を把握した上で、保険金額や保険料を含めた当該顧客向けの個別プランの作成・提案を行い、主な意向と個別プランの比較を記載するとともに、保険会社または保険募集人が把握した顧客の意向と個別プランの関係性をわかりやすく説明する。 その後、最終的な顧客の意向が確定した段階において、その意向と当初把握した主な顧客の意向を比較し、両者が相違している場合にはその相違点を確認する。 さらに、契約締結前の段階において、当該意向と契約の申込みを行おうとする保険契約の内容が合致しているかどうかを確認（＝「意向確認」）する。

（出所）　保険監督指針Ⅱ－4－2－2(3)①をもとに筆者作成

図表4　意向把握・確認の対象

○第一分野の保険商品[2]および第三分野の保険商品[3]について ・どのような分野の保障を望んでいるか。 ・貯蓄部分を必要としているか。 ・保障期間、保険料、保険金額に関する範囲の希望、優先する事項がある場合はその旨 ○第二分野の保険商品[4]について ・どのような分野の補償を望んでいるか。 ・顧客が求める主な補償内容 ・補償期間、保険料、保険金額に関する範囲の希望、優先する事項がある場合はその旨

（出所）　保険監督指針Ⅱ－４－２－２⑶②をもとに筆者作成

向把握型」「意向推定型」「損保型」の３つとその修正形が示されています。それぞれの方法による意向把握・確認の流れについては、図表３をご参照ください。

この意向把握・確認の対象は、保険分野ごとに図表４のように整理されています（保険監督指針Ⅱ－４－２－２⑶②）。

さらに、意向把握・確認義務の履行に関しては、保険監督指針Ⅱ－４－２－２⑶④により、一定の体制の整備が求められていることにも留意が必要です。

5　禁止行為

保険会社、生命保険募集人、損害保険代理店などが保険募集などの業務を行うに際しては、一定の行為を行うことが禁止されています（保険業法300条

2　生命保険（人の生存または死亡に関してあらかじめ約定された金額を支払う保険）をいいます。

3　第一分野および第二分野のいずれにも該当しない保険のことをいい、医療保険や傷害保険などが該当します。

4　損害保険（一定の偶然な事故によって生じた損害額に応じて保険金を支払う保険）をいいます。

図表5　主な禁止行為

- 虚偽説明・重要事項の不告知（保険業法300条１項１号）
- 虚偽告知を勧める行為・告知を妨害する行為・不告知を勧める行為（同法300条１項２号、３号）
- 不利益事実を説明しない乗換募集（同法300条１項４号）
- 特別の利益の提供（同法300条１項５号等）
- 誤解させるおそれのある他の保険商品との比較表示（同法300条１項６号）
- 断定的判断の提供（同法300条１項７号）
- 構成員契約・圧力募集（同法300条１項９号、同法施行規則234条１項２号）

１項）。この場合の主な禁止行為の項目は図表５のとおりです。

6　特定保険契約

投資性の強い保険契約に対しては、金商法上の「有価証券」を販売する場面と同等の行為規制が適用されます。すなわち、保険業法上、金利、通貨の価格、金融商品市場における相場その他の指標に係る変動により損失が生ずるおそれがある保険契約として内閣府令で定めるものを「特定保険契約」と定義し、特定保険契約の締結またはその代理もしくは媒介に対しては、金商法の行為規制が準用されることになります（保険業法300条の２）。具体的には、変額保険、変額年金保険、外貨建て保険、市場価格調整機能付保険などが特定保険契約に該当します。

7　銀行等による保険募集に関する弊害防止措置

一般に、銀行等[5]が保険募集を行う場合には、融資者としての影響力に基づき、顧客に対して圧力が生じることにより、保険契約者保護に欠ける事態が生じるおそれがあることなどの懸念があると考えられています。そのため、特別の弊害防止措置が定められており、銀行等が保険募集を行う場合に

5　銀行、信託会社および保険業法施行規則20条の３各号に定められるものをいいます。

図表6　主な弊害防止措置

- ・非公開金融情報保護措置・非公開保険情報保護措置（保険業法施行規則212条2項1号、212条の2第2項1号）
- ・保険募集指針の策定・公表・実施（同法施行規則212条2項2号、212条の2第2項2号）
- ・法令等遵守責任者・統括責任者の配置（同法施行規則212条2項3号、212条の2第2項3号）
- ・優越的な地位の不当利用の禁止（同法施行規則234条1項7号）
- ・保険取引が他の取引に影響を与えない旨の説明（同法施行規則234条1項8号）
- ・一定の保険商品に関する保険募集制限先規制（同法施行規則212条3項1号、212条の2第3項1号、234条1項9号）
- ・一定の保険商品に関する担当者分離措置（同法施行規則212条3項3号、212条の2第3項3号）
- ・一定の保険商品に関するタイミング規制（同法施行規則234条1項10号）

は、一般的な保険募集規制に加えて、これらの規制を遵守することが求められます[6]。この弊害防止措置の主な項目は図表6のとおりです。

また、銀行法においても、銀行が保険契約を取り扱う場合には、顧客に対して預金等との誤認を防止するための説明を行うなどの対応をとることが必要とされています（銀行法施行規則13条の5）。

6　同様の理由から、銀行等が生命保険募集人または損害保険代理店として保険募集を行うことができる場合は、一定の要件を満たす場合に限定されています（保険業法275条1項1号、同法施行規則212条1項、同法275条1項2号、同法施行規則212条の2第1項）。

Q 38　顧客本位の業務運営

「顧客本位の業務運営に関する原則」に従って金融機関が業務を行うために特に留意すべき事項を教えてください。

A 金融庁が公表した「顧客本位の業務運営に関する原則」は、金融機関が自ら主体的に創意工夫を発揮し、顧客本位の良質な金融商品・サービスを提供するためのベスト・プラクティスを目指す上で有用と考えられる原則を定めています。金融機関は、本原則の趣旨・精神をふまえ、本原則をどのように実践するべきかを主体的に考えて実務対応を行うことが求められます。

1　本原則の位置づけと基本的な考え方

2017年3月30日に、金融庁より「顧客本位の業務運営に関する原則」(以下「本原則」といいます) が公表されました。本原則は、法令そのものや、法令上の個別の規定を代替するものではなく、「金融事業者が顧客本位の業務運営におけるベスト・プラクティスを目指す上で有用と考えられる原則」(本原則前文「本原則の目的」) と位置づけられています。したがって、本原則は、金融事業者に対して強制的に適用されるものではなく、本原則の趣旨に賛同する金融事業者が自発的に本原則を採択していくことが想定されています。さらに、本原則を採択した場合であっても、本原則は、金融事業者の従うべき詳細な指針や禁止事項を定めているものではなく、主として、大きな考え方や理念を原則 (プリンシプル) として示しているにとどまり、このプリンシプルをどのように実践していくかは、各金融事業者の自主的な判断に委ねられています。

金融機関が金融商品・サービスを提供する際には、投資者保護の観点から金商法その他の各種法令により様々な規制を受けますが、これらの規制の内容が、かえって最低基準（ミニマム・スタンダード）となってしまい、それさえ遵守すればよいという難点があることが指摘されています。本原則は、詳細なルールを強制的に適用するのではなく、原則を示した上で、これに沿った自主的な取組みを促す「プリンシプルベース・アプローチ」を採用しています。

本原則は、法令のような強制力の裏付けを伴うものではないため、本原則の不採択や採択したにもかかわらず十分に実施しないことにより直接的に罰則や行政処分の対象となるものではありませんが、本原則に基づく方針の策定・公表を通じて、顧客や市場による規律づけが期待されているものといえます。加えて、後述のとおり、金融庁は、金融機関が本原則に照らしどのような活動を行っているかを「見える化」するための取組みを積極的に進めています。本原則を採択した金融機関は、本原則を実施するための取組みが自社の評価（レピュテーション）に影響を与えうることもふまえて業務運営を行うことが求められるといえます。

近年、主に金融行政の分野で、金融機関の「フィデューシャリー・デューティー（fiduciary duty、受託者責任または信認義務）」の重要性が強調されてきました。もともと、フィデューシャリー・デューティーは、英米法の概念であり、信託の受託者等の受認者の義務を指すものとして、その義務違反に対して様々な法的救済が認められています。本原則は、フィデューシャリー・デューティーを「顧客本位の業務運営」と言い換えた上で、金融事業者が自発的な取組みによりベスト・プラクティスの発展を促すことを目的としているものといえます。

2　本原則の内容

本原則は、以下の７原則から構成されており、そのほかに本原則の制定の経緯および背景、本原則の目的などの総論的な事項が記載されています。また、各原則には、（注）が付されており、各原則を実施する場合には、（注）

の内容にも留意が必要となります。

⑴ 原則１　顧客本位の業務運営に関する方針の策定・公表等

金融事業者は、顧客本位の業務運営を実現するための明確な方針を策定・公表するとともに、当該方針に係る取組状況を定期的に公表すべきである。当該方針は、より良い業務運営を実現するため、定期的に見直されるべきである。

（注）　金融事業者は、顧客本位の業務運営に関する方針を策定する際には、取引の直接の相手方としての顧客だけでなく、インベストメント・チェーンにおける最終受益者としての顧客をも念頭に置くべきである。

⑵ 原則２　顧客の最善の利益の追求

金融事業者は、高度の専門性と職業倫理を保持し、顧客に対して誠実・公正に業務を行い、顧客の最善の利益を図るべきである。金融事業者は、こうした業務運営が企業文化として定着するよう努めるべきである。

（注）　金融事業者は、顧客との取引に際し、顧客本位の良質なサービスを提供し、顧客の最善の利益を図ることにより、自らの安定した顧客基盤と収益の確保につなげていくことを目指すべきである。

⑶ 原則３　利益相反の適切な管理

金融事業者は、取引における顧客との利益相反の可能性について正確に把握し、利益相反の可能性がある場合には、当該利益相反を適切に管理すべきである。金融事業者は、そのための具体的な対応方針をあらかじめ策定すべきである。

（注）　金融事業者は、利益相反の可能性を判断するにあたって、たとえば、以下の事情が取引または業務に及ぼす影響についても考慮すべきである。

・販売会社が、金融商品の顧客への販売・推奨等に伴って、当該商品の提供会社から、委託手数料等の支払を受ける場合
・販売会社が、同一グループに属する別の会社から提供を受けた商品

を販売・推奨等する場合

・同一主体またはグループ内に法人営業部門と運用部門を有しており、当該運用部門が、資産の運用先に法人営業部門が取引関係等を有する企業を選ぶ場合

⑷ 原則4　手数料等の明確化

金融事業者は、名目を問わず、顧客が負担する手数料その他の費用の詳細を、当該手数料等がどのようなサービスの対価に関するものかを含め、顧客が理解できるよう情報提供すべきである。

⑸ 原則5　重要な情報のわかりやすい提供

金融事業者は、顧客との情報の非対称性があることをふまえ、上記原則4に示された事項のほか、金融商品・サービスの販売・推奨等に係る重要な情報を顧客が理解できるようわかりやすく提供すべきである。

（注1） 重要な情報には以下の内容が含まれるべきである。

・顧客に対して販売・推奨等を行う金融商品・サービスの基本的な利益（リターン）、損失その他のリスク、取引条件

・顧客に対して販売・推奨等を行う金融商品・サービスの選定理由（顧客のニーズおよび意向をふまえたものであると判断する理由を含む）

・顧客に販売・推奨等を行う金融商品・サービスについて、顧客との利益相反の可能性がある場合には、その具体的内容（第三者から受け取る手数料等を含む）およびこれが取引または業務に及ぼす影響

（注2） 金融事業者は、複数の金融商品・サービスをパッケージとして販売・推奨等する場合には、個別に購入することが可能であるか否かを顧客に示すとともに、パッケージ化する場合としない場合を顧客が比較することが可能となるよう、それぞれの重要な情報について提供すべきである（（注2）ないし（注5）は手数料等の情報を提供する場合においても同じ）。

（注３） 金融事業者は、顧客の取引経験や金融知識を考慮の上、明確、平易であって、誤解を招くことのない誠実な内容の情報提供を行うべきである。

（注４） 金融事業者は、顧客に対して販売・推奨等を行う金融商品・サービスの複雑さに見合った情報提供を、わかりやすく行うべきである。単純でリスクの低い商品の販売・推奨等を行う場合には簡潔な情報提供とする一方、複雑またはリスクの高い商品の販売・推奨等を行う場合には、リスクとリターンの関係など基本的な構造を含め、より丁寧な情報提供がなされるよう工夫すべきである。

（注５） 金融事業者は、顧客に対して情報を提供する際には、情報を重要性に応じて区別し、より重要な情報については特に強調するなどして顧客の注意を促すとともに、顧客において同種の金融商品・サービスの内容と比較することが容易となるよう配慮すべきである。

⑹ 原則６ 顧客にふさわしいサービスの提供

金融事業者は、顧客の資産状況、取引経験、知識および取引目的・ニーズを把握し、当該顧客にふさわしい金融商品・サービスの組成、販売・推奨等を行うべきである。

（注１） 金融事業者は、複数の金融商品・サービスをパッケージとして販売・推奨等する場合には、当該パッケージ全体が当該顧客にふさわしいかについて留意すべきである。

（注２） 金融商品の組成に携わる金融事業者は、商品の組成にあたり、商品の特性をふまえて、販売対象として想定する顧客属性を特定するとともに、商品の販売に携わる金融事業者においてそれに沿った販売がなされるよう留意すべきである。

（注３） 金融事業者は、特に、複雑またはリスクの高い金融商品の販売・推奨等を行う場合や、金融取引被害を受けやすい属性の顧客グループに対して商品の販売・推奨等を行う場合には、商品や顧客の属性に応じ、当該商品の販売・推奨等が適当かより慎重に審査すべきで

ある。

（注４） 金融事業者は、従業員がその取り扱う金融商品の仕組み等に係る理解を深めるよう努めるとともに、顧客に対して、その属性に応じ、金融取引に関する基本的な知識を得られるための情報提供を積極的に行うべきである。

⑺ 原則７ 従業員に対する適切な動機づけの枠組み等

金融事業者は、顧客の最善の利益を追求するための行動、顧客の公正な取扱い、利益相反の適切な管理等を促進するように設計された報酬・業績評価体系、従業員研修その他の適切な動機づけの枠組みや適切なガバナンス体制を整備すべきである。

金融事業者が本原則を採択する場合、原則１に従って、顧客本位の業務運営を実現するための明確な方針の策定・公表、当該方針に係る取組状況の定期的公表および当該方針の定期的な見直しが求められます。また、当該方針には、原則２ないし７に示されている内容について、実施する場合には、原則に付されている（注）も含めてその対応方針を、実施しない場合にはその理由や代替策をわかりやすい表現で盛り込むことが求められます。

3 金融庁による本原則の定着に向けた取組み

金融庁は、本原則に関する金融事業者の取組みの「見える化」を促進する観点から、四半期ごとに、取組方針を策定した金融事業者に関して、名称とそれぞれの取組方針や取組成果（自主的なKPIや共通KPI）の公表状況のリストを金融庁ウェブサイト上で公表しています。本原則を採択し、金融庁ウェブサイト上での取組方針等の公表を希望する金融事業者は、所定の様式で金融庁に報告を行うことを求められます。金融庁は、2019年12月末の取りまとめ時以降は、取組方針を公表の上、取組成果を公表している事業者のみ、金融事業者リストに記載しており、事実上、金融庁が取組成果の公表を強く促していることに注意が必要となります。2020年３月末までに本原則を採択し、取組方針を公表した金融事業者は1,925社、また、自主的なKPI・

共通 KPI を公表した金融事業者は、それぞれ990社、380社となっています。

また、金融庁の「変革期における金融サービスの向上に向けて〜金融行政のこれまでの実践と今後の方針（平成30事務年度）〜」（2018年９月）においては、「金融機関経営者が「顧客本位の業務運営に関する原則」を自らの理念としてどのように取り入れ、その実現に向けた戦略を立て、具体的な取組みに結び付けているか、また、こうした理念・戦略・取組みが営業現場においてどのように浸透し、実践されているか等について、金融機関経営者・取締役等と対話を行い、深度あるモニタリングを実施する」と記載されています。金融庁の監督行政において、本原則の遵守状況が直接的に検査監督の対象となるわけではありませんが、本原則の実践状況について、金融機関と監督当局との対話に基づく深度あるモニタリングを行うことが目指されているといえます。

さらに、金融庁の「利用者を中心とした新時代の金融サービス〜金融行政のこれまでの実践と今後の方針〜（令和元事務年度）」（2019年８月）においては、販売会社における顧客本位の業務運営に重点が置かれており、モニタリングの一環として、「以下の項目を中心に、金融機関の営業現場における顧客宛提案等の実態や、本部における管理の状況についてモニタリングを行うとともに、比較可能な共通 KPI の時系列分析結果の公表などにより、その更なる普及・浸透を図り、金融機関の取組みの「見える化」を促進していく」として、具体的には、以下の項目がモニタリングの重点項目としてあげられています。

・外貨建保険等の販売時の債券・投信との比較説明や、販売後の損益状況の顧客への提供等の充実
・金融機関における提案プロセスおよびその結果としてのポートフォリオの状況（たとえば、金融機関全体や営業店ごと）について検証
・金融機関の取組みの認知度を高めるべく、顧客意識調査の結果をふまえ、金融機関に対して、取組方針や KPI 等について、よりわかりやすい内容としていくよう促していく

以上のように、本原則の導入以降、金融庁は、本原則の浸透・定着に向けた取組みを積極的に行っており、金融機関においても、金融庁による取組みの内容を注視しつつ、自社の取組みを行っていく必要があると考えられます。

Q 39　金融サービスの提供に関する法律

「金融サービスの提供に関する法律」の立法によって、金融機関の業務にどのような影響がありますか。

A 「金融サービスの提供に関する法律」による金融サービス仲介業制度の創設により、銀行等の金融機関による金融サービス・商品の販売チャネルに大きな影響を与えることが予想されます。金融機関は、現行法下における既存の仲介業との違いもふまえた上で、新たな金融サービス仲介業者をどのように活用するかを検討する必要があると考えられます。

1　金融サービス仲介業の創設

2019年12月20日に公表された金融審議会「決済法制及び金融サービス仲介法制に関するワーキング・グループ報告」に示された方向性をふまえ、2020年６月５日、「金融サービスの利用者の利便の向上及び保護を図るための金融商品の販売等に関する法律等の一部を改正する法律」（以下「改正法」といいます）が成立しました。改正法により「金融商品の販売等に関する法律」の名称が「金融サービスの提供に関する法律」（以下「金融サービス提供法」といいます）に改められるとともに、同法の第３章として、「金融サービス仲介業」に関する規定が新設されました。

金融サービス仲介業制度を創設する目的は、情報通信技術の進展とニーズの多様化を背景に、金融サービスの利用者に対するオンラインでのサービス提供が可能となるなか、多種多様な金融サービスのワンストップ提供に対するニーズに対応し、金融サービスの利用者の利便の向上および保護を図ることとされています。改正法は、公布の日から起算して1年6カ月を超えない範囲内において政令で定める日から施行されることとされているため、2021年末までに施行されることが見込まれます。

改正法施行前の法制度のもとでは、金融機関と金融サービスの利用者の間に介在する仲介業者は、たとえば、銀行サービスであれば銀行代理業者・電子決済等代行業者、金融商品取引であれば金融商品仲介業者、保険サービスであれば保険募集人・保険仲立人というように、業種ごとに規制されています。このため、仲介業者は、参入しようとする分野に応じて複数の登録等を受けることが必要となり、業種をまたいで多種多様な商品・サービスをワンストップで提供しようとする場合、負担が大きいという問題が指摘されていました。金融サービス提供法のもとでは、金融サービス仲介業の登録制のもと、複数の金融業種（銀行・証券・保険）にまたがって、多数の金融機関等が提供する多種多様な金融商品・サービスをワンストップで仲介し提供することが容易になると考えられ、これに伴い、金融商品・サービスの仲介の担い手の裾野が広がることが期待されます。具体的には、たとえば、スマートフォンのアプリを通じ、自身の預金口座等の残高や収支を利用者が簡単に確認できるサービスを提供するとともに、そのサービスを通じて把握した利用者の資金ニーズや資産状況をもとに、利用可能な融資の紹介や、個人のライフプランに適した金融サービスの比較・推奨等を行うなど、日常生活上の金融取引ニーズに応える新たなビジネスが展開されることが想定されています。

2　金融サービス仲介業の登録および業務の特徴

金融サービス仲介業とは、預金等媒介業務、保険媒介業務、有価証券等仲介業務、貸金業貸付媒介業務のいずれかを業として行うことをいい（金融サービス提供法11条）、金融サービス提供法に基づき「金融サービス仲介業」の登録を受けることにより、これら全ての業務を行うことができます（同法12条。ただし、これらの４つの業務の種別ごとに登録を受ける必要があります（同法13条１項４号））。また、「金融サービス仲介業」の登録を受けた仲介業者（以下「金融サービス仲介業者」といいます）は、前述の４つの業務の種別のうち登録を受けたものを行うことができるほか、一定の要件を満たす場合には、銀行法に基づく電子決済等代行業の登録を受けなくとも、届出をすることにより電子決済等代行業を営むことができます(金融サービス提供法18条１項)。

改正法施行前の制度に基づく既存の仲介業者のうち、銀行代理業者、金融商品仲介業者、生命保険募集人・損害保険代理店は、基本的に、特定の金融機関に所属し、所属金融機関のために仲介を行うものとされています。そして、所属金融機関は、仲介業者を指導・監督し、仲介業者が顧客に与えた損害につき原則として賠償責任を負うものとされています。これに対して、金融サービス仲介業では、所属制が採用されておらず、委託元の金融機関の指導・監督を受けません。これにより、金融機関・仲介業者双方の負担が軽減されているといえますが、そのかわり、金融サービス仲介業者の業務範囲には一定の制限が加えられているほか、金融サービス仲介業者に特有の規制も設けられています。以下、特に重要と考えられる項目を説明します。

まず、金融サービス仲介業者は、いずれの分野についても、顧客保護の観点から、高度に専門的な説明を必要とする商品・サービスは取り扱うことができないこととされています。具体的にどのような商品・サービスが取り扱えないこととされるかは政令によって定められることとなっており（金融サービス提供法11条２項１号ないし３号、３項、４項１号ないし４号、５項）、本書の執筆時点では明らかになっていません。

次に、金融サービス仲介業務の内容として認められるのは、媒介（他人の間に立って、他人を当事者とする法律行為の成立に尽力する事実行為）にとどまり、代理（仲介業者（代理人）の意思表示により契約当事者の間に直接法律効果が帰属する法律行為）は認められません。そのため、銀行等が仲介業者に契約締結業務まで委託したい場合には、現行の仲介業者を利用する必要があります。

加えて、金融サービス仲介業制度においては、仲介業者のみが顧客に対する賠償責任を負うことになるため、金融サービス仲介業者には、賠償資力を確保し顧客を保護するため、保証金の供託が義務づけられています（金融サービス提供法22条）。なお、保証金の金額は、政令で定められることになっています。

金融サービス仲介業の導入に伴い、業務範囲規制の適用関係次第ではあるものの金融機関自らまたは関係会社が金融サービス仲介業の登録を受け、業務を拡大できる可能性があります。また、FinTech企業等が金融商品・サービスの仲介業務に参入してくる可能性があるため、金融機関としては、従来とは異なる販売チャネルを通じて新たな顧客層に金融商品・サービスを提供できる可能性があり、これは既存の金融機関にとっても金融サービス仲介業の導入はメリットであると考えられます（なお、金融機関がFinTechビジネスを行う場合に関してはQ42もご参照ください）。他方、金融機関は、従来の仲介業者と金融サービス仲介業との制度的違いをふまえた上で、どのようなかたちで新たな金融サービス仲介業者を活用すべきかを検討する必要があると考えられます。特に、金融サービス仲介業者を通じて提供できる商品・サービスには一定の制限があることをふまえると、専門性やリスクの比較的高い商品・サービスは現行の仲介業者を用いて提供する一方、商品設計が複雑でなく、一般の顧客にも定着している商品・サービスは金融サービス仲介業者を通じて提供するといった使い分けをすることも考えられます。

金融サービス仲介業者は、仲介業務を行うにあたって、誠実公正義務、情報提供義務などの行為規制を受けますが（金融サービス提供法24条、25条等）、業務を委託する金融機関に対しても大きな影響を与えうるものとして、手数料等の明示義務があげられます。具体的には、金融サービス仲介業者は、顧客から求められたときは、金融サービス仲介業務に関して受ける手数料、報酬その他の対価の額その他内閣府令で定める事項を明示する必要があります（同法25条２項）。手数料の具体的な内容は、金融サービス仲介業者だけでなく、委託元である金融機関にとっても、事業戦略に関わる重要な情報であるため、外部への開示がビジネスに与える影響を検討する必要があると考えられます。

なお、前述のとおり、金融サービス仲介業者は、必ずしも金融機関の委託を受けて仲介業務を行うわけではなく、金融サービス仲介業者が、顧客の側に立って仲介業務を行うことも想定されます。また、金融機関が金融サービス仲介業者に委託を行う場合には、所属制ではないため、金融サービス仲介業者に対する指導・監督や顧客に対する損害賠償といった意味における責任を負わないものの、一般的な外部委託と同様の規制を受けると考えられます。たとえば、銀行が金融サービス仲介業者に対して預金・貸付取引の媒介を委託する場合、銀行法12条の２第２項に定める業務委託に該当すると考えられるため、委託先に対する一定の管理監督が求められることに留意が必要と考えられます（銀行法施行規則13条の６の８）。

Q 40　高齢者向けの販売・勧誘

高齢者向けに金融商品・サービスの販売・勧誘を行う場合に留意すべき事項を教えてください。

A 高齢者に金融商品・サービスを勧誘・販売する場合には、個々の高齢顧客の状況に応じ、適合性の原則を遵守して勧誘・販売を行う必要があります。その際、一般に、一定の年齢以上の高齢顧客に対してはより慎重な対応をすべきですが、高齢者の状況は多様であるため、個々の顧客に応じたきめ細かな対応をすることが期待されています。

1　高齢社会と金融取引

わが国においては、年々急速に高齢化が進んでおり、今後も医療技術の進展等によってこの傾向は続くことが予想されます。

高齢者は、加齢による身体的な衰えに加え、認知・判断能力が低下することがあるため、高齢者を顧客とする金融取引には様々な配慮が必要になり、法令上も高齢者保護のために一定の規制があります。他方で、ひとくちに高齢者といってもその状況は多様であり、個々人のライフスタイルや金融取引に対するニーズが多様化していることに加え、比較的早い時期に認知・判断能力に問題が生じる人もいれば、相当の高齢に達しても高い認知・判断能力を維持する人もいるため、高齢顧客の保護のために年齢のみを基準として一律に規制を適用することは、必ずしも適切ではないと考えられます。

そこで、高齢顧客との間の金融取引については、金商法その他の法令を遵守する必要があるのは当然のこととして、個々の顧客に応じたきめ細かな対応をすることが望ましく、各金融機関が顧客本位の業務運営に取り組むことが期待されます（顧客本位の業務運営については、Q38参照）。

高齢者の金融取引は、金融審議会市場ワーキング・グループにおいても検討課題になりましたが、同ワーキング・グループが2019年6月3日に公表した報告書「高齢社会における資産形成・管理」（以下「2019年報告書」といいます）でも、高齢社会における金融サービスのあり方を検討する大前提として顧客本位の業務運営の徹底があげられています（2019年報告書27頁、34頁、44頁）。

また、近年は、高齢者の経済活動、資産選択等、長寿・加齢によって発生する経済課題を、経済学を中心に関連する研究分野と連携して分析研究し、課題の解決策を見つけ出す新しい研究領域（金融ジェロントロジー）が発展しつつあり、そのような学問的成果も取り入れて高齢顧客の保護のあり方を検討することが期待されています。2019年報告書においても、高齢顧客の保護については、個社レベルでの対応のみならず、全体としての対応のあり方に再検討を要する面があるとされ、業態を問わず金融業界として横断的に、金融ジェロントロジーの進展に応じて見直していくことが必要とされています（2019年報告書34頁）。2019年報告書の公表後も、高齢者の金融取引については金融審議会市場ワーキング・グループにおいて議論が継続され、同ワーキング・グループが2020年８月５日に公表した「金融審議会　市場ワーキング・グループ報告書―顧客本位の業務運営の進展に向けて―」（以下「2020年報告書」といいます）でも、共通の課題について業界全体として指針を策定することが期待されています（2020年報告書のⅡ.2.(3)）。したがって、高齢顧客との間の金融取引のあり方については、今後も法令や各種ガイドラインの改正等が予想され、その動向を注視する必要があると考えられます。

高齢顧客との間の金融取引において金融機関が留意すべき事項は多岐にわたりますが、以下では、高齢者に対する金融商品の販売・勧誘の局面における適合性の原則について検討します[7]。

2　適合性の原則

高齢者は認知・判断能力が低下している場合があり、過去に十分な投資経験がある高齢顧客でも短期的に認知・判断能力が変化することもありますし、見た目にはなんら変化がなく、金融商品の販売・勧誘時点における理解も十分であったと思える高齢顧客が、数日後には自身が行った取引等を全く

7　契約締結の時点での認知・判断能力に問題があったとして意思表示の効力が争いになる場合があるため、このような観点からも、高齢顧客の認知・判断能力については慎重な確認が必要になります。また、契約締結後の資金運用の局面でも、たとえば、高齢者の預金の払戻しに関しては多くの議論があり、高齢者の行為能力、近親者その他の第三者の関与、特殊詐欺の被害防止等、個々の状況に応じて多様な論点が問題になります。

覚えていないという場合もあり得ます。また、新たな収入の機会が少ない高齢者にとって、リスクの高い金融商品への投資は、より慎重な検討が必要と考えられます。

そこで、金融機関は、高齢者に金融商品を勧誘・販売する場合には、個々の高齢顧客の状況に応じ、適合性の原則を遵守して勧誘・販売を行う必要があります。

(1) 狭義の適合性原則と広義の適合性原則

適合性の原則は、一般に、「狭義の適合性原則」と「広義の適合性原則」の２つの概念に分類して解されています。

狭義の適合性原則とは、顧客の知識、経験、財産の状況および投資目的といった顧客の属性に照らして、一定の金融商品については、どれだけ説明を尽くしたとしても勧誘・販売を行ってはならないという原則を意味します。「金融商品取引行為について、顧客の知識、経験、財産の状況及び金融商品取引契約を締結する目的に照らして不適当と認められる勧誘を行つて投資者の保護に欠けることとなつており、又は欠けることとなるおそれがあること」のないように業務を行わなければならないとする金商法40条１号は、狭義の適合性原則を規定したものと考えられています。なお、判例上、狭義の適合性原則から著しく逸脱した勧誘行為は、それ自体が不法行為を構成すると考えられています（最判平17.7.14民集59巻６号1323頁）。

これに対し、広義の適合性原則とは、顧客の知識、経験、財産の状況および投資目的といった顧客の属性に照らした適切な情報提供を行った上で金融商品を販売しなければならないという原則を意味します。金融商品の販売までに行うべき重要事項の説明は「顧客の知識、経験、財産の状況及び当該金融商品の販売に係る契約を締結する目的に照らして、当該顧客に理解されるために必要な方法及び程度によるものでなければならない」とする金融商品の販売等に関する法律３条２項は、広義の適合性原則を規定したものと考えられます。

⑵　日証協ガイドライン

金商法に基づくわが国唯一の認可金融商品取引業協会である日証協は、協会員が行う有価証券の売買その他の取引等の勧誘、顧客管理等について、その適正化を図ることを目的として、自主規制ルールである「協会員の投資勧誘、顧客管理等に関する規則」（以下「日証協規則」といいます）を制定しており、同規則5条の3（高齢顧客に対する勧誘による販売）は、「協会員は、高齢顧客に有価証券等の勧誘による販売を行う場合には、当該協会員の業態、規模、顧客分布及び顧客属性並びに社会情勢その他の条件を勘案し、高齢顧客の定義、販売対象となる有価証券等、説明方法、受注方法等に関する社内規則を定め、適正な投資勧誘に努めなければならない」と規定しています。そして、同条に規定する社内規則の制定等について、日証協は、「協会員の投資勧誘、顧客管理等に関する規則第5条の3の考え方」（高齢顧客への勧誘による販売に係るガイドライン）（以下「日証協ガイドライン」といいます）を公表しています。

日証協ガイドラインは、高齢顧客に投資勧誘を行う場合には適合性の原則に基づいて慎重な対応を行うため、各社の実情に応じて、少なくとも以下の事項を定めた社内規則を規定することを求めています。

a　高齢顧客の定義

慎重な勧誘による販売を行う必要があると考えられる顧客の範囲を、年齢を基準として定義することが求められており、この場合の目安として、75歳以上の顧客を対象とし、そのなかでもより慎重な勧誘による販売を行う必要がある顧客を80歳以上の顧客とする考え方が示されています。この点、2019年報告書では、75歳頃から認知症の発症率が上昇することをふまえて日証協ガイドラインの考え方に一定の合理性を認めていますが、高齢者の状況が非常に多様であり、個々人に応じたきめ細かな対応が望ましいことから、高齢顧客の保護のあり方については、顧客本位の業務運営を徹底しつつ、業態を問わず金融業界として横断的に、金融ジェロントロジーの進展に応じて見直していくことが必要としています。

b　高齢顧客の勧誘可能な商品の範囲等

役席者の事前承認を得なくても高齢顧客に勧誘可能な商品の範囲を定めること、また、その範囲外となる商品（以下「勧誘留意商品」といいます）の勧誘を役席者の事前承認により可能とする場合はその手続や条件を定めることが求められています。高齢者は健康状態に変化が生じることもあること等から、高齢顧客に対して勧誘留意商品の勧誘を行う場合には、勧誘のつど、役席者の事前承認を得る必要があり、また、役席者の事前承認は、担当営業員からの申告だけで判断するのではなく、役席者自らが高齢顧客との面談等により健康状態や理解力等を確認し、勧誘の適正性を判断する必要があると考えられています。

c　勧誘場所や方法に応じた勧誘

対面（外交）・電話・店頭それぞれの場所、方法に応じて勧誘を行うためのルールを定めることが求められています。録音機能がある電話での勧誘や複数の者で同時に対応が可能な店頭での勧誘と異なり、外交先で行う勧誘は説明内容や顧客の反応等の応接記録が残りにくいことから、外交時の高齢顧客やその家族との会話を記録・保存しておくことが必要であり、また、訪問による勧誘の場合や、電話で勧誘留意商品の勧誘を行う場合、さらに店頭での勧誘においても家族の同伴がなく役席者が同席できない場合には、原則としてその日に受注を行わず、翌日以降に受注することが適当と考えられています。

d　約定後の連絡

約定後の連絡について担当営業員以外の者から行うことを定めることが求められています。高齢顧客の反応から当該取引を行ったことについての認識を確認する趣旨であり、約定後の連絡時の会話内容を録音・記録・保存しておくことが必要と考えられています。

e　モニタリング

上記ｂないしｄの手続等についてモニタリングを行うことを定めることが求められています。

なお、日証協規則や日証協ガイドラインは日証協の自主規制ルールですが、金融庁の監督指針上も、日証協規則および日証協ガイドラインをふまえ、高齢顧客に対する勧誘・販売に関する社内規則を整備するとともに、社内規則の遵守状況をモニタリングする態勢を整備することや、商品の販売後においても、高齢顧客の立場に立って、きめ細かく相談にのり、投資判断をサポートするなど丁寧なフォローアップを行うことが求められています（金商業者等監督指針Ⅳ－３－１－２(3)）[8、9、10]。

8　2020年報告書Ⅱ.2.(3)④においては、高齢顧客に対するフォローアップが監督指針で定められているものの、多くの場合フォローアップがなされていないとの指摘もあることから、高齢顧客に対する適切なフォローアップのあり方について、業界としての目線が示されることが期待されています。

9　銀行の商品のなかでも投資性の強い特定預金等の受入れについては、銀行法上、金商法の規定が準用されていますが（銀行法13条の４）、監督指針上も、上記の金商業者等監督指針Ⅳ－３－１－２(3)を参照することとされています（主要行等監督指針Ⅲ－３－３－２－２(3)②、中小監督指針Ⅱ－３－２－５－２(3)②）。

10　保険監督指針においても、高齢者に対する保険募集は適切かつ十分な説明を行うことが重要であることに鑑み、社内規則等に高齢者の定義を規定するとともに、高齢者や商品の特性等を勘案した上で、きめ細かな取組みやトラブルの未然防止・早期発見に資する取組みを含めた保険募集方法（たとえば、保険募集時に親族等の同席を求める方法、保険募集時に複数の保険募集人による保険募集を行う方法、保険契約の申込みの検討に必要な時間的余裕を確保するため複数回の保険募集機会を設ける方法、保険募集を行った者以外の者が保険契約の申込みの受付後に高齢者へ電話等を行うことにより高齢者の意向に沿った商品内容等であることを確認する方法等）を具体的に定め、実行しているかが監督上の留意点とされています（保険監督指針Ⅱ－４－４－１－１(4)）。

Q 41 近時の行政処分事例

金融商品・サービス等の販売・勧誘に関する近時の主な行政処分事例を教えてください。

A 社会的にも大きな関心を集めた近時の金融機関に対する行政処分事例として、スルガ銀行に対する行政処分や日本郵政グループ（かんぽ生命、日本郵便および日本郵政）に対する行政処分があげられます。いずれも組織・グループ内で違法または不適正な行為が多数認められた事案であり、金融庁の行政処分は、個々の行為のみならずその背後にあるガバナンスの問題を指摘して、抜本的な改善を求めています。

1 金融上の行政処分

金融庁は、明確なルールに基づく透明かつ公正な金融行政の徹底や、利用者保護と市場の公正性の確保に配慮した金融のルールの整備と適切な運用という行政運営の基本的な考え方に基づき、金融機関の行為についてどのような処分を行うかの判断にあたって、次の点を勘案するとともに、それ以外に考慮すべき要素がないかどうかを吟味した上で、改善に向けた取組みを金融機関の自主性に委ねることが適当かどうか、改善に相当の取組みを要し一定期間業務改善に専念・集中させる必要があるか、業務を継続させることが適当かどうか等の点について検討を行い、最終的な行政処分の内容を決定することとしています[11]。

① 当該行為の悪質性・重大性（公益侵害の程度、利用者被害の程度、行為自体の悪質性、当該行為が行われた期間や反復性、故意性の有無、組織性の有無、隠蔽の有無、反社会的勢力との関与の有無）

② 当該行為の背景となった経営管理態勢および業務運営態勢の適切性（代表取締役や取締役会の法令遵守に関する認識や取組みは十分か、内部監査部門の体制は十分であり適切に機能しているか、コンプライアンス部門やリスク管理部門の体制は十分であり適切に機能しているか、業務担当者の法令等遵守に関する認識は十分であり社内教育が十分になされているか）

③ 軽減事由

また、他の金融機関における予測可能性を高め、同様の事案の発生を抑制する観点から、金融庁は、財務の健全性に関する不利益処分等の公表により対象となる金融機関の経営改善に支障が生ずるおそれのあるものを除き、全ての行政処分を公表するとともに、行政処分事例集を取りまとめ、四半期ごとに公表することとしています[12]。

以下では、近時の行政処分事例として、社会的にも大きな関心を集めたスルガ銀行の事案と日本郵政グループの事案を紹介します[13]。

2 スルガ銀行の処分事例

(1) 事案の概要[14]

静岡県の地方銀行であるスルガ銀行は、全国有数の地方銀行である静岡銀行および横浜銀行と営業地域が隣接していたこともあり、早くから個人市場に特化するビジネスモデルを採用してきました。個人向け商品の充実は、最

11 金融庁「金融上の行政処分について」（https://www.fsa.go.jp/common/law/guide/syobun.html）参照。なお、このような考え方は各業態の監督指針にも記載されています（主要行等監督指針Ⅱ－５－１－１、中小監督指針Ⅲ－６－１－１、金商業者等監督指針Ⅱ－５－２、保険監督指針Ⅲ－４－１－１等）。

12 金融庁「金融上の行政処分について」（前掲・注11）参照。

13 金融庁のホームページ上で公表されている行政処分事例集をみると、たとえば預金取扱金融機関の処分事例としては、収益目標と実績との乖離や職員による横領といった処分理由が目立つほか、優越的地位の濫用、疑わしい取引の届出義務違反、本人確認等の手続の不備等を理由としたものが散見されます。

14 スルガ銀行株式会社第三者委員会の2018年９月７日付「調査報告書（公表版）」および金融庁の2018年10月５日付報道発表「スルガ銀行株式会社に対する行政処分について」を参照。

初は住宅ローン商品の拡充から行われましたが、住宅ローン商品については他行との競争も激しいため、シェアハウス向け融資（投資目的でシェアハウスを保有しようとする顧客に取得費用を融資し、その担保として当該物件に担保権を設定するローン商品）を含む投資用不動産融資が拡充されました。このビジネスモデルにおいて、借入人となる投資家に対して勧誘を行い、投資家との間で不動産の販売に関する契約を締結する不動産関連業者は「チャネル」と呼ばれ、一連の取引の勧誘や成立に向けて重要な役割を果たしてきました。

そして、このシェアハウス向け融資およびその他の投資用不動産融資に関して、以下の不正行為が発覚しました[15]。その要因として、創業家の実質的支配、営業優位の組織の構築、厳しい業績プレッシャー、法令等遵守を軽んじる企業文化の醸成、取締役会が営業方針・施策の内容や自行の貸出ポートフォリオの構造すら把握していないガバナンスの問題が指摘されています。

a　債務者関係資料の偽装

スルガ銀行では、シェアハウス向け融資を含む投資用不動産融資に関して、10%の自己資金を投資家に要求する運用となっていましたが（自己資金10%ルール）、融資審査を通すため、チャネルにより、自己資金の確認資料である銀行の預金通帳やネットバンキングの残高の偽装が行われ、また、投資家の口座に所要自己資金を振り込む見せ金が行われました。また、投資家の年間収入の40%を返済原資とみて融資限度額を算出することとなっていましたが、チャネルにより、源泉徴収票や確定申告書等の収入関係資料の偽装が行われました。

b　物件関係資料の偽装

スルガ銀行では、満室想定賃貸収入の70%を返済原資とみて融資限度額を算出することとなっていましたが、チャネルにより、レントロール等の偽装

15　金融庁の報道発表（前掲・注14）によれば、投資用不動産融資に関する不正行為以外にも、ファミリー企業に対する不適切な融資や反社会的勢力との取引の管理態勢、AML/CFT に関する管理態勢の不備が認定されています。

が行われました。具体的には、賃料や入居率について、実勢よりも高く想定し、または実績値よりも高い数値に改ざんして、収益還元法で不動産を評価することにより、高い物件価格が算出されました。

c　売買関連資料の偽装

前記ａの自己資金10％ルールにより、事実上、売買価格の90％が融資限度額とされていましたが、このルールを潜脱するため、チャネルにより、契約書上の売買価格の約90％が実際の売買価格および諸費用の合計額となるように売買契約書の偽装が行われました。また、自己資金がない投資家のために手付金等の領収証の偽装が行われました。

d　行員の関与

投資用不動産融資を扱う相当数の営業職員は、チャネルによる以上の不正行為を明確に認識し、または少なくとも相応の疑いをもちながら業務を行っていました。また、投資用不動産融資を実行する際に、カードローン、定期預金、保険商品等の様々な商品を抱き合わせて販売すること（銀行法13条の３第３号に違反する行為を含みます）も行われていました。

また、審査部においては、投資用不動産融資に関して稟議関係書類の簡素化を図り、その審査は形骸化しており、監査部も、一連の不正行為に関して適切なリスクアセスメントを行っておらず、事務不備点検に重きを置いた監査にとどまり不正の兆候を発見できないという問題がありました。さらに、経営陣および審査部は、シェアハウス向け融資およびその他の投資用不動産融資に関して、特定のチャネルの財務状態やビジネスモデルの持続可能性に関する様々なリスクを把握しているにもかかわらず、こうしたリスクについて十分に検討を行うことなく融資を継続した結果、不良債権の増加を招いており、信用リスク管理上の問題があったと指摘されています。

⑵　行政処分の内容

以上の事案につき、金融庁は、銀行法26条１項に基づき、業務停止命令（６カ月にわたる新規の投資用不動産融資の停止等）および業務改善命令を行いました。

業務改善命令の内容は、全役職員に対する研修の徹底に加え、①今回の処分をふまえた経営責任の明確化、②法令等遵守、顧客保護および顧客本位の業務運営態勢の確立と全行的な意識の向上および健全な企業文化の醸成、③反社会的勢力の排除に係る管理態勢、AML/CFT に係る管理態勢の確立、④融資審査管理を含む信用リスク管理態勢および内部監査態勢の確立、⑤ファミリー企業との取引を適切に管理する態勢の確立、⑥シェアハウス向け融資およびその他の投資用不動産融資につき個々の債務者に対して適切な対応（金利引下げ、返済条件見直し、金融 ADR 等を活用した元本の一部カット等）を行うための態勢の確立、⑦以上の対応を着実に実行し、今後持続可能なビジネスモデルを構築するための経営管理態勢の抜本的強化と、非常に広範にわたり抜本的な対応を求めるものとなっています[16]。

3　日本郵政グループの処分事例

(1)　事案の概要[17]

郵政民営化により郵政三事業（郵便・簡易保険・郵便貯金）は民営分社化され、現在、日本郵政グループは、持株会社である日本郵政株式会社（以下「日本郵政」といいます）のもと、郵便業務を行う日本郵便株式会社（以下「日本郵便」といいます）、銀行業務を行う株式会社ゆうちょ銀行（以下「ゆうちょ銀行」といいます）、生命保険業務を行う株式会社かんぽ生命保険（以下「かんぽ生命」といいます）等の企業により構成されています。日本郵政および日本郵便は、郵便の役務に加え、簡易な貯蓄、送金および債権債務の決済の役務ならびに簡易に利用できる生命保険の役務が利用者本位の簡便な方法により郵便局で一体的にかつあまねく全国において公平に利用できるようにす

16　これらの対応について、業務改善計画を提出し、直ちに実行するとともに、当該計画の実施完了までの間、３カ月ごとの進捗および改善状況を報告することが求められています。

17　かんぽ生命保険契約問題特別調査委員会の2019年12月18日付「調査報告書」および2020年３月26日付「追加報告書」ならびに金融庁の2019年12月27日付報道発表「日本郵政グループに対する行政処分について」を参照。

る、いわゆるユニバーサルサービスの責務を負っており（日本郵政株式会社法５条１項、日本郵便株式会社法５条１項）、かんぽ生命およびゆうちょ銀行は、定款に基づき、それぞれ銀行・保険の窓口業務を日本郵便に委託しています。

このようなグループ構造のもとで、かんぽ生命の取り扱う保険商品に関し、以下のような不適正な募集行為が行われたことが発覚しました。

a　特定事案

特定の類型に分類可能な事案としてかんぽ生命および日本郵便が実態把握を行った契約において、①契約の乗換えに際し、契約者に対して「一定期間解約はできない」「病歴の告知があっても加入可能」等の事実と異なる説明を行ったこと等により、契約の重複による二重払いや無保険期間の発生等の不利益を顧客に生じさせる等、保険業法300条１項（保険契約の締結等に関する禁止行為）に違反する募集行為や、②契約の乗換えに際し、契約者に対して「自分の営業成績のために解約を遅らせてほしい」等の依頼を行い、契約の重複による二重払い等の不利益を顧客に生じさせる等、社内ルールに違反する募集行為が行われ、また、③法令や社内ルールへの抵触いかんにかかわらず、不適正な募集行為により顧客に契約を締結させ、顧客に不利益を生じさせる事案がありました。

b　その他の事案

上記ａの事案以外にも、顧客の意向に沿わずに、①多数回にわたって契約の消滅・新規契約が繰り返されている事案、②多額の契約が締結され、高額の保険料が発生している事案、③既契約が解約され、既契約とは異なる被保険者で新契約が締結されている事案、④既契約が解約され、既契約とは異なる保険種類での新契約が締結されている事案、⑤既契約の保険期間が短縮され、短縮されてから短期間のうちに新契約が締結されている事案等がありました。また、不適正を助長しかねない実態（節税効果が見込めない商品につき相続税対策として顧客に説明・販売することを慫慂すること等）があったことも認定されています。

さらに、以上のような不適正な募集行為が広がった背景として、関係各社の態勢上の問題が指摘されています。具体的には、かんぽ生命について、①過度な営業推進体制（乗換契約を含む新規契約を過度に重視した指標を使用したこと等)、②コンプライアンス・顧客保護の意識を欠いた組織風土（顧客に不利益が生じている場合でも契約者の署名を取得していることをもって顧客の意向に沿ったものとみなしたこと等)、③脆弱な募集管理態勢（日本郵便の営業現場における募集活動の実態を把握せず適正な募集管理態勢の構築に必要な指示を行わなかったこと等)、④ガバナンスの機能不全（不適正な募集行為の端緒を把握していたにもかかわらず抜本的な改善を図ってこなかったこと）が、また、日本郵便について、①過度な営業推進体制（地域の状況や営業現場の実力を十分ふまえることなく募集人に目標を割り当てたこと等)、②コンプライアンス・顧客保護の意識を欠いた組織風土（優績者に対しては募集品質を実質的に問わずに人事上評価する一方で目標未達者に対しては懲罰的な研修や強度の叱責が恒常化していたこと等)、③脆弱な募集管理態勢（第１線である営業部門および第２線であるコンプライアンス統括部、募集品質改善部等のいずれにおいても規模・特性に見合った募集管理態勢を構築してこなかったこと)、④ガバナンスの機能不全（組織運営におけるコミュニケーションの不全を是正せず営業現場の実態を把握してこなかったこと等）が、それぞれ指摘されています。さらに、日本郵政についても、グループガバナンスの機能不全およびグループコンプライアンスの不徹底の問題があったとされています。

⑵　行政処分の内容

以上の事案につき、金融庁は、かんぽ生命につき、保険業法132条１項に基づき、業務停止命令（３カ月にわたるかんぽ生命の保険商品に係る保険募集および保険契約の締結の停止）および業務改善命令を行いました。業務改善命令の内容は、①今回の処分をふまえた経営責任の明確化、②顧客に不利益を生じさせた可能性の高い契約の特定、調査、契約復元等の適切な顧客対応の実施、③上記②の調査により不適正な募集行為を行ったと認められる募集人に対する適切な対応、④適正な営業推進態勢の確立、⑤コンプライアンス・顧客保護を重視する健全な組織風土の醸成、⑥適正な募集管理態勢の確立、⑦以上の対応を着実に実行し、定着を図るためのガバナンスの抜本的強化と、非常に広範にわたります。

また、日本郵便についても、保険業法307条1項および306条に基づき、業務停止命令（3カ月にわたるかんぽ生命の保険商品に係る保険募集の停止）および業務改善命令（①今回の処分をふまえた経営責任の明確化、②不適正な募集行為を行ったと認められる募集人に対する適切な対応、③適正な営業推進態勢の確立、④コンプライアンス・顧客保護を重視する健全な組織風土の醸成、⑤適正な募集管理態勢の確立、⑥以上の対応を着実に実行し、定着を図るためのガバナンスの抜本的強化）を行いました。

さらに、日本郵政についても、保険業法27条の29第1項に基づく業務改善命令により、グループとしての抜本的対応（①今回の処分をふまえた経営責任の明確化、②保険持株会社としての実効的な統括・調整機能を発揮するためのグループガバナンス態勢の構築、③保険募集に関連した経営理念をグループ全体に浸透させるための態勢の構築、④以上の対応を着実に実行し、定着を図るためのガバナンスの抜本的強化）を求めています[18]。

Q42 FinTechビジネスとコンプライアンス

金融機関がFinTechビジネスを行うにあたり、コンプライアンスの観点から留意すべき事項を教えてください。

A 銀行がFinTechビジネスにかかわる場合には、業務範囲規制、子会社保有規制・議決権取得規制などの銀行に適用される規制

18　3社全てに対して、業務改善計画を提出し、直ちに実行するとともに、当該計画の実施完了までの間、3カ月ごとの進捗および改善状況を報告することが求められています。

との関係やFinTechビジネス自体に対する業規制、行為規制の適用関係について留意する必要があります。この際、既存の規制とFinTechビジネスの対応関係が明確とならない場合があることや、FinTechに関連する金融規制の改正が頻繁に行われていることも勘案して、実務に取り組むことが求められます。また、規制がない場面でもレピュテーションの観点もふまえて取引の公正性を慎重に検証すべきものと考えられます。

1　FinTechビジネスの拡大と金融規制

FinTech（フィンテック）とは、「金融（finance）」と「技術（technology）」をあわせた造語であり、「主に、ITを活用した革新的な金融サービス事業を指す」といった説明がなされています[19]。近年、クラウドコンピューティング、スマートフォン、ビッグデータ、AI、ブロックチェーン・DLT、スマートコントラクトなどのITの進展により、従来、想定されていなかったサービスが金融分野に登場してきており、これがFinTechと呼ばれる動きです。スタートアップ企業や金融分野に進出しようとする他業態の企業だけでなく、銀行などの既存の金融機関にとってもFinTechの動きは大きく影響しており、FinTechによりこれまで行っていなかったサービスを提供したり、FinTechによるサービスを提供する他の企業との業務・資本提携を進めたりする取組みが広くみられます。

FinTechの動きのなかで従来とは発想が異なるサービスが登場してきている一方で、既存の法制度は従来のビジネスを前提としてかたちづくられています。その結果、既存の規制とFinTechビジネスの対応関係が明確とならず、解釈論としてむずかしい論点が生じることがあります。また、FinTechビジネスの進展のなかで、FinTechに関連する金融規制の改正も

19　金融庁が2015年9月18日に公表した「平成27事務年度金融行政方針」。

頻繁に行われており、最新の法令の改正状況や、将来の制度改正の動向も見据えて実務に取り組むことが求められています。

以下、銀行を例として、FinTechビジネスを行うにあたり、コンプライアンスの観点から留意すべき事項を整理します。なお、以下の内容については銀行以外の金融機関にとっても着眼点として共通するものと考えられます。

2 銀行に適用される規制とFinTech

(1) 業務範囲規制

銀行には業務範囲規制が適用され、固有業務（銀行法10条1項)、付随業務（同条2項)、他業証券業務等（同法11条）および銀行法以外の法律により営むことが認められた業務以外の業務を営むことはできません（同法12条)。銀行がFinTechによる新たなサービスを提供しようとする場合も、業務範囲規制によって銀行が営むことができる業務の範囲内であることが必要となります。すなわち、銀行の固有業務である預金、貸付、為替取引にFinTechを取り入れることや、付随業務の一環としてFinTechビジネスを営むことが求められます。

(2) 子会社保有規制・議決権取得規制

銀行は、原則として「子会社対象会社」に該当する会社以外の会社を子会社とすることはできず（子会社保有規制：銀行法16条の2第1項)、また、銀行またはその子会社は、一定の類型に該当する会社を除き、国内の会社の議決権について、合算して総議決権の5％を超える議決権を取得し、または保有することはできません（議決権取得規制：同法16条の4第1項)[20]。

銀行によるFinTechとのかかわりとしては、子会社にFinTechビジネス

---

20 銀行法による規制のほか、私的独占の禁止及び公正取引の確保に関する法律（独占禁止法）においても、銀行は、あらかじめ公正取引委員会の認可を受けた場合その他一定の場合を除き、他の国内の会社の議決権をその総議決権の5％を超えて有することとなる場合には、その議決権を取得し、または保有してはならないとされています（同法11条1項)。

を営ませようとすることやFinTechビジネスを営むスタートアップ企業を買収して子会社としたり、そのようなスタートアップ企業と資本提携を行ったりすることも想定されます。このような場面では、銀行は、子会社保有規制や議決権取得規制を遵守することが必要となります。また、銀行は、5％を超える議決権を保有している会社がFinTechビジネスを含む新たな事業に取り組もうとする場合に、子会社保有規制や議決権取得規制の観点からビジネスのモニタリングやコントロールをすることが必要となります。

なお、2016年5月25日に成立した情報通信技術の進展等の環境変化に対応するための銀行法等の一部を改正する法律（平成28年法律第62号）により、いわゆる銀行業高度化等会社（銀行法16条の2第1項12号の3）について、銀行は、認可を受けることにより、5％を超える議決権を保有することが認められ、金融関連IT企業等への出資が行いやすくなるなど、近年、FinTechの取組みを促進する規制緩和も図られています[21]。

⑶　業務委託先管理規制

銀行法上、銀行には、内閣府令の定めるところにより、健全かつ適切な運営を確保するための措置を講じることが求められており（銀行法12条の2第2項）、その一環として一定の委託業務の的確な遂行を確保するための措置を講じることが求められる（銀行法施行規則13条の6の8第1項）など、第三者に業務を委託する場合の体制整備が義務づけられています。

銀行がFinTechビジネスを営む他の企業と業務提携を行う場合において、一定の業務を委託する場合には、このような業務委託に関する規制を遵守することが必要となります。

3　FinTechビジネスに対する業規制

⑴　業規制の適用

金融に関する取引を取り扱うビジネスを営もうとする場合には、業態ごと

21　2020年9月30日に設置された金融審議会「銀行制度等ワーキング・グループ」においても銀行の業務範囲規制・子会社保有規制・議決権取得規制の緩和が検討されています。

の金融規制法に基づく業規制の適用対象となり得ます。そのような業規制の対象となる場合には、参入規制として業務を行うために所定の要件を満たして登録や許認可などのライセンス（以下「登録等」といいます）を受ける必要があることに加えて、体制整備義務、行為義務、帳簿の作成・保存義務など種々の行為規制が適用されることになります。

特に銀行が固有業務に関連するFinTechビジネスを営む企業と業務提携を行おうとする場合には、金融に関する一般的な業規制に加えて、銀行代理業あるいは電子決済等代行業の規制の適用対象となり、銀行法に従って認可または登録を受けて営業を行うことが必要となる可能性があります。

この点、銀行が自らFinTechビジネスを営もうとする場合、上記2⑴の業務範囲規制の適用関係に加えて、当該ビジネスを営むことがなんらかの業規制に抵触しないか検討することが必要になります。銀行法上、銀行が行うことが認められているかどうかと、その事業を営むことが業規制に違反しないかどうかは別の問題であり、銀行がFinTechビジネスを営むためには双方を充足することが必要となるということです。

これに対して、銀行がFinTechビジネスを営む企業と業務・資本提携をする場合において、当該企業が業規制に違反することになったとしても、銀行が直接規制違反の制裁の対象となるものではありません。しかしながら、業規制に違反することにより提携先が予定していたビジネスを営むことができなかったり、ビジネスモデルを当初の想定から変更せざるを得なかったりする場合には、業務・資本提携の前提が崩れることとなり、銀行のビジネスにも悪影響が生じることになります。また、規制違反のビジネスを行う企業と銀行が提携関係を有するという事実は、銀行自体のレピュテーションの毀損にもつながります。

このように、銀行が自らFinTechビジネスを行う場合か、銀行の提携先がFinTechビジネスを行う場合かを問わず、業規制に違反しない態様でビジネスを行うことが不可欠であり、その前提としてFinTechビジネスに対する業規制の適用関係を慎重に検討することが必要となります。

(2) 新規の規制

FinTechビジネスの進展のなかで、FinTechに関連する金融規制法の改正も頻繁に行われています。そのため、従来は業規制の対象となっていなかったFinTechビジネスが、法令改正により新たな業規制の対象となる可能性があることにも留意が必要となります。

業規制の対象となっていないFinTechビジネスを営んでいたところ、法令改正により新たな業規制の対象となった場合、登録等を受けるために所定の要件を満たし、手続を行うことが必要となり、また、行為規制などを遵守するための体制を整えなければならない（あるいは、業規制の対象とならない態様にビジネスモデルを変更しなければならない）ことになります。通常、このような法令改正は、規制の要否・内容について審議会などでの議論を経た上で立法手続がとられるものであり、かつ、法令の成立後、施行までには相応の猶予期間が設定されます。したがって、既存のビジネスに対して不意打ち的に業規制が適用されるようなことは想定されにくいものですが、FinTechのように変化の激しい分野におけるコンプライアンスの観点からは、既存の規制だけでなく制度改正の動向についても注視することが必要といえます。

(3) 海外の規制

業務の範囲が国内にとどまらず海外にも展開される場合には、日本における規制だけでなく、海外の規制の適用関係にも留意が必要となります。この点、FinTechビジネスのなかには、インターネットを利用してサービスを提供するものも少なくありませんが、そのような場合、（事業所は日本国内にあるとしても）インターネットを通じて海外の顧客と取引を行うものとして、海外の規制が適用される可能性もあり、顧客になりうる者の範囲をふまえた上で、海外の規制の適用関係について留意することが求められます。

4　FinTechビジネスに対する行為規制

業規制の対象となり登録等を受けた者は、登録等さえ受ければ自由にビジネスを営むことができるわけではなく、業法に基づき一定の体制整備を求められたり、個々の取引において実施すべき事項や禁止される事項を遵守することが必要となったり、様々な行為規制の遵守が求められることになります。

そのため、銀行が自ら業規制の対象となるようなFinTechビジネスを行う場合、そのような行為規制に抵触しないようにビジネスを行うことが求められます。また、業務・資本提携しているスタートアップ企業等が行為規制を遵守できていなかった場合、上記3(1)の業規制の場合と同様、銀行が直接規制違反の制裁の対象となるものではありませんが、銀行のビジネスやレピュテーションに悪影響が生じることになります。

さらに、金融規制の対象となる業者が遵守すべき規制は、必ずしも該当する業法にのみ定められているものではなく、たとえば、マネー・ローンダリング／テロ資金供与対策の観点から、犯収法や外為法に基づく取引時確認などの手続が必要となるほか、金融庁が公表しているマネ・テロGLに即した対応が求められます。また、FinTechにおいては情報の利活用がビジネスの発展の重要な要素となることも多いですが、個人情報を多目的で利用したり、グループ内や提携企業間で共有したりする場合には、個人情報保護法などの情報保護規制の適用関係を検討する必要があります。FinTechビジネスを進めるにあたっては、このような業法以外の法令に基づく規制にも留意が必要となります。

5　FinTechビジネスと不公正取引

コンプライアンスの観点に注意が必要となるのは、必ずしも法令や規制が存在する場面に限られません。規制の対象となっていないとしても、不当に利用者に損害が生じるような取引や、不公正取引に利用されるようなサービスを提供することは避けるべきであり、コンダクト・リスクの1つとして管理が必要となると考えられます。

特にFinTechによる新たな取引においては、政策的な取組みが追いついておらず利用者保護などのための規制が不十分な状況が生じる一方で、取引内容やリスクについて一般的な理解が進んでいないことから、不公正な取引に利用される可能性が相対的に高くなりやすいと考えられます。また、新たなビジネスについては、当事者が不適切なものと認識せずに行っていた取引が、徐々に不公正あるいは不適切なものと評価されることとなっていく場合があります。銀行がこのような不公正なFinTechビジネスにかかわることは、法令違反とはならないとしても、レピュテーションの毀損につながるものであることに留意が必要です。

新たな類型のFinTechビジネスに取り組む場合には、このような観点からも取引の公正性や適法性を慎重に検証すべきものと考えられます。

Q43　サイバーセキュリティ

金融機関のサイバーセキュリティにおいて留意すべき事項を教えてください。

A 金融庁による取組方針のみならず、G７等の国際的な議論の動向にも留意し、共助の仕組みも活用しつつ、新たな脅威や脆弱性をタイムリーに把握・分析の上、サイバーセキュリティ強化を図る必要があります。「新しい生活様式」に伴うリスクへの留意も欠かせません。

1　サイバーセキュリティとは

サイバーセキュリティとは、①電磁的方式により記録や受発信等がなされる「情報」の漏えい、滅失または毀損の防止その他の当該情報の安全管理のために必要な措置、ならびに②「情報システム及び情報通信ネットワーク」の安全性および信頼性の確保のために必要な措置が講じられ、その状態が適切に維持管理されていることをいいます（サイバーセキュリティ基本法２条）。

2　サイバー攻撃の脅威動向

2016年にはバングラデシュ中央銀行のSWIFT端末がマルウェアに感染して約8,100万米ドル相当が不正送金された事案、2017年には世界各国でWindows OSのパソコンやサーバーがランサムウェア[22]に感染した大規模な事案が発生するなど、近時、世界的にサイバー攻撃の脅威が深刻化しています。サイバー攻撃の規模拡大や手法の複雑化・巧妙化は著しく、あらゆるサイバー攻撃を速やかに捕捉し防御することには限界があり、攻撃を受けた後でいかに的確に対応するか（インシデント対応）も重要です。

サイバー攻撃には、組織や企業等の外部からの攻撃のみならず、内部からの攻撃も含まれます。また、業種別のサイバーセキュリティ・コストでは、金融業が電気・ガス・水道等の事業やIT事業等を抜いてトップという調査結果[23]もあります。

3　金融庁による「金融分野におけるサイバーセキュリティ強化に向けた取組方針」

(1)　背　　景

金融システムは国民経済の基盤を担う重要な基幹インフラであり、金融にかかわるビジネス・業務がデジタル化され、あらゆるシステムがネットワークにつながる昨今、金融機関やその顧客がサイバー攻撃の対象となれば、国民経済に与える影響や損失は計り知れません。金融庁は、当初、サイバーセ

22　Ransom（身代金）とSoftwareを組み合わせた造語。感染するとパソコンのデータを暗号化して使用不可能にし、復旧を引き換えに身代金を要求する不正プログラムの総称です。

23　Ponemon Institute LLCの独自調査に基づきAccenture Securityと共同で発行された「THE COST OF CYBERCRIME」（2019年）12頁。

キュリティについて監督指針に規定を設けることにより対処していましたが[24]、2015年7月、「金融分野のサイバーセキュリティの確保は、金融システム全体の安定のための喫緊の課題であるとの認識」のもと、「金融分野におけるサイバーセキュリティ強化に向けた取組方針」を策定・公表しました。2018年10月には、デジタライゼーションの加速的な進展や、2015年に設置された「G7サイバー・エキスパート・グループ（CEG）」による国際的な議論の進展[25]等をふまえて改訂されています（以下「取組方針」といいます）。

(2) 検査・監督基本方針との関係

サイバーセキュリティはITのかかわる領域の1つであり、ITに関しては、検査・監督基本方針をふまえたディスカッション・ペーパーの1つである「金融機関のITガバナンスに関する対話のための論点・プラクティスの整理」（Q6参照）が公表されています。もっとも、ITガバナンスDP2頁では、サイバーセキュリティについては取組方針を公表していることから、ITガバナンスDPでは取り扱わないとしています。

(3) 5つの取組方針

a サイバーセキュリティに係る金融機関との建設的な対話と一斉把握

金融庁は、取組方針の公表から2018年の改訂までの約3年間で、200先を超える金融機関に対するサイバーセキュリティ対策に係る実態把握を実施しました。その結果、取組方針では、「金融機関の業態・規模、システム構成やビジネスモデル等の特性に応じてサイバーセキュリティに係るリスクが異なるため、必要となるサイバーセキュリティ対策の深度に違いはあるものの、すべての金融機関において実効性のある態勢整備が求められる」と述べた上、平時の対策と有事の対策に区分し、業態・規模・特性等に応じた対応

---

24 主要行等監督指針Ⅲ－3－7－1－2(5)、中小監督指針Ⅱ－3－4－1－2(5)ほか。

25 CEGは、「金融セクターのサイバーセキュリティの効果的な評価に関するG7の基礎的要素」や「脅威ベースのペネトレーションテストに関するG7の基礎的要素」（以下「TLPTのG7基礎的要素」といいます）等を公表しています。

図表7　平時・有事の対策の考え方

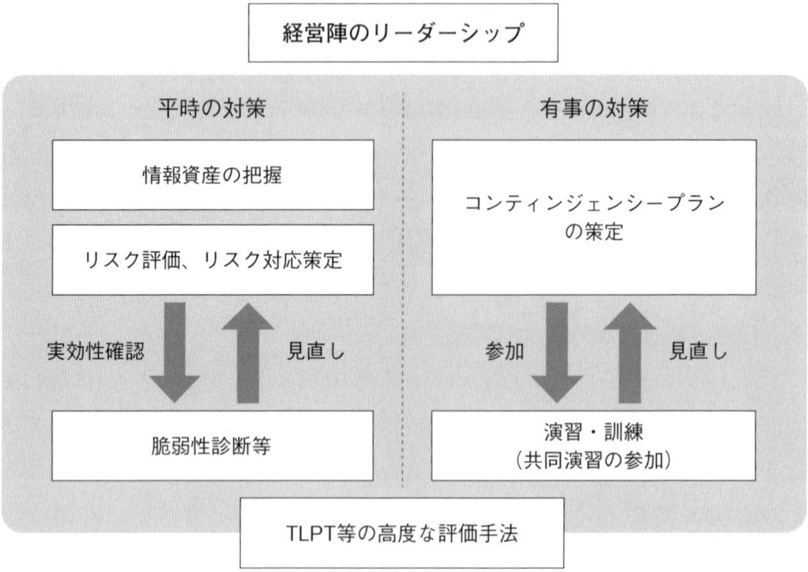

（出所）　金融庁「金融分野のサイバーセキュリティレポート」（2020年6月）4頁

を進めるものとしました[26]。

(i)　平時の対策：基礎的な管理態勢の整備

経営陣の取組み、リスク管理の枠組み、技術的対策等の対応態勢、コンティンジェンシープランの整備と演習を通じた実効性確保、サイバーセキュリティに関する監査等

(ii)　有事の対策：インシデント対応

金融庁の「金融業界横断的なサイバーセキュリティ演習（Delta Wall）」、内閣サイバーセキュリティセンター（NISC）や一般社団法人金融ISAC[27]、業界団体による演習への参加等

また、大手金融機関については、国際的な動向もふまえ、「脅威ベースの

26　取組方針8頁。
27　Information Sharing and Analysis Center の略称。

ペネトレーションテスト」（後記(5)参照）等の高度な評価手法の活用を促し、対応能力のいっそうの高度化を図るとしています。

b　金融機関同士の情報共有の枠組みの実効性向上

金融ISACや金融情報システムセンター（FISC）等の情報共有機関を活用して金融機関同士で情報共有・分析を行う「共助」の取組みについても、金融庁が後押ししています。

c　業界横断的演習の継続的な実施

上記a(ii)をご参照ください。

d　金融分野のサイバーセキュリティ強化に向けた人材育成

金融庁は財務（支）局とも連携して経営層向け地域セミナーの開催等を進めています。

e　金融庁としての体制構築

2015年7月にサイバーセキュリティ対策企画調整室が設置されています。

(4)　組織管理的な観点の重要性

サイバーセキュリティは技術的な問題ととらえられがちですが、むしろ組織全体におけるリスク管理の一環といえます。たとえば、サイバー攻撃に伴う情報漏えいによってレピュテーションを損ない、資金調達に影響が出た場合には財務リスクとなり、サイバー攻撃によって法令違反が生じた場合には法務リスクとなり得ます。サイバーセキュリティは、既存のリスクに追加して新たに発生する問題というよりも、全てのリスクが発現する原因の一要素としてとらえるべきものです[28]。

また、会社法上、大会社、監査等委員会設置会社または指名委員会等設置会社は内部統制システムの構築に関する事項を決定する義務を課されており（会社法348条3項4号、4項、362条4項6号、5項等）、同義務にはサイバーセキュリティを講じるべき義務も含まれるものと解されます。

28　鎌田敬介「金融業界におけるサイバーセキュリティとデジタライゼーション—その現状と課題」金融法務事情2105号42頁。

⑸ 「脅威ベースのペネトレーションテスト」

「脅威ベースのペネトレーションテスト」（以下「TLPT[29]」といいます）とは、金融機関に対する脅威動向の分析をふまえて作成した攻撃シナリオに基づき、金融機関のコントロール下において、実在の攻撃者の戦術、技術、手順を模倣することにより、金融機関のサイバーレジリエンス[30]を確認するための攻撃テストです[31]。防御者の目線で脆弱性を診断するのではなく、攻撃者の目線で試行することでより実践的かつ実効性ある対策を目指す点に特色があります。

2018年に公表されたTLPTのG7基礎的要素（スコープ設定とリスクマネジメント、TLPTプロバイダの選定等を含む計6点）[32]の公表をふまえ、金融庁は大手金融機関にTLTPの活用を促すとともに、FISCと連携し、2019年9月には国内金融機関を対象に「金融機関等におけるTLPT実施に当たっての手引書」を公表しています。

CEGでは、さらにサードパーティによるリスクに関する基礎的要素も公表しており、金融機関はこうした国際的な動向にも留意する必要があります。

4　新型コロナウイルス対策としてのテレワーク

新型コロナウイルス感染症の影響を受けて、「新しい生活様式」が進むなか、金融分野においても、テレワークを活用した新しい働き方や金融サービスの電子化がいっそう進展することが想定されます。

新型コロナウイルス感染症対応に乗じたサイバー攻撃の事例の多くは、攻撃手法は従来型でも、攻撃対象や標的型メール本文の内容等が随時変更され

29　Threat-Led Penetration Testingの略称。

30　サイバー攻撃への大勢やダメージからの回復をいいます（TLTPのG7基礎的要素、金融庁仮訳の1頁）。

31　改訂後の取組方針3頁。

32　北條孝佳「サイバーセキュリティ」木目田裕編『銀行等金融機関のコンプライアンス』（経済法令研究会、2020年）104頁ないし106頁。

図表8　新型コロナウイルス感染症に便乗したサイバー攻撃の事例

項番	攻撃分類	事例
1	メール・SNS等を用いた標的型攻撃	世界保健機構（WHO）や国立感染症研究所等の公的機関による給付金の配布を騙り、メールやSNSを用いてEmotet等のマルウェアへの感染やフィッシングサイトに誘導する。
2	フィッシングサイト	マスクの販売や政府機関の公式ホームページに似せた偽サイトにて、クレジットカード情報や個人情報の窃取を行う。
3	マルウェア	新型コロナウイルス感染症への対策に役立つアプリケーションを装って、クレジットカード情報や個人情報の窃取を行う。
4	ランサムウェア・DDoS	医療機関や政府機関、研究所等に対して機能停止を狙った攻撃を行う。
5	テレワーク環境を狙った攻撃	在宅ワークやリモートアクセス環境を狙って情報の窃取を行う。

（出所）　金融分野のサイバーセキュリティレポート（2020年）3頁

る等の傾向がみられます（図表8参照）。

金融機関においては、こうした環境変化もふまえ、新たな脅威や脆弱性をタイムリーに把握・分析し、金融分野のサイバーセキュリティ管理態勢の強化を促していく必要があります。

第6章

コンダクト・リスク管理

Q44 コンダクト・リスク

コンダクト・リスクとは何ですか。

A コンダクト・リスクに明確な定義・共通理解はありませんが、おおむね、「金融機関又はその役職員の行動が顧客や市場に不利益をもたらすリスク」としてとらえられています。特に、「法令として規律されていない社会的規範等からの逸脱によるリスク」という点に力点を置いて用いられることがあります。

1　英国FCAによる位置づけ

コンダクト・リスク（conduct risk）と呼ばれている考え方の発端は、2006年に当時の英国金融サービス機構（Financial Services Authority、以下「英国FSA」といいます）が公表した「Treating Customers Fairly（顧客の公正な取扱い）」にあるとされています。

その後、英国FSAはコンダクト・リスクという用語を用いるようになり、「事業者の振る舞いが顧客にとって好ましくない結果をもたらすこととなるリスク（the risk that firm behaviour will result in poor outcomes for customers）」として定義していました[1]。

コンダクト・リスクという概念は金融行為規制機構（Financial Conduct Authority、以下「英国FCA」といいます）[2]に引き継がれており、明確な定義は与えられてはいないものの、①誤った商品が誤った人の手に渡ることにより生じる顧客の不利益（consumer detriment arising from the wrong products ending up in the wrong hands）と②正しい商品を入手することができないことによる社会の不利益（the detriment to society of people not being able to get access to the right products）という、２つの側面を認識すべき旨が説かれました[3]。また、コンダクト・リスクの顕在化の結果が顧客にとっての望ましくない結果（poor consumer outcomes）、市場の健全性へのリスク（risks to market integrity）および金融市場における非効率な競争（ineffective competition in financial markets）であることを示唆しており[4]、英国FSAの時代の定義よりも意味合いが拡張されています。

コンダクト・リスクに関する英国FCAの取組みとしてよく知られているものとして、2015年に導入された5 Conduct Question programmeと呼ばれるものがあります。このプログラムにおいて、英国FCAはホールセール銀行業界に対してコンダクト・リスク管理に関する５つの質問を投げかけ、各質問への取組状況とその評価について、毎年、報告書を公表しています。

2　金融庁による位置づけ

わが国では、金融庁が、2018年10月15日に公表した「コンプライアンス・リスク管理に関する検査・監督の考え方と進め方（コンプライアンス・リスク管理基本方針）」（Ｑ４参照）11頁以下において、以下に引用するとおり、コンダクト・リスクの概念が取り上げられています。

1　Financial Services Authority, *Retail Conduct Risk Outlook 2011*, (2011) at 3.

2　英国FSAは、2013年４月、行為規制を所管する金融行為規制機構（Financial Conduct Authority）や健全性規制を所管する健全性監督機構（Prudential Regulation Authority）等に機能が分割されました。

3　Financial Conduct Authority, *FCA Risk Outlook*, (2013) at 5.

4　Id. at 10.

〈BOX〉コンダクト・リスク

近時、コンダクト・リスクという概念が世界的にも注目を集めはじめている。コンダクト・リスクについては、まだ必ずしも共通した理解が形成されているとは言えないが、リスク管理の枠組みの中で捕捉及び把握されておらず、いわば盲点となっているリスクがないかを意識させることに意義があると考えられる。そのようなリスクは、法令として規律が整備されていないものの、①社会規範に悖る行為、②商慣習や市場慣行に反する行為、③利用者の視点の欠如した行為等につながり、結果として企業価値が大きく毀損される場合が少なくない。

そのため、コンダクト・リスクという概念が、社会規範等からの逸脱により、利用者保護や市場の公正・透明の確保に影響を及ぼし、金融機関自身にも信用毀損や財務的負担を生ぜしめるリスクという点に力点を置いて用いられることもある[4]。

コンダクト・リスクが生じる場合を幾つか類型化すれば、金融機関の役職員の行動等によって、①利用者保護に悪影響が生じる場合、②市場の公正・透明に悪影響を与える場合、③客観的に外部への悪影響が生じなくても、金融機関自身の風評に悪影響が生じ、それによってリスクが生じる場合等が考えられる。

従来から、金融機関は、その業務の公共性や社会的役割に照らし、利用者保護や市場の公正・透明に積極的に寄与すべきと考えられてきた。したがって、コンダクト・リスクは、金融機関に対する上記のような社会的な期待等に応えられなかった場合に顕在化するリスクを、比較的新しい言葉で言い換えているにすぎないと考えることもできる。

4 本文書では、コンダクト・リスクを含め、比較的新しい概念を用いているが、金融機関において同様の概念を用いることを求めたり、これに関する新たな社内規程を整備することを求めるものではない。それぞれの金融機関が、既存のリスク管理の枠組みを踏まえつつ、自らにとって最適な形で、実質的な管理態勢の向上を図っていくことが重要となる。

ここでは、金融庁としては、わが国において、法令や監督指針、コンプライアンス・リスク管理基本方針としてはコンダクト・リスクという概念を採用していない（そのため特にコンダクト・リスクという概念を定義はしていない）ものの、この概念により力点が置かれることのある、法令として規律が整備されていない社会規範等からの逸脱という点について、金融機関は利用者保護や市場の公正・透明に積極的に寄与すべきとの従来からの考え方によって既にとらえられてきたものであることが示唆されています。

すなわち、たとえば、金融庁が2017年11月10日に公表した「平成29事務年度　金融行政方針」34頁では、「新たなコンプライアンス分野への対応」として、「金融機関においては、最低基準である法令等を厳格に遵守することは引き続き不可欠である。さらに、利用者の保護・利便や市場の公正性・透明性の確保に積極的に寄与することが重要であり、これは金融機関自身の企業価値やレピュテーションの維持・向上にも資するものといえる」として、単なる法令等の遵守にとどまらず、金融機関自身の企業価値やレピュテーションの維持・向上という観点から利用者の保護・利便や市場の公正性・透明性の確保に積極的に寄与することもまたコンプライアンスとして位置づけています。

そして、上記のコンプライアンス・リスク管理基本方針においても、「リスクの特定は、金融機関の事業に関して適用される法令を洗い出し、その法令に対する違反が生じ得る業務を特定することが出発点となる」としつつ、「さらに、経営陣には、金融機関の事業が社会・経済全体に悪影響を及ぼすことにならないか、利用者保護等に反しないかといった、より本質的な観点からリスクを深く洞察する姿勢が求められる」としています。その上で、このような姿勢が欠けると、たとえば、「金融機関が、ある業務に関し、その適切性について問題意識がないため管理対象とはしていないが、それが実は多数の顧客に損失が生じることとなるものや、大きな社会的批判を受ける可能性のあるものである場合」に、重大なリスクの見落としや見誤りが生じうるとしています。

このように、「コンプライアンス・リスク」には、単に金融機関が法令等を遵守しないことによるリスクに限らず、利用者の保護・利便や市場の公正性・透明性の確保に向けて期待される積極的な寄与を金融機関が怠った結果として利用者や市場、当該金融機関において悪影響が生じるリスクを含むものと考えられており、そのような意味でのコンダクト・リスクを含んでいるものと考えられます。

なお、金融機関が利用者の保護・利便や市場の公正性・透明性の確保に向け社会的な期待に反した場合、当該金融機関は、これにより単に企業価値やレピュテーションが毀損されるおそれがあるだけでなく、場合によっては法的責任を負う可能性がある点にも留意を要します。すなわち、金融機関は、顧客との関係では、信義則（民法1条2項）上の義務、誠実義務（金商法36条1項、66条の7）、忠実義務（民法644条、金商法41条1項、42条1項、信託業法28条1項等）、（忠実義務を含まない狭義の）善管注意義務（民法644条、金商法41条2項、42条2項、43条、信託業法28条2項等）といった各種の抽象的な義務を負う場合があり、これらへの違反とされることがありうるほか、当局との関係でも、（業態によりますが）「公益又は投資者保護のため必要かつ適当である」「業務の健全かつ適切な運営を確保するため必要がある」等の理由により業務改善命令や業務停止命令といった行政処分の対象とされる可能性があります。

Q 45　コンダクト・リスク管理として求められる対応

コンダクト・リスク管理として金融機関に求められる対応を教えてください。

A コンダクト・リスクについてもコンプライアンス・リスク管理の一般論が当てはまると考えられますが、利用者の保護・利便や市場の公正性・透明性の確保に向けて当該金融機関に期待される役割を前提に幅広いリスクの捕捉および把握を行う必要があります。

1　コンダクト・リスク管理とは

Q44において述べたとおり、金融機関が求められるコンプライアンス・リスク管理の対象として位置づけられている「コンプライアンス・リスク」には、単に法令等を遵守しないことによるリスクに限らず、利用者の保護・利便や市場の公正性・透明性の確保に向けて期待される積極的な寄与を金融機関が怠った結果として利用者や市場、当該金融機関において悪影響が生じるリスクを含むものと考えられます。したがって、コンダクト・リスク管理とは、上記のような意味でのコンダクト・リスクに係るコンプライアンス・リスク管理をいうと位置づけることができると考えられます。

2　コンプライアンス・リスク管理のために求められる対応

このような意味でのコンダクト・リスク管理は、あくまでコンプライアンス・リスクの一環に位置づけられますので、具体的に求められる対応に関しても、コンプライアンス・リスク管理として金融機関に求められる対応の一般論が当てはまるものと考えられます。

コンプライアンス・リスク管理のために求められる対応については、それぞれの金融機関に適用のある監督指針または事務ガイドラインのほか、金融庁が2018年10月15日に公表した「コンプライアンス・リスク管理に関する検査・監督の考え方と進め方（コンプライアンス・リスク管理基本方針）」が参考となります（Q４参照）。

3　コンダクト・リスク管理に特有の対応

上記のような意味でのコンダクト・リスク管理を行うにあたっては、法令等を遵守することは当然の前提として、さらに利用者の保護・利便や市場の公正性・透明性の確保に向けて期待される役割を果たすための積極的な寄与が求められているという点で、法令等に係るコンプライアンス・リスク管理とは異なる側面があります。

(1)　コンプライアンス・リスク管理基本方針において定められた内容

コンプライアンス・リスク管理基本方針においては、第一に、このようなコンダクト・リスク管理のためには幅広いリスクの特定が必要であるとして、「金融機関の事業が社会・経済全体に悪影響を及ぼすことにならないか、利用者保護等に反しないかといった、より本質的な観点からリスクを深く洞察する姿勢が求められる」としています。

第二に、このような姿勢が欠けると、たとえば、「金融機関が、ある業務に関し、その適切性について問題意識がないため管理対象とはしていないが、それが実は多数の顧客に損失が生じることとなるものや、大きな社会的批判を受ける可能性のあるものである場合」に、重大なリスクの見落としや見誤りが生じうるとしています。

第三に、これらのリスクを捕捉および把握するには、利用者保護や市場の公正・透明に影響を及ぼし、金融機関の信頼を大きく毀損する可能性のある事象を洗い出すことが必要であり、その際、生じた問題事象への事後対応のみに集中するのではなく、様々な環境変化を感度よくとらえ、潜在的な問題を前広に察知することで、将来の問題を未然に防止することも重要であるとの問題意識が提示されています。

⑵ 「コンプライアンス・リスク管理に関する傾向と課題」において示された傾向と課題

さらに、金融庁が2019年6月28日に公表し2020年7月10日に一部を更新した「コンプライアンス・リスク管理に関する傾向と課題」においては、法令等のルールが整備されていない事項についても、それが不適切だとの見方が社会的に高まれば、企業価値が毀損することが起こりうることをふまえ、幅広いリスクを捕捉および把握できるよう検討を進めている金融機関が存在することが指摘されています。たとえば、コンダクト・リスクに関する議論が進展している欧米にも拠点をもつ国際的な金融グループにおいては、コンプライアンス・リスク（コンダクト・リスク）の定義について、顧客に与える影響や、市場の公正さ、企業のレピュテーションに与える影響も含む等、幅広いリスクを捕捉するものとして位置づけた上、これらのリスクを把握し、管理するための一定のフレームワークを構築しようとしている例がみられるとしています。

また、わが国金融機関のなかにも、ESG（環境、社会、ガバナンス）およびSDGs（持続可能な開発目標）の観点や非人道的な業務に顧客が携わっていないかという観点等、幅広い観点から企業価値の向上につながるビジネスモデル・経営戦略のあり方およびそれに伴うコンプライアンス・リスク管理のあり方について検討を始めている例もみられたとしています（SDGsに関してはQ14およびQ15もご参照ください）。さらに、多くの金融機関においては、法令等の既存のルールを遵守していれば足りるとする発想から抜け出し、既存のルールに抵触せずとも不適切な行為を行動規範等に盛り込むといった取組みをしている事例がみられたと指摘しています。

その上で、コンダクト・リスクを含む幅広いリスクの捕捉および把握を行うコンプライアンス・リスク管理のために望ましいまたは有益な対応に関し、以下のような点を指摘しています。

・潜在的な問題を前広に察知することで将来の問題を未然に防止することは容易ではなく、様々な手法を試行し、それぞれの金融機関に適した手法を追求すべきこと。

・経営陣を中心に想像力を柔軟に働かせつつ、企業価値の向上につながるコンプライアンス・リスク管理を実践すべく、継続的な検討を行っていくことが望ましいこと。

・コンプライアンス・リスク管理を担う各役職員においても、幅広いリスクの捕捉および把握を経営陣任せにするのではなく、実効的なコンプライアンス・リスク管理を行うことは、企業価値の毀損を防止するだけでなく、企業価値の向上につながりうることを念頭に置き、日々の業務のあり方を見直すこと。

・各金融機関においては、既存の法令等の遵守にとどまらない幅広いリスクの捕捉および把握を行っている部署や役職員が自社に存在しているのか、といった問いを出発点に、自社のコンプライアンス・リスク管理に対する姿勢につき検討してみることも有益であると考えられること。

(3) 「コンプライアンス・リスク管理に関する傾向と課題」において示された参考事例

「コンプライアンス・リスク管理に関する傾向と課題」においては、いくつかの参考事例が紹介されており、コンダクト・リスク管理のあり方を検討する金融機関にとって参考となるものと考えられます。

まず、金融機関ではないものの幅広いリスクの捕捉および把握に取り組む事業会社の例として、ある会社では、法務部が中心となり、海外を含む世間一般の動き、自社を取り巻く環境変化、様々な法令や制度の制定・改正等、一見すると自社の業務や所属する部署の業務には関係がないように考えられる様々な事象や変化を、幅広くかつ感度よくとらえ、めぐりめぐって自社の業務に影響しうるのではないかという発想に基づいた分析を行う等、経営陣に気づきを与える法務部であり続けることを強く意識している、との例を紹介しています。

さらに、基本方針で示された前述の問題意識をふまえた取組事例として、以下のものが紹介されています。

・コンプライアンスにつき、「法令等は社会で守るべき最低限のルールが定められているものであって、刻々と変化する社会情勢に必ずしも追いついているわけではない」「法令等を遵守しているだけでは、刻々と変化する社会情勢に対応できず、結果として社会から批判を浴び、経営危機さえ招くおそれがある」といった発想のもと、従来型の法令等遵守だけでなく、事業機会の減少、企業価値の低下、企業拡大の可能性の減少等が包含されていると整理し、ESGおよびSDGsの観点や、非人道的な業務に顧客が携わっていないかという観点等からの分析および業務運営を実施している事例
・高齢者対応につき、守りのコンプライアンスだけでなく、真に高齢者の資産運用に資するコンサルティング・サービスのあり方を検討している事例
・職員に対するアンケートにおける「多忙すぎる」「上司の対応や態度が原因で相談しづらい」「目先の目標ばかり追っている」といった回答につきリスクの予兆を示すものとして対応を検討している事例
・幅広くリスクを捕捉および把握する観点から、多くの顧客にアンケートを実施し、営業店における顧客対応の課題の洗い出しを実施している事例
・SNSから新たなリスクが発生することがありうることから、SNSチェックを必要に応じ実施している事例
・職員に対する個人面談や家庭訪問等により、職員のようすや職員と上司との関係、借金の有無等を確認し、予兆管理につなげている事例
・過去に不祥事を起こした職員のプロファイリングから、不祥事を起こす可能性のある職員を見抜くためのチェック項目を設定し、一定以上の項目に該当する職員については、数カ月間注視している事例
・監事監査において、営業店が過大な収益計画を立てていないかチェックする項目を設けたり、非常勤監事が営業店を訪問し、職員の不満等の聞き取りや、職場風土の状況等について確認するカルチャー監査を実施している事例

他方で、問題事象につながった事例として以下のものが紹介されていま

す。

・市場の公正性・公平性に影響を与え得る非公知の情報につき、公表前に一部の特定の顧客へ伝達する行為が市場関係者を含む世間一般からどのように評価されるかといった配慮に欠け、コンプライアンスにつき法令等の既存のルールを遵守していれば足りるという発想にとどまっていたことから、資本市場の公正性・公平性に対する信頼性を著しく損ないかねない行為につながった事例

・顧客の同意がある以上、優越的地位の濫用、その他業法違反には当たらないとの認識のもと、対価となるサービス内容または算定根拠が不明な融資実行手数料や実質的に両建となる担保定期預金を顧客から徴求する等、顧客に不必要な負担を強いる顧客保護および顧客本位の観点から課題のある業務運営が、数多くの支店において広範に蔓延していた事例

・営業店から情報を報告・収集するための取組みを行ってはいたものの、営業推進の重視、事なかれ主義といった企業風土が醸成された結果、現場の声が経営陣に届かず、不祥事件の早期発見につながらなかった事例

Q 46　事業継続計画（BCP）対応

金融機関のBCP対応において、コンプライアンスの観点から留意すべき事項を教えてください。

A　事業継続計画（BCP）は、重要な事業を中断させない、または中断しても可能な限り短い期間で復旧させるためのものであり、金融機関としての責任を果たすために重要なものと考えられます。十分なBCPが策定できていない場合には、経営管理（ガバナンス）態勢

に問題があると認められ、それが重大な場合には業務改善命令につながる可能性があります。そのため、業務中断シナリオおよび重要業務を特定して具体的な検討の上でBCPを策定することが必要となります。

1　BCPとは何か

BCPとは「事業継続計画（Business Continuity Plan）」のことをいい、「突発的な経営環境の変化など不測の事態が発生しても、重要な事業を中断させない、または中断しても可能な限り短い期間で復旧させるための方針、体制、手順等を示した計画」を意味します（内閣府「事業継続ガイドライン―あらゆる危機的事象を乗り越えるための戦略と対応―（平成25年8月改定）」（以下「事業継続ガイドライン」といいます））。

BCPと関連する概念としてBCMがあります。BCMとは「事業継続マネジメント（Business Continuity Management）」のことをいい、「BCP策定や維持・更新、事業継続を実現するための予算・資源の確保、事前対策の実施、取組を浸透させるための教育・訓練の実施、点検、継続的な改善などを行う平常時からのマネジメント活動」を意味します（事業継続ガイドライン）。

また、BCPやBCMは、「危機管理（Crisis Management）」の一環として論じられることもありますが、危機管理は危機発生の回避および発生した危機への対処の全般を意味するものとして用いられることが多く、事業の維持・回復を想定するBCPおよびBCMとは対象とする範囲が異なります。

BCPが問題になりうる場面としては以下が考えられますが、特に自然災害、テロ・戦争および事故について事業の維持・回復が問題となりやすく、BCPにおけるメインテーマとなっています。

①　自然災害（地震、風水害、異常気象、伝染病等）

②　テロ・戦争（国外において遭遇する場合を含む）

③　事故（大規模停電、システム障害等）

④　風評（口コミ、インターネット、電子メール、憶測記事等）
⑤　対企業犯罪（脅迫、反社会的勢力の介入、データ盗難、役職員の誘拐等）
⑥　営業上のトラブル（苦情・相談対応、データ入力ミス等）
⑦　人事上のトラブル（役職員の事故・犯罪、内紛、ハラスメント等）
⑧　労務上のトラブル（内部告発、過労死、職業病、人材流出等）

2　金融機関にとってのBCP

(1)　BCPの重要性

BCPやBCMは金融機関に限って問題になるものではなく、他の業種についても問題となるものですが、金融機関には社会インフラとしての側面があり、金融機関のBCPおよびBCMは社会経済一般にとって極めて重要なものと考えられます。特に銀行においては、住民の生活や経済活動の維持のために、個人に対する現金払出しや送金依頼の受付、インターバンク市場や銀行間決済システムを通じた大口・大量の決済の処理等が重要であり、BCPの検討においても最優先の検討事項となります。

銀行のなかでも主要行等は「一部地域に集中して立地し、かつ、我が国の金融システムにおいて根幹的な役割を果たしている」ことから、「危機発生時において、迅速な復旧対策を講じ、必要最低限の業務の継続を確保する等適切な対応を行うことが国民生活・経済にとっても極めて重要」となります(主要行等監督指針Ⅲ－８－１)。主要行等の場合、現金供給（預金の払出し等)・資金決済に加えて、証券決済、金融業者間取引その他の業務も、BCPにおいて業務の維持・回復を検討すべき業務になると考えられます。

他方、中小・地域金融機関は、地域に根差した経営をしている金融機関も多く、「危機発生時における初期対応や地域に対する情報発信等の対応が極めて重要」といえます（中小監督指針Ⅱ－３－７－１)。中小・地域金融機関では、住民の生活の維持のために、個人に対する現金払出しが最重要になる金融機関が多いものと考えられます。

BCPは、経営管理（ガバナンス）態勢の問題の１つと考えられます。十分なBCPが策定できていない場合には、金融機関としての責任[5]を果たすことができないこととなります。そして、そのような状態を放置している場合には、経営管理（ガバナンス）態勢に問題があると認められ、それが重大な場合には銀行法26条１項、信用金庫法89条１項等に基づく業務改善命令につながる可能性があります。

⑵ BCP策定の着眼点

BCPは、平時に危機を想定した計画を策定することになります。危機管理全般を含めた平時の対応として、主要行等監督指針Ⅲ－８－２および中小監督指針Ⅱ－３－７－２に主な着眼点が示されていますが、そのうちBCPに関しては、以下の着眼点が例示されています。

① 災害等に備えた顧客データ等の安全対策（紙情報の電子化、電子化されたデータファイルやプログラムのバックアップ等）は講じられているか。

② コンピュータシステムセンター等の安全対策（バックアップセンターの配置、要員・通信回線確保等）は講じられているか。

③ これらのバックアップ体制は、地理的集中を避けているか。

④ 個人に対する現金払出しや送金依頼の受付、インターバンク市場や銀行間決済システムを通じた大口・大量の決済の処理等の金融機能の維持の観点から重要な業務を、暫定的な手段（手作業、バックアップセンターにおける処理等）により再開（リカバリー）するまでの目標時間は具体的に計画されているか。インターバンク市場や銀行間決済システムを通じた大口・大量の決済の処理等、特に重要な金融決済機能に係る業務については、当日中に再開する計画とされているか。

⑤ 業務継続計画の策定および重要な見直しを行うにあたっては、取締役会による承認を受けているか。また、業務継続体制が、内部監査、外部監査など独立した主体による検証を受けているか。

このほか、日頃からきめ細かな情報発信および情報の収集に努めている

5　この責任には説明責任（アカウンタビリティ）も含まれます。

か、危機発生時において危機のレベル・類型に応じて情報発信体制・収集体制が十分なものとなっているか等も着眼点とされています。

(3) 危機発生時における対応

厳密には事業の継続そのものを目的とした対応ではなく、むしろ公共性の高い業務を営む金融機関の顧客保護という観点に基づくものですが、主要行等においては、危機発生時の対応として追加的な対応が求められうる点にも留意する必要があります。すなわち、主要行等は、主要行等監督指針Ⅲ－8－3－2(1)により、災害対策基本法36条1項に基づく金融庁防災業務計画ならびに武力攻撃事態等における国民の保護のための措置に関する法律33条1項および182条2項に基づく金融庁国民保護計画において、金融に関する措置として、①融資相談所の開設、審査手続の簡便化、貸出の迅速化、貸出金の返済猶予等災害被災者の便宜を考慮した適時、的確な措置を講ずること、②災害被災者の預金の払戻しおよび中途解約に関して利便を図ること、③手形交換または不渡処分、休日営業等に関して適宜配慮すること、④窓口営業停止等の措置を講じた場合、取引者に周知徹底することの要請を受ける可能性があるため、これに関連した対応もBCPの一環として検討・策定しておくことが望ましいと考えられます。

また、東海地震への対応についても、主要行等監督指針Ⅲ－8－3－2(2)に記載のあるとおり、一定の要請がなされうるため、これに関連した対応もBCPの一環として検討・策定しておくことが望ましいと考えられます。

3 BCP策定のポイント

BCPにおいて重要なのは、「重要な事業を中断させない、または中断しても可能な限り短い期間で復旧させる」ことをいかに確保するかという点にあります。そして、そのためには具体的な検討・設計が必要となりますので、BCPを策定するに際しては「危機的事象の発生により、活用できる経営資源に制限が生じることを踏まえ、優先すべき重要事業・業務を絞り込み、どの業務をいつまでにどのレベルまで回復させるか、経営判断として決めること」が必要となります（事業継続ガイドライン）。

その検討のプロセスとしては、以下の点を検討して、BCP策定の前提条件を明確化することが出発点となります。

・業務特性などの把握
・業務中断シナリオの特定[6]
・「重要業務」の特定
・「重要業務」における復旧目標時間の設定
・「重要業務」の事務処理フロー、所管部署、関係先などの把握
・「重要業務」の事務量の把握

次に、上記により明確化された前提条件をもとにBCPを策定することになりますが、その際には、決済システムの運営委託先、重要な業務委託先など、業務遂行上欠くことのできない「重要な関係先」における業務継続計画の整備状況を確認し、自社の計画との整合性を検証した上での策定が必要となります。

また、BCPは、その実行のために経営資源などの確保、意思決定・連絡体制の整備、作業手順・手続の整備が必要となりますので、これらについての検討も必要となります。さらに、社内および社外の「重要な関係先」などとの間の緊急連絡体制を整備し、業務継続計画の発動時の広報手段やメディアへの対応方法を定めることも必要となります。

そして、BCPの実効的な運用のためには、策定したBCPに基づき従業員に対する訓練・教育を実施すること、金融機関を取り巻く環境変化もふまえ

6　全国銀行協会では、地震について2011年度「震災対応にかかる業務継続計画（BCP）に関するガイドライン」を、新型インフルエンザについて2009年度「新型インフルエンザ対策に係る業務継続（BCP）に関する基本的考え方」をそれぞれ策定していましたが、新たに2020年5月14日に「全国銀行協会新型コロナウイルス感染症対策ガイドライン」を策定しました。これらについて、BCP策定の際には参照することが望ましいと考えられます。業務中断シナリオによって対応策が異なりますが、たとえば、感染症については、地震と比べ、感染地域が広がりをみせると代替施設での業務継続が困難となる可能性がある、期間を推定することが困難である、従業員の安全確保と業務継続が両立または優先順位づけは感染症の深刻度によって異なるなどの点で違いがあります。

つつ、実効性ある計画となっているか継続的に評価・見直しを行うことが重要です[7]。

7　具体的な検討項目は、日本銀行金融機構局「業務継続体制の実効性確保に向けた確認項目と具体的な取組事例〔第3版〕」（2015年5月）が参考になります。ここでは、経営陣のリーダーシップや統括部署の設置なども指摘されています。

第7章

海外における事業展開

Q47　金融機関の海外進出

金融機関が海外に進出する場合の進出形態および留意事項を教えてください。

A　日本の金融機関が海外に進出する場合の進出形態としては、駐在員事務所もしくは支店の設置または子会社の設立があります。駐在員事務所においては営業行為を行うことができませんが、支店を設置し、または子会社を設立した場合には、現地の法令に従い、現地のライセンスを取得することで当該拠点において営業行為を行うことが可能です。

1　駐在員事務所

(1)　法的位置づけ

駐在員事務所は、現地における調査およびマーケティングを目的に設置される拠点であり、本社に当たる日本の金融機関（以下「本邦金融機関」といいます）から独立した別個の法人格を有しません。このため、現地における賃貸借契約、雇用契約などの各種契約においては、本邦金融機関が契約の当事者となります。一般に駐在員事務所が自ら現地で営業行為を行うことは許されませんが、本邦金融機関は現地駐在員事務所に駐在員を派遣することで、当該拠点を通じて現地の最新情報を入手したり、本邦金融機関と現地顧客間のコミュニケーションを促進する等のリエゾン機能を担わせることが可能です。

⑵ 現地法上の規制

駐在員事務所は、支店および子会社と異なり、その設置に際して現地の会社法上の登記・登録は要求されませんが、現地当局からの承認が必要となることが一般的です。現地当局からの承認は、業態により所管が異なり、銀行の場合には、現地の監督当局からの承認が要求されるのが通常です。

⑶ 日本法上の手続

本邦金融機関が駐在員事務所を設置することについて、日本の金融規制により届出等の手続が必要となる場合があり、たとえば本社に当たる日本の銀行（以下「本邦銀行」といいます）が海外で駐在員事務所を設置する場合には、銀行法53条１項６号の規定に従い、金融庁への届出が必要となります。

⑷ 実務上の留意点

駐在員事務所は、一般に支店開設または子会社設立と比べると設置手続が簡易である一方、現地で営業行為ができないという制限があります。駐在員事務所が営業行為を行っているとみなされた場合、現地の業法違反となり得ますので、駐在員事務所の業務範囲を逸脱したとみなされることのないよう、現地駐在員の活動を法令上許容された範囲に制限することが必要です。

また、駐在員事務所であっても、現地の会社に一般的に適用される法令は適用され、たとえば現地労働法や個人情報保護法の遵守も求められます。したがって、本邦金融機関においては、適用される現地法令を確認し、コンプライアンスの観点から継続的にサポートすることも重要となります。

2 支　店

⑴ 法的位置づけ

支店は、駐在員事務所と同様、本邦金融機関から独立した法人格を有しませんが、通常、駐在員事務所とは異なり、現地の支店名義で営業行為を行うことができます。現地における賃貸借契約、雇用契約、業務に関する契約その他支店に関連する契約は、支店名義で締結できますが、これら契約に基づく権利義務は法人格に帰属しますので、本邦金融機関に対して直接効果が生じることとなります。

(2) 現地法上の規制

本邦金融機関の海外支店は、現地の会社法に従い、支店の設置に際して登記・登録が要求されることがある点に加え、当該支店自体が現地の監督当局からライセンスを受ける必要もあることが一般的です。本邦銀行による支店設置の場合、現地の監督当局は、最低資本金規制や自己資本規制など、本店に当たる本邦銀行と一体として評価することが適切と考えられる規制に関しては、支店に対して免除または緩やかな適用を認める一方で、金融機関としてのガバナンス、リスク管理体制およびコンプライアンスに関しては、支店に対して子会社である場合と同等のレベルでの体制構築や運用を求めることが通常です。このため、支店の設置であっても、日本国内で支店を設置するのとは大きく異なり、IT システムや監査といった一部の外部委託が許容されるオペレーションを除いて、その国で金融業務を行うために必要な体制を支店単体で構築する必要があります。

なお、本邦金融機関が海外に進出する場合において、本邦銀行は支店形態で進出することが多くなっています。この理由としては、上記のとおり、本邦銀行の場合、支店形態で進出すれば、現地の監督当局において最低資本金規制や自己資本規制が本店と一体で評価され、結果として現地監督当局の基準を満たしやすいこと、また、本邦銀行を所管する金融庁としても、本邦銀行と法人格が同一である海外の支店であれば監督権限を維持しやすく、銀行監督上、望ましいと考えていることがうかがわれることなどがあげられます。

支店形態での進出を行おうとする場合、各国の外資規制との関係で、そもそも本邦銀行が当該国において支店を開設することができるかという点が問題となり得ますが、各国の外国銀行に対する銀行業のライセンス付与に関しては基本的に相互主義の考え方がとられており、日本政府が当該国の銀行に対して銀行業のライセンスを認めている限りにおいて、当該国においても、本邦銀行による銀行業のライセンス取得が可能とされている場合が多いと考えられます。

⑶　日本法上の規制

本邦銀行が海外で支店を設置する場合には、銀行法８条２項の規定に従い、金融庁の認可が必要となります。また、海外支店も日本法上の「銀行」に該当するため、海外支店の業務であっても他業禁止規制（銀行法12条）が適用されます。このため、現地規制上、海外支店が取り扱うことが可能な業務であっても、銀行法上の他業禁止規制により禁止される業務は行うことはできません。さらに、外為法17条に基づく適法性確認義務も当該海外支店に適用されます。

なお、外為法の関係では、本邦居住者が海外支店の設置・拡張に係る資金を支払うことは、対外直接投資（同法23条２項）に該当します。しかしながら、金融業務は、外国為替に関する省令21条に規定する「届出を要する対外直接投資に係る業種」（指定業種）に原則として該当しないため対外直接投資に関する届出は不要となることが通常です（外国為替令12条１項１号）。また、海外支店の設置・拡張に係る資金の支払に関しての資本取引としての事後報告も報告様式が定められておらず、不要と解されています。

⑷　実務上の留意点

一般に、本邦銀行の海外支店開設に際しては、現地の監督当局と金融庁が事前に連絡を取り合い、金融庁の認可と現地監督当局のライセンス付与により、海外支店において銀行業を行うことが可能となります。ライセンス取得までの所要期間は国によっても異なるものと考えられますが、当局との折衝開始など本格的に海外支店の申請手続を開始してから一般的には１年以上の期間を要します。

特に、本邦銀行が初めて海外に支店を開設する場合には、体制構築および規程の整備のためにより長い期間を要することが多いです。また、本邦銀行が海外に支店（海外営業拠点）を開設した場合、国際統一基準行（銀行法14条の2、平成18年金融庁告示第19号）となり、バーゼル合意に基づき達成すべき自己資本比率が８％以上になるなど厳格な自己資本比率規制を受ける点にも留意が必要です。

3　子 会 社

⑴　法的位置づけ

本邦金融機関が現地において子会社を設立した場合、支店の場合と同様に、現地法令に従い営業行為を子会社自ら行うことができます。一方で、子会社は、本邦金融機関から独立した法人格を有するため、完全子会社であったとしても本邦金融機関とは別の法人となります。このため、子会社の権利義務は、本邦金融機関には当然には帰属せず、子会社を有限責任会社として設立する限りにおいて、本邦金融機関の子会社に対する責任は、その引き受けた出資の範囲に限定された有限責任となります。現地における賃貸借契約、雇用契約などの各種契約は、子会社が当事者として締結します。

⑵　現地法上の規制

本邦金融機関が、外国において、銀行業、証券業、保険業などを営む現地法人を設立する場合、現地の会社法に従い、会社の登記・登録が要求される点に加えて、当該現地法人が現地の監督当局からライセンスを受ける必要もあることが一般的です。現地の監督当局は、支店の場合と異なり、最低資本金規制や自己資本規制を含め、地場の金融機関と同等の要件を課しますので、ライセンス付与は支店の場合よりも厳格なものとなります。しかしながら、たとえば、証券業については、銀行業ほど資本規制が厳しくない場合もあり、実務上、子会社を設立して海外に進出する場合も多々あります。

なお、各国の外資規制との関係で、本邦金融機関が外国において子会社を設立して、銀行業、証券業または保険業を行うことができるかという点も問題となります。銀行業の場合、前記２⑵のとおり各国の外国銀行に対する銀行業のライセンス付与に関しては基本的に相互主義の考え方がとられていることもあり、日本政府が当該国の銀行の子会社に対して銀行業のライセンスを認めている限りにおいて、当該国においても、本邦銀行が子会社を設立して銀行業のライセンス取得が可能とされている場合が多いと考えられます。

もっとも、子会社を設立するのではなく、本邦金融機関が外国の銀行を買収する場合には、別途、後記Q48のとおり外資規制が問題となります。証券業や保険業を行う子会社を設立する場合、特に、保険業を行う場合には、各国において規制業種となっている国が比較的多く、外資規制の関係で完全子会社の設立が認められない場合があります。

(3) 日本法上の規制

本邦金融機関のうち本邦銀行が海外で子会社を設立する場合には、銀行法16条の2第7項の規定に従い、金融庁の認可が必要となります。現地で銀行業を営む会社（以下「銀行現法」といいます）は、銀行法上の「銀行」ではないため、他業禁止規制（銀行法12条）は適用されませんが、原則として、銀行の子会社の業務範囲規制（同法16条の2）に服することなります。ただし、主要行等向け総合的な監督指針V－3－3－5(1)（注）に規定するとおり、銀行現法が営む業務については、バーゼルコンコルダット（「銀行の海外拠点監督上の原則」1975年バーゼル委員会［1993年改訂］）の趣旨に鑑み、現地監督当局が容認するものは、銀行法の趣旨を逸脱しない限り原則として容認するという考え方がとられており、銀行現法の業務範囲規制に関しては柔軟な姿勢が示されています。

もっとも、銀行現法は、本邦銀行とは別法人となるため、本邦銀行（その海外支店を含みます）とその子会社である銀行現法との間の取引または行為については銀行法上のアームズ・レングス・ルール（銀行法13条の2）が適用されます。アームズ・レングス・ルールは、本邦銀行とその子会社を含む特定関係者（同条）との間の取引または行為だけではなく、本邦銀行と特定関係者の顧客との間の取引または行為についても適用されます。さらに、本邦銀行と銀行現法とが連携する際に本邦銀行が銀行現法のために外国銀行代理業務を営む場合には金融庁への届出が必要になること（銀行法52条の２）にも留意が必要です。

外為法との関係では、本邦金融機関による外国の子会社の株式の取得は、対外直接投資（同法23条２項）に該当しますが、指定業種への投資に該当しない限り、事前届出は不要となります（外国為替令12条１項１号、外国為替に関する省令21条）。また、金額が10億円相当額未満である場合、資本取引としての事後報告も不要となっています（外為法55条の３第１項、外国為替の取引等の報告に関する省令５条１項２号）。

⑷　実務上の留意点

前記２⑵のとおり、本邦銀行が海外に進出する場合には支店形態での進出が多く、銀行現法の設立といった形態がとられることは多くありません。むしろ、本邦銀行が支店を開設し営業を開始した後に、当該国での業務の拡張や現地当局の要請により、本邦銀行の子会社である銀行現法へと変更する場合のほうが多いように見受けられます。また、最近では、後記Ｑ48のとおり、本邦銀行が既存の海外地場銀行を買収し、その銀行を子会社化するというケースが多くなってきています。

Q 48　海外金融機関の買収

金融機関が海外の金融機関を買収する際の一般的な留意事項を教えてください。

A　日本の金融機関が海外の金融機関を買収するに際しては、現地の外資規制および許認可の要否などの業規制を確認する必要があります。また、本邦銀行による買収の場合、買収前に銀行法上の子会社の業務範囲規制を確認し、原則として事前に金融庁の認可を取得する必要もあります。

1　現地外資規制および業規制

日本の金融機関が海外の金融機関を買収するに際しては、第一に、現地の外資規制および業規制を確認する必要があります。近時、本邦銀行による東南アジアにおける銀行の買収案件が増えています[1]。もっとも、東南アジア諸国のうちたとえばインドネシアおよびタイなどでは、金融業は厳格な外資規制の対象と課され、現地の監督当局その他管轄官庁の特例許可を取得しない限り、外資による過半数以上の株式取得が許されません。この場合、株式取得による買収の手法としては、①外資規制の例外として特例許可を取得した上で買収を行うか、または、②外資規制上、許容される範囲内で株式を取得した後、現地の監督当局その他管轄官庁との交渉により、特例許可の取得を目指すことになります。三菱東京UFJ銀行（当時）によるアユタヤ銀行の買収では前者の手法がとられました。一方、三菱UFJ銀行によるインドネシアの大手のバンクダナモンの買収および子会社化と三井住友銀行によるインドネシアの国家年金貯蓄銀行（BTPN）の株式取得および合併では、後者の手法がとられています。

また、上記のような外資規制が課されていない国においても、日本の金融機関が現地の金融機関を買収するに際しては、現地の監督当局の許可が必要

1　2011年のみずほコーポレート銀行（当時）によるベトナム国営商業銀行であるベトコンバンクへの出資・業務提携、2012年の三菱東京UFJ銀行（当時）によるベトナム産業貿易商業銀行（ヴィエティンバンク）への出資・業務提携、2013年の三菱東京UFJ銀行（当時）によるタイ大手のアユタヤ銀行の買収、2016年の三菱東京UFJ銀行（当時）によるフィリピン大手のセキュリティバンクとの資本・業務提携、2018年から2019年にかけて実施された三菱UFJ銀行によるインドネシアの大手のバンクダナモンの買収および子会社化、2013年から2014年にかけて実施された三井住友銀行によるインドネシアの国家年金貯蓄銀行（BTPN）の株式取得、2019年の三井住友銀行の子会社（インドネシア現地法人）とBTPNの合併、2017年のりそな銀行によるシンガポールの金融会社AFCマーチャント・バンクの買収など。

であることが通常であるため、現地の業規制の確認および現地の監督当局との折衝は不可欠となります。

なお、本邦銀行が既に銀行業を行っている外国において、当該外国にある別の金融機関の買収を行う場合には、シングル・プレゼンス・ルールの有無に留意する必要があります。このルールは、ある国において同一の者が複数の銀行を支配している場合、これらの銀行を1つに統合しなければならないというものです。このルールにより、上記の三菱東京UFJ銀行（当時）は、2013年のアユタヤ銀行の買収後、2015年にバンコック支店のアユタヤ銀行との統合を実施しています。また、2019年の三菱UFJ銀行によるインドネシアの大手のバンクダナモンの子会社化の後、三菱UFJフィナンシャル・グループ（MUFG）がアコムを通じて保有していたインドネシアのバンク・ヌサンタラ・パラヒャンガン（BNP）とバンクダナモンは2019年に合併しています。

2　日本法上の規制

⑴　銀行子会社の業務範囲規制

本邦銀行が、海外の金融機関を買収するに際しては、子会社の業務範囲規制（銀行法16条の2）に留意する必要があります。具体的には、本邦銀行が子会社とすることができるのは、銀行法16条の2に定義される「子会社対象会社」に限られますので、買収対象である海外の金融機関（およびその子会社）が子会社対象会社に該当するか否かを検討する必要があります。

a　銀行業、有価証券関連業（証券業）、保険業または信託業を営む外国の会社

銀行法上、子会社対象会社として、①銀行業を含む外国の会社（銀行法16条の2第1項7号）、②有価証券関連業を営む外国の会社（同項8号）、③保険業を営む外国の会社（同項9号）および④信託業を営む外国の会社（同項10号）があげられています。このため、買収対象である海外金融機関が、銀行業、有価証券関連業（証券業）、保険業または信託業を外国で営む会社であ

る場合には、原則として、上記の銀行法上の規定に基づき子会社としての保有が可能となります。

b　従属業務または金融関連業務をもっぱら営む会社

また、買収対象である海外金融機関が、銀行業、有価証券関連業（証券業）、保険業または信託業を営んでいない場合であっても、従属業務または金融関連業務をもっぱら営む会社に該当する場合には、子会社対象会社に該当します（銀行法16条の２第１項11号）。従属業務とは、従属する銀行やその子会社等に関するその業務の基本にかかわることのない業務をいい、具体的には、事業用不動産の管理、福利厚生業務、ATM保守・点検、システム開発・保守等のコンピュータ関連業務、担保評価業務、労働者派遣業務、文書等の整理集配・管理業務などが該当します（同法16条の２第２項１号、同法施行規則17条の３第１項）。金融関連業務とは、銀行業、有価証券関連業、保険業または信託業に付随・関連する業務をいいます（同法16条の２第２項２号、同法施行規則17条の３第２項）。従属業務または金融関連業務を「専ら」営む会社である必要があるため、それ以外の業務を行っている場合には上記の類型の子会社対象会社には該当しません。ここでいう業務を「専ら」営む場合とは、規定された業務「のみ」を行う場合と解されています[2]。

c　銀行業高度化等会社

さらに、2016年の銀行法改正により、FinTech企業など情報通信技術その他の技術を活用した「銀行の営む銀行業の高度化若しくは銀行の利用者の利便の向上に資する業務又はこれに資すると見込まれる業務」を営む会社（銀行業高度化等会社：銀行法16条の２第１項12号の３）も子会社対象会社に追加されています。

上記の子会社の業務範囲規制の特例として、買収対象である海外の金融機関が、銀行業、有価証券関連業（証券業）、保険業または信託業を営む海外金融機関である場合、または、従属業務もしくは金融関連業務をもっぱら営

2　木下信行編『解説改正銀行法』（日本経済新聞社、1999年）178、181頁。

む会社である場合には、買収をするにあたり、買収対象に子会社対象会社以外の外国の子会社が存在したとしても、事前の届出により、当該子会社に関して業務範囲規制の適用が5年間猶予されます（銀行法16条の2第4項、同法施行規則35条1項8号の2）。これにより、買収時において買収対象である海外金融機関の子会社を切り離さずに、一体として買収をすることが可能となります。5年の猶予期間については、所定の「やむを得ない事情」がある場合に限り、金融庁の承認を受けて1年ごとに延長が認められます（銀行法16条の2第5項、6項）。

なお、上記は主に本邦銀行による買収を前提にしていますが、銀行持株会社が買収する場合にも、本邦銀行の規制に準じた業務範囲規制がかかります（銀行法52条の23および52条の23の2、主要行等向け総合的な監督指針V－3－3）。

⑵ 銀行子会社の認可

本邦銀行が、海外の金融機関を買収して、上記⑴のとおり子会社の業務範囲規制に従って子会社対象会社を子会社とする場合、原則として、金融庁の事前の認可が必要となります（銀行法16条の2第7項）。ただし、従属業務または金融関連業務をもっぱら営む会社が買収対象である場合など一定の場合には、金融庁の認可は不要となっており、届出で足ります（同法同項、53条1項2号）。

また、銀行持株会社についても、銀行に準じた認可および届出が必要となります（銀行法52条の23第6項、53条3項3号）。

⑶ 外為法上の手続

本邦銀行による海外金融機関の株式の取得は、対外直接投資（外為法23条2項）に該当しますが、指定業種への投資に該当しない限り、事前届出は不要となります（外国為替令12条1項1号、外国為替に関する省令21条）。指定業種として漁業、皮革または皮革製品の製造業、武器または武器製造関連設備の製造業、麻薬等の製造業などが指定されていますが、金融業務は、基本的には、かかる指定業種には該当しないものと考えられます。また、資本取引の金額が10億円相当額以上の場合、資本取引としての事後報告が必要ですが、同額未満の場合には事後報告は不要とされています（外為法55条の３第１項、外国為替の取引等の報告に関する省令５条１項２号）。

3　実務上の留意点

日本の金融機関が海外の金融機関を買収する場合、現地の外資規制および業規制に加えて、銀行法など日本の法令を遵守することが必要となります。また、買収に際しては、現地の監督当局その他管轄官庁および日本の金融庁の両方の許認可等が必要となることが一般的であり、通常の事業会社による海外企業の買収以上に時間を要することが多々あります。そのため、現地の管轄官庁および金融庁との折衝および事前審査に要する期間を念頭に、緻密に買収のスケジュールを組むことが重要となります。特に、現地の管轄官庁の許可に関しては、許可をするか否かの判断には政治的・政策的な側面も考慮される場合もあるため、買収に際しては、現地の管轄官庁と良好な関係を構築しておくことが必須といえます[3]。

3　なお、日本法および関連する外国法において、現地の管轄官庁の役職員に対する贈賄行為には刑事罰が科せられています。管轄当局との関係構築のためであっても、贈賄が疑われるような行為を行うことは厳に慎まなければなりません。

第 8 章

海外の司法・行政対応

Q 49 Attorney-Client Privilege（米国の訴訟／当局調査対応関連）

Attorney-Client Privilege とは何ですか。

A Attorney-Client Privilege とは、弁護士・依頼者間の一定のコミュニケーションを米国における訴訟のディスカバリーや当局調査における資料提出の対象から除外する、弁護士・依頼者間の秘匿特権です。[1]

1 Attorney-Client Privilege

⑴ Attorney-Client Privilege とは

米国の民事訴訟では、訴訟の相手方に対する大量の証拠開示が強制されるディスカバリーという手続が設けられています。日本の民事訴訟でも、文書提出命令など一定の証拠開示のための制度はありますが、ディスカバリーでは、これと比較して極めて広範かつ大量の証拠の開示が求められることになります。また、米国当局から調査を受ける際には、当局からサピーナ（Subpoena、罰則付召喚令状）等による強制力を伴った資料提出命令を受け、

1 木目田裕監修、西村あさひ法律事務所・危機管理グループ編『危機管理法大全』（商事法務、2016年）944頁以下〔森本大介、尾崎恒康、平尾覚〕参照。

あるいは任意での資料提出の要請を受け、当局への資料提出が必要となる場面があります。

Attorney-Client Privilegeとは、弁護士・依頼者間の秘匿特権を意味し、上記のようなディスカバリーにおける証拠開示の対象や当局調査における当局への資料提出の対象から、①弁護士と、②依頼者との間の、③法的助言を受ける目的でのコミュニケーションであって、④当該コミュニケーションが秘密にされると信頼してなされたもの、を除外する機能を有します。

Attorney-Client Privilegeは、米国以外にも同様の概念が存在する国もありますが[2]、日本には元来存在しなかった概念です。もっとも、日本でも、2019年6月に成立・公布された「私的独占の禁止及び公正取引の確保に関する法律の一部を改正する法律」の施行に伴い、公正取引委員会の行政調査手続において、弁護士・事業者間で秘密に行われた通信内容を記録した物件を審査官がその内容に接することなく還付する判別手続が導入され、この判別手続はAttorney-Client Privilegeと同種の機能を有するといえます。

訴訟や当局調査への対応の検討の際（または、訴訟や当局調査が具体的に開始される前でも、問題となる事案が発覚し社内調査等を行う際）には、Attorney-Client Privilegeや後記2のWork Productが主張できるよう、早い段階から、資料作成や会議に弁護士を適切な方法で関与させることが肝要です。また、将来的に米国等のAttorney-Client Privilegeの制度が存在する国での訴訟や当局調査の資料となりうる資料については、平時からAttorney-Client PrivilegeやWork Productの対象となる文書であることが明確となるよう、文書のヘッダー等で、「Privileged and Confidential / Attorney Client Communication / Attorney Work Product」等といった文言を記載するのが一般的です。

一般に、ディスカバリーや当局調査への対応にあたっては、現地法弁護士が、大量の資料について収集および内容精査の上、開示が求められている証

2　なお、Attorney-Client Privilegeの詳細については国ごとに異なりうるため、実際にこれを行使する際には現地法弁護士の確認が必要になります。

拠であるか、開示が求められている証拠であるとしてAttorney-Client Privilegeその他の秘匿特権やWork Productの対象とならないかについて判断していくことになります。開示対象となるべき資料のなかに秘匿特権やWork Productの対象が部分的に記載されている場合には、その記載を部分的に除外（黒塗り等）して開示を行うことになります。また、現地法弁護士にて、privilege logと呼ばれる、秘匿特権やWork Productの対象となる資料のリストを作成することになります。

(2) Attorney-Client Privilegeの放棄（waiver）に注意

Attorney-Client Privilegeの対象となるコミュニケーションを第三者に開示した場合には、同特権を放棄したとみなされます。そのため、Attorney-Client Privilegeの対象資料について、社外の第三者への共有を禁止すべきことは当然ですが、社内においても、当該訴訟または当局調査の対応を行っていない役職員への共有は避けるべきと考えられます。たとえば、外部の弁護士から受信した法的助言を含む電子メールを、社内で安易に転送してしまうと、Attorney-Client Privilegeを放棄したとみなされる可能性があります。また、電子メールの転送はしないとしても、弁護士からの法的助言の内容を社内の役職員が要約の上、社内で電子メールにて回覧する場合も、Attorney-Client Privilegeの放棄とみなされる可能性があるほか、そもそも社内の役職員が作成した要約はAttorney-Client Privilegeの対象とはならない場合も多いといえます。

例外として、米国の連邦または州の銀行監督当局（Federal banking agency、State bank supervisor）や米国外の銀行監督当局（foreign banking authority）への開示は秘匿特権の放棄とはみなされません（12 U.S. Code §1828(x)）。そのため、たとえば、金融機関が日本の金融庁に対しAttorney-Client Privilegeの対象を開示したとしても、Attorney-Client Privilegeの放棄とはみなされないことになります。なお、金融庁への開示の際には、実務上、開示資料のヘッダー等において12 U.S. Code §1828（x）に基づく開示である旨を記載することになります。

2　Work Product

Attorney-Client Privilege と類似する概念として、Work Product という法理もあります。Work Product とは、訴訟を想定して作成された書面その他の有体物をディスカバリーの対象から除外する法理であり、典型的には、訴訟を想定して弁護士が作成した調査メモ、訴訟戦略メモその他の資料が対象になります。Work Product の対象は、Attorney-Client Privilege とは異なり、弁護士・依頼者間のコミュニケーションに限定されませんので、たとえば、弁護士の指示により外部コンサルタントや社内の役職員が作成した資料も Work Product の対象となることになります。

もっとも、Work Product は、Attorney-Client Privilege とは異なり特権ではないため、訴訟の相手方が、Work Product の対象により証明される事実が立証のために不可欠であり、当該事実がディスカバリーによってのみ得られることを立証した場合には、Work Product によりディスカバリーにおける証拠開示を拒むことはできなくなりますので、留意が必要です[3]。

Q 50　Legal Hold Notice（海外の訴訟／当局調査対応関連）

Legal Hold Notice とは何ですか。

A Legal Hold Notice とは、海外における訴訟や当局調査を合理的に予見した場合に、関連する役職員に対して関連資料・データの保存を要請する通知であり、かかる予見後、直ちに実施することが

3　もっとも、訴訟の相手方が上記立証を行った場合でも、例外として、主観的印象、結論、意見または法理論に係る情報については、その開示を強制されません。

求められます。

1　証拠隠滅防止の必要性

米国をはじめとする海外では、訴訟リスクや当局からの処分リスクが顕在化した場合における経済的な負担が、日本に比べて格段に大きいのが現状です。たとえば、米国の訴訟では、実際の損害額に加えて懲罰的な賠償金まで請求される場合があり、また、クラス・アクション（集団訴訟）の場合には、訴訟を実際に提起した原告の損害額のみならず、クラス認定された当事者全体の損害額まで請求されるなど、敗訴した場合の賠償額が巨額となる可能性があります。また、海外当局から処分を受けた場合に科される罰金その他の制裁は、日本の当局による処分の場合と比較して格段に大きくなる傾向にあります。

このようなリスクの大きい海外の訴訟や当局調査が開始された場合、証拠隠滅を行うことのないよう十分に留意して対応する必要があります。たとえば、米国の訴訟の場合、訴訟の相手方に対する大量の証拠開示が強制されるディスカバリー制度という手続が設けられています。この手続により、相手方に対し開示すべき証拠が存在していたにもかかわらず、証拠隠滅（証拠保全を怠るという過失によりデータを削除してしまったり、消失させてしまったりしたような場合を含みます）により証拠を相手方に開示しなかった場合には、相手方の弁護士費用の負担や罰金といった金銭的な制裁を受けたり、あるいは、自らに不利益な事実が推定されるなど訴訟上極めて不利に扱われる可能性があります。特に意図的に証拠隠滅を行ったような場合には、法廷侮辱罪に問われたり、直ちに敗訴判決を受けたりする可能性すらあります。また、当局調査が行われているにもかかわらず証拠隠滅をした場合には、それ自体が犯罪に該当する可能性や当局からの制裁が増額される可能性があります。

2 Legal Hold Notice の実務

海外における訴訟や当局調査を合理的に予見した場合には、前記１の証拠隠滅リスクに対応するため、（訴訟や当局調査の対象となる事象に関する）資料やデータの廃棄・修正を禁じ保存を要請する通知を、関連する役職員に対し、直ちに配布する必要があります。かかる通知が、Legal Hold Notice あるいは Litigation Hold Notice と呼ばれるものです。なお、訴訟や当局調査を認識していない段階でも、たとえば社内調査で問題となる事案を把握した場合には、その時点で Legal Hold Notice を配布すべきと考えられます[4]。

(1) Legal Hold Notice の内容

一般に Legal Hold Notice には、①資料・データの廃棄や修正を行うことなく現状のままの状態で保存する旨の要請、②保存対象となる資料・データの範囲、③ Legal Hold Notice について不明点がある場合の照会先、④その他の注意事項などを記載することになります。Legal Hold Notice は、それ自体が訴訟や当局調査において開示を求められる可能性もありますので、対象事案の内容に照らし適切なものになるよう、訴訟や当局調査対応のために選任した現地法弁護士と十分に協議の上、作成する必要があります。

上記②の資料・データとしては、通常、対象事案の関連情報が記載または記録されたあらゆる媒体（音声や画像のデータも含みます）が対象となり、典型的には、ハードの資料、電子メール、会社の共有フォルダや情報記憶媒体に保存されているデータといったものが全て含まれます。関連情報が記載されていれば、手書きのメモや私的な手帳も対象になりますし、自宅等の職場外で保管されているものも対象になります。また、関連情報が記載された資料の最終版のみならず、ドラフト段階の資料までもが保存対象となります。

(2) Legal Hold Notice の配布

Legal Hold Notice の配布先についても、訴訟や当局調査において開示が

4　逆に予見することなく訴訟や当局調査が開始してしまった場合には、その時点で直ちに Legal Hold Notice の配布が必要となります。

求められる可能性がありますので、関連情報を保有している可能性がある役職員に網羅的にLegal Hold Noticeを配布すべく、現地法弁護士と十分に協議して配布先を決定する必要があります。

なお、Legal Hold Noticeの配布は、実務上、電子メールでの配信により行うことが一般的と考えられますが、海外の訴訟や当局調査が頻繁に想定される場合には、Legal Hold Notice専用のシステムを構築し、システマチックにLegal Hold Noticeの管理を行うことも考えられます。また、証拠保全を図るという目的に鑑みると、Legal Hold Noticeは、一回きりの配布ではなく、その後も定期的に配布すべきと考えられます。

(3) ITの見地からの対応

訴訟や当局調査に際して、関連するデータが削除されると、金銭的制裁や不利益事実の推定などの前記1のリスクがありますので、データが適切に保全されるようITの見地からの対応も必要です。一定期間が経過した電子メールの自動削除設定が付されている場合には当該設定を解除したり、電子メールや会社の共有フォルダについて保存容量上限間近となっている場合には容量の引上げを行う必要があります。また、サーバーに保管されているデータが削除されることにならないよう、訴訟・当局調査対応を行う担当者としてはIT部門とも密に連携する必要があります。

事項索引

＊太字の設問番号は、特に重要なものを示す。

【さ行】

【た行】

【な行】

金融機関コンプライアンス50講

2021年2月8日　第1刷発行

編著者　有　吉　尚　哉
五　十　嵐　チ　カ
発行者　加　藤　一　浩

〒160-8520　東京都新宿区南元町19
発　行　所　一般社団法人　金融財政事情研究会
企画・制作・販売　株式会社　き　ん　ざ　い
出　版　部　TEL 03(3355)2251　FAX 03(3357)7416
販売受付　TEL 03(3358)2891　FAX 03(3358)0037
URL https://www.kinzai.jp/

DTP・校正：株式会社友人社／印刷：株式会社日本制作センター

ISBN978-4-322-13713-2